아날라요 비구(Bhikkhu Anālayo)

1962년 독일에서 태어났다. 1995년 스리랑카에서 구족계를 받고 2000년 스리랑카에 있는 페라데니야 대학에서 「마음챙김의 확립 경」에 관한 연구로 박사학위를 취득했다.

그의 주된 연구 분야는 초기불교이며, 그 중에서도 특히 한역 아함경과 관련된 주제, 명상, 불교 여성에 대한 주제의 저술이 많다. 현존하는 불교학자 중 가장 왕성한 저술 활동을 하고 있다고 평가받는 아날라요 비구는 현재 미국 매사추세츠에 있는 바레 불교연구센터에 거주하며 수행과 연구를 병행하고 있다.

국내에 출간된 책으로는 『마음챙김 확립 수행(Satipatthana Meditation: A Practice Guide)』 등이 있다.

명상가 붓다의 삶

명상가 붓다의 삶

아날라요 비구 (Bhikkhu Anālayo) 지음

김종수 옮김

불광출판사

이 책에서, 아날라요 비구는 초기 불교 니까야에 대한 해박한 지식을 바탕으로 붓다의 일대기를, 명상가로서의 삶에 초점을 맞추어 엮어 나간다. 이 책은 붓다의 삶을 지극히 인간다운 측면에서 묘사하고 있을 뿐만 아니라, 각 장 끝부분에 첨부된 수행을 통해 독자들이 붓다의 깨달음 추구, 나아가 스승으로서의 자신의 사명을 깊이 인식하며 살다가 이윽고 완전한 열반의 실현에 이르는 일련의 과정을 함께할 수 있게 해준다. 이 책은 붓다에 대해 학문적으로 설명하면서도, 붓다의 삶에 대한 이해가 각각 다른 여러 가지 초기 부파 불교들을 전체적으로 아우르는 통일성, 다시 말해서 붓다 생전에 발생한 개별 사건들에 대한 각자의 구체적인 서술에서 드러나는 풍부한 다양성과 공존하는 통일성이 있었음을 보여주기도 한다.

— 보디 비구, 불교학자 겸 번역자

『명상가 붓다의 삶』은 싯다르타 고따마를 완전하게 깨달은 붓다로 바꾸어 놓은 놀라운 내면 여행에 대해 탐구한다. 이 책은 출가와 도닦음의 발견으로부터 완전한 깨달음에 이른 승리의 밤과 45년간의 자비로운 가르침에 이르기까지 붓다의 길을 펼쳐 추적하고, 그의 마지막 명상으로 결론에 이른다.

　이 책은 한 위대한 인간의 전기이자, 초기 불교에 대한 통찰력 있는 연구이며, 진지한 명상가들을 위한 실제적인 안내서이다. 각 장에서는 붓다가 어떻게 실제 삶의 현상들과 마주했는지 회귀하고 종종 놀라운 정도로 상세한 설명을 제공한다. 우리는 붓다가 어떻게 어려움에 직면하여 두려움을 극복하고, 오염원들을 버리기 위해 노력하고, 할 일에 우선순위를 정하고, 집중 상태들을 마스터하고, 통찰의 중요성을 인식하여, 마지막으로 깨달은 자로서의 그의 삶의 특징인 위대한 평화를 경험했는지 배운다. 이 책은 독자 자신의 깨달음 여정을 가속화시킬, 영감을 주는 안내서이다. 매우 추천할 만한 책이며, 헌신적인 명상가들에게 영감을 주리라 확신한다!

— 샤일라 캐서린, 『집중되어 두려움이 없는: 깊은 기쁨, 고요, 명료함의 단계들에 이르는
　명상가를 위한 안내(Focused and Fearless: A Meditator's Guide to States of Deep Joy, Calm, and
　Clarity)』의 저자

붓다의 삶 이야기는 초기 불교 명상 수행에서 가장 중요한 것 가운데 하나, 즉 붓다의 명상에 대한 암시적인 증거를 제공한다. 아날라요는 잘 알려진 그 이야기에 매우 독창적으로 접근하여, 자신의 재료를 이 수행에 대한 명백한 지침서의 형태로 내놓는다. 지침서는 우리가 붓다의 명상 수행에 대해 알고 있는 것에 맞추어 24단계로 구성되어 있다. 아날라요는 그의 매우 뛰어난 학식을 가져와서 붓다의 삶 이야기에 들어 있는 것을, 빠알리어와 한자로 보존된, 믿을 만한 초기의 출처를 가진 법문들에 의거하여 설명한다. 각 장에서 결론으로 제시되는 매우 유용한 수행들은 목표에 대한 강렬한 인식이 담긴 학식에 기초를 두고 있다. 이 목적은 붓다에 의해 제시되었으며 우리가 수행하면서 항상 명심해야 하는 것이다.

— 지나난다, 『평화의 전사: 붓다의 삶(Warrior of Peace: The Life of the Buddha)』의 저자

명상가 붓다의 삶

아날라요는 탁월한 학자이면서 헌신적인 수행자이다. 그리고 명상 수행을 경험한 그가 붓다의 삶을 이렇게 설명하는 것은 그의 이상적인 주제일 것이다. 우리는, 나중에 나온 전설과 구별되는, 초기 문헌에 근거한 붓다의 삶에 대해 더 많은 설명을 필요로 한다. 빠알리어와 한문 자료들에 정통할 뿐만 아니라 그 자료들에 관련된 폭넓은 연구를 해온 그는 이 분야에서 타의 추종을 불허하는 권위자이자 마음과 명상에 대한 붓다의 탐구에도 사려 깊은 안내자이다. 다른 사람이라면 이 모든 지식으로 『명상가 붓다의 삶』을 하나의 학문적 활동으로 만들 수 있었겠지만, 그 자료에 대한 아날라요의 진심 어린 공부와 그의 헌신적인 명상 수행은 모든 곳에서 분명하게 드러난다.

— 위시와빠니, 『고따마 붓다: 깨달은 사람의 삶과 가르침(Gautama Buddha: The Life and Teachings of the Awakened One)』의 저자

목차

감사의 말

이 책 초고에 조언해 준 보디 비구, 담마딘나 비구니, 안 딜론, 린다 그레이스, 마이클 러닝, 시인첸 쉬, 매트 와인개스트에 감사한다.

각 장에서 추천한 명상 수행

독자께서 보고 계신 이 책은 나의 탁월하고 존경스런 친구인 아날라요 비구가 서양 독자에게 제공하는 멋진 선물이다. 이 책 『명상가 붓다의 삶』에서, 통찰력이 풍부하고 명망 있는 번역가인 아날라요 비구는 우리에게 텍스트와 이야기, 연습과 수행을 통해, 붓다의 삶이 어떻게 우리의 영적 여정에 직접적인 영감을 줄 수 있는지 보여준다.

많은 신세대 서양 수행자들의 경우, 붓다에 깊이 연결되기 위해서는 어느 정도의 수행 기간이 필요하다. 처음에 대부분의 서양인들은 다르마[法]의 혁신적 가르침, 그 법이 제공하는 분명한 이해와 강력한 수행에 끌린다. 그 가르침을 접한 서양인들은 거의 예외 없이 삶이 고양된다. 그들과 붓다와의 관계는 대체로 좀 더 서서히 깊어진다. 이것은 아시아 전역의 불교 추종자들에게 스며들어 있는 붓다에 대한 평생에 걸친 헌신과 사랑의 정신과는 대조가 된다.

나에게 있어 붓다와의 연결은 태국의 숲속 사원에서 수행승으로 처음 몇 년을 보내고 나서 버마를 여행할 때 진정으로 실감할 수 있었다. 마하시 사야도와 순룬 사야도의 수행처에서 나를 아껴주던 사람들은 내게 랑군 중심에 있는 거대하고 경탄할 만한 탑인 슈

웨다곤 방문을 적극 권장했다. 몇 달에 걸친 명상으로 나의 마음은 이미 고요해졌고 나의 가슴은 부드러웠다. 나는 주 탑과 그 탑 주위에 있는 수백 개 사원들 사이의 넓고 매끈한 대리석 길을 걸으면서, 그 탑에 수 세기 전에 인도의 한 사원에서 가져온 붓다의 머리카락과 지팡이가 들어 있다는 것을 알게 되었다.

그것이 사실이건 아니건, 환희와 영감이 나를 가득 채웠다. 그 전까지 나에게 붓다는 먼 원형, 즉 성스럽고 영감을 주지만 실재하지 않는 존재 같았다. 이 순간, 나는 이 사람이 우리처럼 실재한다는 것을 이해했다! 그는 살았고 걸었으며 여러 세대를 전해 온 위대한 지혜를 가르쳤던 한 인간, 한 놀라운 사람이었다.

나는 후에 보드가야와 사르나트에서, 우리와 함께 걸었던 살아 있는 사람으로서의 붓다와 직접 연결되는 느낌을 전과 똑같이 느낄 수 있었다. 그의 가르침이 가진 힘은 살아 있는 붓다의 세속적인 의미와 연결되었고, 이런 현존은 나의 수행과 삶에 자양분을 제공하고 힘을 주었다. 그 몇 년 동안 나의 사랑과 헌신은 더욱 깊어졌다.

많은 서양 명상 수행자들의 경우, 그들의 수행이 깊어짐에 따라 붓다에 대한 존경과 감사도 커진다. 마음이 깊게 집중되고 고요할 때, 우리는 붓다가 묘사한 명료성과 청정함을 경험하기 시작할 수 있다. 의식이 유연해지고 잘 훈련되면서, 우리는 이 가르침의 모태가 된 붓다 마음의 흠 없는 청정함의 자그마한 일면을 경외감으로 받아들인다.

우리의 수행 경지가 어떠하든, 이 책은 우리와 붓다의 연결을 알아보고 깊게 하기를 권한다. 이 연결 안에는 마력이 있다. 그것이 우리에게 인간 가능성의 광대함을 열어주기 때문이다. 전통적으로 불자들은 붓다에 귀의하면서 수행을 시작한다. 붓다의 삶과 깨달음은 우리에게 귀중한 보석, 즉 그의 가르침을 따르는 모든 이들을 위한 모델을 제공한다. 그의 깨달음은 너무 강렬해서 2,600년 동안 수십억 명의 삶에 영감과 변화를 주었다. 그리고 그로 인한 축복은 붓다가 말한 해탈이 우리 각자에게도 가능하다는 것이다.

아날라요 비구는 통합적이고 친절한 방식으로 이 책을 꾸몄다. 각 장에서는 우리 자신의 도닦음에서도 깊이 공감할 수 있는 붓다의 깨달음과 가르침의 명상 양상을 상세하게 다룬다. 그리고 각 장마다 우리의 이해와 헌신을 깊게 할 성찰과 명상을 제공한다.

이 책은 처음부터 영적 여행을 고려해 보라고 권한다. 우리도 붓다처럼 삶의 불가피한 괴로움과 얽힘을 경험할 것이고 해탈의 가능성도 감지할 수 있다. 우리의 가장 깊은 곳에 있는 의도를 반성적으로 사유하는 것으로 시작하여 도닦음의 맨 끝에 이르기까지, 공·해탈·열반에 대한 해방적 가르침에 대해 마음이 열리면서, 우리는 수행을 통해 붓다의 명상 여정을 따르도록 능숙하게 인도받는다.

　붓다의 삶에서 얻을 수 있는 많은 중요한 주제들 가운데 특별히 우리 수행에 영감을 줄 수 있는 두 가지는 두려움 없음과 유익함에 대한 주제이다.

　두려움 없음 개발은 그 결과 두려움이 없어진다는 의미가 아니라, 깨달음의 여정이 너무 중요하고 하지 않으면 안 되는 것이기 때문에 어려움에도 불구하고 우리 자신을 기꺼이 진실에 헌신한다는 뜻이다. 우리의 삶은 짧다. 태어남과 죽음에서 해탈한다는 것은 무엇인가? 선(禪)에서 이 질문은 대사(大事)라고 불린다. 진정한 영적 수행은 우리의 심신(心身)과 인간 조건을 두려움 없는 알아차림으로 살펴보기를 요구한다. 우리가 영원한 해탈과 광대한 연민을 깨달을 수 있는 것은 바로 용맹스러운 진리 추구에 의해서이다.

　하지만 이 가르침에서 괴로움은 출발점이지 여정의 끝이 아니라는 것을 깊이 명심해야 한다. 붓다의 가르침은 괴로움 너머에 있는 것을 찾아보라고 촉구한다. 이 점에서 붓다의 모범은 우리가 건강한 정신과 마음을 확립하고 그것에 머물기를 청하는 것이다. 깨달음은 기쁨과 웰빙으로 가득 차 있다. 해탈은 평화로운 마음을 가져다준다.

우리는 누구나 심오한 웰빙을 계발할 수 있다. 관심을 유익한 것으로 돌려 건강한 정신과 마음을 육성하는 것은 우리 수행의 중요한 측면이다. 현대의 마음챙김 교육에서 흔히 발견되는 오해는 마음챙김으로 경험을 관찰하는 것만으로 모든 것이 변화된다고 생각하는 것이다. 그러나 마음챙김에는 이것 이상이 있다. 이 책 속의 지혜는 '지혜로운 마음챙김은 현재 존재하는 것을 알아차리고 우리를 해로운 상태에서 유익한 상태로 안내한다'는 것을 깨닫도록 도움을 준다. 우리는 분명하게 보는 법을 배울 수 있고, 그럼으로써 우리 자신의 마음을 돌보고 인도하고 정제하고 바꿀 수 있다. 지혜와 멧따(mettā, 자애)로 가득 찬 정신과 마음을 개발하면 어디에서나 자유롭게 살 수 있다. 아날라요 비구는 붓다가 주변 상황에 대응하여 어떻게 이 정신을 체화시켰는지 보여준다. 붓다가 마주하는 모든 것을 즉시성, 단정함, 품위, 열린 마음, 심오한 연민을 가지고 다루었다. 아날라요 비구는 우리에게 법을 수행하는 삶에서 이와 같은 자질들을 활성화시켜 보라고 권한다.

　　이 책을 천천히 읽어라.
　　읽은 것을 음미하고 그것이 마음속에 안착하도록 하라.
　　그것을 수행 매뉴얼로 만들어라.
　　당신의 여정을 심화시키기 위해 반성적으로 사유하라.

　　여기에 있는 가르침, 이야기, 수행이 당신에게 붓다의 축복을 가져다주길!

자애의 마음으로.

__잭 콘필드
스피릿 록 센터
2017년 6월 24일

그분은 명상하고 숙고하시며
바르게 가셨습니다.
그분은 동요가 없는 청정함으로
언제나 미소 지었고 화내지 않으셨습니다.
그분은 홀로 머묾을 기뻐하며
가장 높은 경지를 얻으셨습니다.
그분은 두려움 없이 언제나
본질적인 것에 집중했습니다.
그분은 붓다이십니다.

서
론

지금부터는 초기 법문 및 논의에서 나온 여러 발췌문에 근거하여 붓다의 삶의 명상적인 측면들에 대한 연구를 제시한다. 『명상가 붓다의 삶』이라는 제목으로 내가 전달하려는 것은, 이 책에서 붓다의 명상 경험과 수행에 집중한다는 의미에서 명상가 붓다에 초점을 맞출 뿐만 아니라 나의 목표 독자층이 또 다른 명상가들이라는 점이다. 이런 방식으로, 나는 깨달음에 이르는 진보를 목표로 헌신해 온 수행자들에게 영감을 주고 길잡이가 될 수 있기를 희망한다. 그렇게 하면서 내가 의도하는 것은 초기 법문들에서 묘사하는 붓다의 삶의 선택된 측면들을 이해하는 하나의 가능한 방법을 제시하는 것이다. 그 이해 방식은 참된 유일한 방식은커녕 그저 유일한 방식도 절대 아니고, 다만 붓다 삶의 그런 측면들이 도반 명상가들에게 영감을 제공하고 길잡이 역할을 할 수 있다는 정도이다.

　다른 사람들이 이미 상당히 많은 붓다 전기를 편찬했다. 그 덕분에 나는 붓다의 삶에 대한 광범위한 자료를 용이하게 이용할 수 있다는 것을 알고, 선택된 주제에 집중할 수 있었다. 붓다의 삶을 전반적으로 다루려고 하지 않을 뿐만 아니라, 붓다의 삶에서 명상 측면들에만 집중한다는 점에서 나의 접근 방법은 내가 알고 있는 다른 전기들과 다르다. 이러한 특정 주제에 초점을 맞추는 것 외에도, 나는 또한 오직 빠알리 법문 및 그것과 같은 에피소드를 다룬 법문만을 원자료로 사용하였다.[1] 이러한 유형의 텍스트에 대한 비

1　빠알리 법문과 위나야(Vinaya, 律)를 원자료로 하여 번역한 것에 기초한 전기는 냐나몰리(1972/1992)에서 찾을 수 있다.

교 연구를 통해 불교 역사와 발전 과정의 초기 단계를 재구성해 볼 수 있다. 내가 붓다의 삶을 구성하기 위한 원자료로 초기 법문을 사용한다는 것은 전통적으로 잘 알려진 성인전의 일부 요소들을 원재료로 사용하지 않는다는 것을 의미한다(비록 적절할 때 그런 이야기를 토론할 것이지만). 미래 붓다가 하녀들이 잠들어 있는 것을 보고 난 후 밤에 떠나는 이야기나, 그가 깨달음을 얻은 전날 밤에 마라의 군대와 조우하는 것이 그 예이다.

　비록 나의 설명이 이런 면에서 붓다에 대한 전통적인 설명과 다르지만, 이 프로젝트의 주된 목적은 전통적인 수행을 장려하는 것이다. 수행의 잠재력은 현대의 불교 수행자들 사이에서 마땅히 받을 만한 주목을 받지 못했다고 생각한다. 이것은 붓다에 대한 명상인데, 이에 대해서는 이 책 결론 부분에서 좀 더 상세하게 다룬다.

　내가 쓴『질병과 죽음에 마음챙겨 직면하기(Mindfully Facing Disease and Death)』와 마찬가지로, 이 책의 본문도 24개 장으로 되어 있다. 12개 장은 붓다가 깨달음을 얻을 때까지의 기간을 다루고, 다른 12개 장은 깨달음의 순간부터 마지막 명상까지 기간 동안의 선택된 측면들을 다룬다. 이 24개 장 각각은 명상 수행 제안으로 끝을 맺는다.

　1장은 미래 붓다의 출가 동기로 시작한다. 2장에서는 그의 도덕적인 행위, 그리고 그가 어떻게 두려움에 직면했는지에 대해 살펴본다. 3장에서 5장까지는 삼매에의 장애 요소 극복, 몰입 증득, 그리고 알라라 깔라마와 웃다까 라마뿟따의 지도하에 무색계 증득 계발 등 붓다의 삼매 개발을 다룬다.

붓다의 고행 기간은 6장에서 8장까지의 주제이다. 깨달음에 이르는 길의 발견과 이 길을 추구하려는 강한 결심은 9장과 10장의 주제이다. 11장과 12장에서는 처음 두 가지보다 높은 지혜를 공부하고, 13장에서는 그 깨달음이라는 사건 자체를 살펴본다.

가르침을 펼치겠다는 결심은 14장의 주제이고, 15장부터 17장까지는 붓다가 처음으로 법의 바퀴[法輪]를 돌렸던 첫 번째 가르침에 할당된다. 18장에서는 법을 존중하겠다는 붓다의 결심이 다루어지고, 이어서 19장에서는 그의 능숙한 가르침 활동이 설명되며, 20장과 21장에서는 견해들에 대한 그의 통찰과 그가 공(空)에 머무는 것이 다루어진다. 22장에서는 붓다의 일상적인 행위를 살펴본다. 붓다가 노년, 질병, 죽음을 마주하는 방법은 23장의 주제이고, 그의 반열반은 24장의 주제이다. 결론 부분에서는 이런저런 방식으로 이 책 전체의 기저를 이루고 있는 명상 수행인 붓다의 명상으로 돌아간다.

『질병과 죽음에 마음챙겨 직면하기』의 경우에서처럼, 선택된 구절들 대부분은 한문 원전에 기초하고 있고, 몇 가지를 제외하고는 여기에서 처음으로 영어로 번역된다. 한문 『아함경』에 있는 구절들에 의존하는 이유는 그 구절들에 상응하는 빠알리 버전들의 몇 가지 영어 번역들이 이미 존재한다는 사실에 힘입은 바 크다. 빠알리어 버전들에 대응하는 한문 버전들을 번역하는 나의 의도는 독자가 영어로 번역된 두 버전들을 비교하여 그것들 사이에 존재하는 차이에 대해 나의 관찰을 넘어서 직접 느껴보라는 것이다.

나는 번역하면서, 원전에서 발견되는 축약된 표현들을 보충하여 완전한 구절로 바꾸어, 그것을 이탤릭체로 표현함으로써, 이 부분이 보충되었다는 사실이 나타나도록 했다.[2] 이렇게 하는 이유는 보다 명상적인 마음으로 온전한 독해를 할 것인지 아니면 반복된 부분들을 건너뛰고 읽으면서 정보를 얻을 것인지 독자들이 선택할 수 있게 하기 위함이다. 다소 아리송한 한문 구절을 보다 잘 이해할 수 있도록 텍스트를 보충해서 넣을 때에는 꺾쇠괄호 []를 사용하고, 교정할 때에는 홑화살괄호 ◇를 사용하였다. 성(性)을 반영하는 용어를 피하기 위해 빅쿠(bhikkhu, 비구)에 해당하는 용어는 '수행승'이라고 번역한다. 나의 번역에서는 비교를 용이하게 하기 위해 빠알리 용어들을 사용한다. 하지만 그렇게 함으로써 한문 번역을 위해 사용된 원래 언어에 대해 어떤 입장을 가지려는 것은 아니다. 다르마(Dharma, 法)와 니르바나(Nirvāna, 涅槃) 같은 용어들은 빠알리어 사용의 예외들이다. 이 두 가지 용어는 영어 출판물에서 요즘 흔하게 사용되기 때문이다.

이 책의 도입 게송으로 선택한 인용문은 『맛지마 니까야(Majjhima-nikāya)』의 「우빨리 경(Upāli-sutta)」과 같은 에피소드를 다룬 『중아함(Madhyama-āgama)』에 나온다.[3] 이 인용문은 이전에 자이

---

2   이러한 의도가 제대로 부각되도록 하기 위해 번역 구절에서 인도어 용어들을 이탤릭 체로 표현하지 않았다.

3   번역은 T I 631b21에서 632b23에 있는 『중아함』 133에 기반을 두고 있다(그것은 "붓다"라는 말 다음에 "그의 제자는 우빨리이다."라는 것을 언급하면서 계속된다). 이 부분과 같은 에피소드를 다룬 것으로 『맛지마 니까야』 I 386,24(냐나몰리 번역 1995/2005: 491)에 있는 『맛지마 니까야』 56; 회른레(Hoernle)의 산스크리트 단편들 1916/1970: 29, SHT III 872; 발드쉬밋트(Waldschmidt) 등 1971: 122f 등이 있다. 그 게송들의 비교 연구를 위해서는 아날라요 2011: 331을 참조하라. 한문 원본에는 동사의 시제 표시가 없다.

나 교도였던 우빨리가 붓다를 칭찬하여 말한 일련의 게송들 가운데 일부이다. 어쩌면 이 게송에서 강조된 능력들 각각은 잠재적으로 붓다를 기억하기 위한 출발점 역할을 할 수 있다.

붓다께서 '명상하고 숙고하시며 바르게 가셨다'는 첫 행은 깨달음에 이르는 붓다의 진보를 잘 요약해준다. 명상 수행과 숙고는 함께 결합되어 붓다로 하여금 해탈에 이르는 길을 발견하도록 해주었다. 붓다가 깨달은 다음에 유지한 '동요 없는 청정'은 그를 '언제나 미소 짓고 화내지 않는' 사람으로 만들어주었다. 이것은 청정한 마음의 아름다움을 돋보이게 만든다. 동요 없는 청정에는 어떤 화도 일어날 여지가 없고, 어떤 일이 일어나든 자비의 미소로 대처할 수 있다. 붓다는 '홀로 머묾을 기뻐했기' 때문에 '가장 높은 경지를 얻었다'. 그렇게 함으로써 그는 스스로 가장 높은 경지에 이르기를 바라는 사람들이 따라 할 수 있는 모범을 확립했다. 마지막 행에서는 붓다의 두려움 없음을 언급하고 '본질적인 것에 집중한다'는 점을 강조한다. 이것은 초기 법문에서 분명히 반복적으로 보이는 붓다의 특징을 반영한다. 이것은 그가 진정으로 중요한 것에 분명하게 집중했다는 것을 보여준다.

나는 붓다의 삶에서 적절한 구절을 선택하여 제시함으로써 붓다의 가르침에서 반복적으로 보이는 이러한 특징을 제대로 평가할

우빨리가 이 게송들을 법문할 때에는 붓다가 아직 살아 있었기 때문에, 동사들 가운데 몇 개(이를테면 그의 미소를 가리키는)는 아마도 현재시제로 제시되는 것이 최선일 것이다(그와 달리 '그분은 잘 가셨다'는 과거시제를 필요로 한다). 그러나 나는 현대의 독자들이 회상 게송을 좀 더 쉽게 사용하기를 바라는 마음에서 그것들 모두를 과거시제로 표현하였다.

수 있기를 바란다. 나는 명상적인 관점에서, 본질적인 것에의 집중, 그리고 오염원 및 장애들과의 투쟁에서 출발하여 니르바나를 실현하기 위한 명상 계발을 통해 스스로를 기꺼이 단련시키려는 사람들의 최고 안내자가 되기까지의 진보 과정에서 붓다가 재현될 수 있도록 도움을 주는 유형의 정보, 이 집중과 정보 두 가지를 결합시키는 방법으로 그것을 실현하고자 한다.

1

출가 동기

1장에서는 미래 붓다의 출가 동기를 주로 다룬다. 1장은 미래 붓다의 호화로운 양육과 인간실존의 기본적인 곤경에 대한 그의 통찰을 묘사하는 법문에서 상당히 많은 양을 발췌하여 소개하는 것으로 시작한다. 이 묘사는 『앙굿따라 니까야』 및 그것과 같은 에피소드를 다룬 『중아함』 법문에 있다. 『중아함』의 해당 부분을 번역하면 다음과 같다.[1]

> 나는 오래전 아버지 숫도다나 왕과 함께 집에 있었던 시절을 기억한다. 그때 나는 여름 넉 달 동안 남자 없이 여자 넷으로 이루어진 놀이 상대와 함께 궁전에서 지냈다. [이 기간이 시작된 이후] 초기부터, 나는 궁전 밖으로 내려가지 않았다. [이 기간이 지나고 나서] 내가 밖에 나가 공원을 방문하고 싶을 때는 마차에 올라 앞뒤에서 나를 호위하고, 내 지휘를 따르며 시중들 쟁쟁한 실력의 마부 30명이 선발되었다. 그 외에 [나에게 시중드는] 다른 사람들도 있었음은 물론이다. 나는 그런 권력을 갖고 있었고, 극진한 [양육]을 받았다.[2]

---

1 이 번역 구절은 『중아함』 117 T I 607c25-608a18에서 가져온 것이다. 같은 에피소드를 다룬 것으로 『앙굿따라 니까야』 3.38, 『앙굿따라 니까야』 3.39 AN I 145,14(보디 번역 2012: 240f, 법문 38로 언급됨)가 있다.

2 『앙굿따라 니까야』 3.38 AN I 145,14도 여자 하인들 하고만 그 넉 달을 보냈다고 언급하지만, 여름 넉 달이 지난 후에 그 글에서 이야기하는 상황이 일어나 공원에 나갈 때 호위를 받았다는 언급은 하지 않는다. 『앙굿따라 니까야』 3.38에는 이 외에도 숫도다나 왕의 집에 있는 일꾼들과 하인들에게도 좋은 음식이 주어졌다는 내용도 있다.

명상가 붓다의 삶

오래전에 들녘에서 일꾼들이 쉬고 있는 모습을 본 기억도 난다. 나는 잠부나무 아래로 가서 가부좌를 틀고 앉았다. 감각적 욕망을 떨쳐버리고, 사악하고 해로운 상태를 떨쳐버리고, [일으킨] 생각과 [지속적] 고찰,[3] 떨쳐버림에서 생긴 희열과 행복으로 첫 번째 몰입[初禪]에 들어 머물렀다.[4]

나는 생각했다. "무지몽매한 범부들은 자신도 병들기 마련이고 병에서 벗어나지 못하면서 병든 다른 사람들을 보고, 그들이 병에 걸리기를 원하지도 않았고 그것을 즐기는 것도 아닌데, 그들을 역겨워하고 창피스러워한다.[5] 그들은 자신을 돌아보지 않는다."

나는 더 생각했다. "나 자신도 병들기 마련이고 병에서 벗어나지 못한다. 만일 내가 다른 사람들이 원하지도 즐거워하지도 않는 병에 걸린 것을 보고 역겨워하고 창피스러워한다면, 그것은 나에게 적절한 것이 아닐 것이다. 나도 언제든지 병에 걸릴 수 있기 때문이다." 이렇게 자신을 돌아보자, 아프지 않음으로써 생기는 자만이 곧 저절로 사라졌다.

나는 더 생각했다. "무지몽매한 범부들은 자신도 늙기 마

---

3 [일으킨] 생각과 [지속적] 고찰의 상대어로서 빠알리 법문에 나타나는 위딱까(vitakka) 및 위짜라(vicāra)와 비교하여, 첫 번째 몰입[初禪]의 요소들이 『중아함』에서 표현되는 방식의 의미에 대해서는 아날라요 2017b: 123ff를 참조하라.

4 『앙굿따라 니까야』 3.38은 왕자의 첫 번째 몰입[初禪]의 증득에 대해서는 전하지 않는다.

5 『앙굿따라 니까야』 3.38 AN I 145,23은 먼저 늙음을 언급하고 다음에 질병을 말한다.

련이고 늙음에서 벗어나지 못하면서, 늙은 다른 사람들을 보고, 그들이 늙기를 원하지도 않았고 그것을 즐기는 것도 아닌데, 그들을 역겨워하고 창피스러워한다. 그들은 자신을 돌아보지 않는다."

나는 더 생각했다. "나 자신도 늙기 마련이고 늙음에서 벗어나지 못한다. 만일 내가 늙은 다른 사람들을 보고, 그들이 늙기를 원하지도 않고 늙음을 즐기는 것도 아닌데, 그들을 역겨워하고 창피스러워한다면, 그것은 나에게 적절한 것이 아닐 것이다. 나도 그렇게 될 것이기 때문이다."

이렇게 자신을 돌아보자, [젊은] 나이에서 생기는 자만이 저절로 사라졌다.

[나는 더 생각했다. "무지몽매한 범부들은 자신도 죽기 마련이고 죽음에서 벗어나지 못하면서 죽는 다른 사람들을 보고, 그들이 죽기를 원하지도 않았고 죽음을 즐기지도 않는데, 그들을 역겨워하고 창피스러워한다. 그들은 자신을 돌아보지 않는다.]

[나는 더 생각했다. "나 자신도 죽기 마련이고 죽음에서 벗어나지 못한다. 만일 내가 죽는 다른 사람들을 보고, 그들이 죽기를 원하지도 않았고 죽기를 즐기는 것도 아닌데, 그들을 역겨워하고 창피스러워한다면, 그것은 나에게 적절한 것이 아닐 것이다. 나도 그와 같이 될 것이기 때문이다." 이렇게 자신을 돌아보자, 살아 있음에서 생기는 자만이 저절로 사라졌다.][6]

---

6   죽음에 대한 구절이 『중아함』 117에서는 망실된 것으로 보인다. 그래서 나는 그것을

무지몽매한 범부들은 건강할 때 오만하고 자만하여 게을 러진다. 그들은 감각적 욕망 때문에 점점 더 무지해지고, 경건한 삶을 계발하지 않는다.

무지몽매한 범부들은 젊었을 때 오만하고 자만하여 게을 러진다. 그들은 감각적 욕망 때문에 점점 더 무지해지고 경건한 삶을 계발하지 않는다.

무지몽매한 범부들은 살아 있을 때 오만하고 자만하여 게 을러진다. 그들은 감각적 욕망 때문에 점점 더 무지해지 고 경건한 삶을 계발하지 않는다.

위에 번역된 구절의 첫 부분과 관련하여 『중아함』과의 큰 차이점 은 『앙굿따라 니까야』의 법문에는 보살의 첫 번째 몰입[初禪] 경험 에 대한 언급이 전혀 없다는 것이다.[7] 나는 9장에서 이 주제를 다시 다룰 것이다.

건강할 때, 젊었을 때 등에 어떻게 무지가 증가하는지 묘사하 는 『중아함』 인용문의 마지막 부분과 비교해 볼 때, 『앙굿따라 니까

여기에 보충했다. 이 부분이 망실되었다는 사실은 뒤이어 나오는 부분에서 알 수 있다. 거기에서 질병, 늙음, 죽음의 세 가지 곤경을 다루고 있기 때문이다. 『중아함』 117 에는 위에 번역된 부분에 이어지는 일련의 게(偈)에 같은 내용이 나온다. 해당 부분인 T I 608a20은 "병에 걸리기 마련인, 늙기 마련인, 죽기 마련인"으로 시작된다. 이러한 앞뒤 맥락으로 볼 때, 법문의 이 부분에 죽음에 대한 내용이 없는 이유는 전승상 실 수 때문임에 틀림없다고 결론 내려도 무리가 없음을 알 수 있다. 『앙굿따라 니까야』 3.38은 늙음, 질병, 죽음 순서로 다룬다.

7 여기와 다른 곳에서 사용된 "보살(bodhisattva)"이라는 용어는 깨달음을 얻기 전의 붓 다를 지칭할 뿐, 이후에 그 용어가 갖는 함의를 담고 있는 것은 아니다.

야』의 해당 부분은 더 상세하다. 『앙굿따라 니까야』에는 위의 내용에 추가적으로 범부들이 사악한 행위를 하고 그 때문에 지옥에 태어난다는 것과 수행승들이 가사를 벗어버리고 낮은 삶으로 뒤돌아간다는 내용을 언급한다. 그 빠알리 법문은 이 모든 것이 젊은 것, 건강한 것, 살아 있는 것에 도취되어 있기 때문이라고 여긴다.[8]

이와 같은 내용상의 차이도 있지만, 『중아함』과 『앙굿따라 니까야』 구절들은 질병, 늙음, 죽음을 보고 그에 반응하는 일반 범부들과 보살 사이의 대조를 부각시키는 점에 있어서는 거의 일치한다. 일반 범부와 보살 사이의 중요한 차이점은, 범부들은 '자신을 돌아보지 않는' 반면 보살은 자신도 늙고 병들어서 분명히 죽게 된다는 취약성을 깨달았다는 것이다. 그는 현재의 젊음, 건강, 살아 있음에 미혹되어 이런 상황을 인식하지 못하는 어리석음을 범하지 않았다.

후기의 성인전에서, 이와 같은 기본적인 통찰은 전해지는 이야기에 고스란히 드러난다. 전해지는 이야기에 따르면 보살은 궁 밖으로 나들이를 나왔다가 처음으로 병자, 노인, 죽은 사람을 우연히 보게 되었다고 한다.[9] 보살이 그때까지 이와 같은 인간 삶의 근본적인 측면들을 전혀 몰랐다는 믿기 어려운 묘사를 하기에 이른 서사적 꾸밈과는 별개로, 그런 이야기는 어떤 면에서 위의 구절과 똑같은 주장을 하는 데 기여한다. 늙음, 질병, 죽음과의 직면이 보

---

8   『앙굿따라 니까야』 3.39 AN I 146,22.

9   아날라요 2013b: 110f에 있는 논의 참조.

살의 출가 동기였다는 것이다. 「성스러운 구함 경(Ariyapariyesanā-sutta)」 및 그것과 같은 에피소드를 다룬 『중아함』의 해당 부분에 똑같은 것이 드러난다. 여기서 붓다는 인생의 이러한 곤경들로부터 해탈에 이르는 그의 '성스러운 구함'을 묘사한다. 『중아함』의 관련 구절은 다음과 같다.[10]

전에 내가 최고의 바르고 완전한 깨달음에 이르지 못했을 때, 나는 이와 같이 더 생각했다. "나는 실제로 나 자신이 병들기 마련이면서 순진하게 병들기 마련인 것을 찾는다. 나는 실제로 나 자신이 늙기 마련이면서 순진하게 늙기 마련인 것을 찾는다. 나는 실제로 나 자신이 죽기 마련이면서 순진하게 죽기 마련인 것을 찾는다. 나는 실제로 나 자신이 걱정하고 슬퍼하기 마련이면서 순진하게 걱정하고 슬퍼하기 마련인 것을 찾는다. 나는 실제로 나 자신이 오염되기 마련이면서 순진하게 오염되기 마련인 것을 찾는다.

나는 이제 차라리 질병으로부터 자유로운 니르바나의 최고의 평화를 찾는 것은 어떤가? 늙음으로부터 자유로운 니르바나의 최고의 평화를 찾는 것은 어떤가? 죽음으로부터 자유로운 니르바나의 최고의 평화를 찾는 것은 어떤가? 걱정과 슬픔으로부터 자유로운 니르바나의 최고의 평화를

---

10 이 번역 구절은 『맛지마 니까야』 26 MN I 163,9(냐나몰리 번역 1995/2005: 256)와 같은 에피소드를 다룬 『중아함』 204 T I 776a26-776b5(아날라요 번역 2012b: 25f)에서 가져 왔다. 이 에피소드를 비교 연구하려면 아날라요 2011:171-4를 참조하라.

찾는 것은 어떤가? 오염원으로부터 자유로운 **니르바나의 최고의 평화**를 찾는 것은 어떤가?"

그때 나는 여기저기 돌아다니며 마음껏 즐기는 깨끗한 [피부]와 검은 머리를 가진 29살 청춘의 젊은 청년이었다. 그때 나는 머리와 수염을 깎았다. 아버지와 어머니가 울었고 나의 친척들이 슬퍼했다. 나는 신념을 갖고 수행승의 옷을 입고 재가의 삶의 떠나서 도를 닦아 몸에서 생계의 청정을 유지하고 말과 마음에서 생계의 청정을 유지하기 위해 출가했다.

위의 『중아함』과 달리 「성스러운 구함 경」에서는 태어나기 마련인 것도 언급한다. 이 경은 또한 보살의 정확한 나이를 제시하지 않으며 생계와 행위의 청정 계발에 관한 마지막 문장에 해당하는 내용이 없다. 그러나 그런 차이에도 불구하고 이 두 버전은 늙음, 질병, 죽음과 같은 곤경들에 처하기 마련임을 깨닫는 것에 기초하여 붓다의 추구를 실존적인 것으로 묘사한다는 점에서는 분명하게 일치한다. 전해오는 이야기에 따르면 이것들은 붓다가 그의 추구를 완성한 후에 실행한 첫 번째 가르침이었다는 점에서, 둑카(dukkha, 苦)에 대한 성스러운 진리[苦諦]라는 측면이 있다. 나는 이 주제를 뒤에서 다시 다룰 것이다.[11] 분명히 늙음, 질병, 죽음에 대한 인식은 붓다의 추구와 최종적인 깨달음을 불러온 핵심이었다.

---

11 249쪽 참조.

현대의 생활환경, 특히 서양에서의 삶이라는 관점에서 볼 때, 이것을 충분히 이해하기 위해 어느 정도의 숙고가 필요하다. 병원 시설, 양로원, 인상적일 정도로 가능한 한 남의 이목을 끌지 않는 죽음은 때로 이 세 가지 인생의 곤경에 자신이 기본적으로 취약하다는 것을 간과하기 쉽게 만든다. 그러나 어떤 질병이 생기면 그것은 인간 몸의 한계를 생각나게 만든다.[12] 늙음을 피할 수 있는 유일한 방법은 젊음을 유지하고 있을 때 죽는 것이다. 그러나 이것은 매력적인 해결책이라고 할 수 없다. 정반대로 몸은 늙음의 영향을 온전히 받으면서 죽음이 거의 위안이 되는 지경에 도달할 수 있다. 연기(緣起, paṭicca samuppāda)에서 늙음과 죽음[老死]은 사실 하나의 복합체를 형성하는데, 둘 다는 아니더라도 둘 중의 하나는 반드시 나타난다는 것을 반영하는 듯하다. 사실 어떤 면에서 늙음은 점차적인 죽음이다. 이것을 명상함으로써, 늙음, 질병, 죽음이라는 사실의 의미를 충분히 드러내도록 하여, 이 의문의 여지가 없는 사실들을 감안하는 방식으로 삶을 이끌어가는 원동력이 되도록 하는 것이 가능해진다.

여담으로, 「성스러운 구함 경」과 『중아함』 둘 다 보살이 출가할 때 그의 어머니가 울었다고 적고 있다는 것을 언급할 필요가 있을 것이다.[13] 이것은 꽤 의외이다. 전하는 이야기에 따르면 그녀는

---

12 보다 상세한 것은 아날라요 2016b: 220-3 참조.

13 같은 에피소드를 다룬 산스크리트 단편의 해당 내용, 331r6, 리우(Liu) 2010: 114에는 친척들이 울었던 사실도 언급되어 있다.

붓다가 태어나고 7일 후에 죽었기 때문이다.[14] 이 문제에 관련된 다른 구절들을 보다 긴밀하게 연구하면, 위에서 말한 어머니는 붓다의 유모인 마하빠자빠띠 고따미라는 사실이 매우 이치에 맞게 된다.[15]

이 구절은 관심을 끈다. 언뜻 보기에는 당황스런, 어머니의 울음 때문일 뿐만 아니라 보살이 밤에 비밀리에 떠났다는 설정은, 그가 병자와 노인뿐만 아니라 시체까지도 우연히 보게 되었다는 이야기와 비슷하게, 붓다의 성인전이 후대에 개발된 것이라는 사실을 보여주기 때문이다. 위 구절은 그가 밤에 몰래 떠난 것이 아니라, 부모와 친척들에게 알리고 가출했으며, 그들은 그의 가출을 반기지 않았으며 그가 떠날 때에는 눈물을 흘렸다는 인상을 준다.[16]

보살의 나들이[遊觀]와 그가 비밀리에 밤에 떠났다는 이 두 가지 성인전의 이야기는 인간의 곤경에 대한 그의 통찰력과 감각적 욕망에 대한 그의 절연을 그림으로 묘사하는 과정에서 비롯되었을 것이다.[17] 가르침을 전하기 위해 일종의 캔버스를 들고 다녔다는 사실은 이미 초기 법문에 나타나 있다. 일종의 캔버스를 사용함으로써 그런 묘사가 비교적 이른 시기에 사용될 수 있었다.[18] 이렇게 추정해볼 때, 이런 묘사는 후세대들에 의해 액면 그대로 받아들

---

14 바로(Bareau) 1974: 249가 이미 이런 대조를 했다.

15 보다 상세한 것은 아날라요 2015b: 433-5 참조.

16 위지타(Vijitha) 2015:61은, 전통적인 성인전의 설명과는 반대로, "싯다르타의 출가는 비밀이 아니었다. 그는 그의 부모와 친척들이 보는 앞에서 세속의 삶을 버렸다."는 사실을 지적했다.

17 여기서 나는 보살의 조우 이야기에 대해 벨러(Weller) 1928:169가 한 제안을 따른다.

18 아날라요 2017c: 278 참조.

여겼을 것이다.[19] 그를 출가하도록 자극했던 보살의 통찰에 대한 시적인 표현은 『숫따니빠따(Sutta-nipāta)』「여덟 품(Aṭṭhaka-vagga)」에 있는 「몽둥이를 품은 자 경(Attadaṇḍa-sutta)」의 몇몇 구절에서도 발견된다. 『숫따니빠따』의 이 부분은 같은 에피소드를 다룬 한자 경전에 보존되어 있다. 그 내용은 다음과 같다.[20]

세상 전체가 [나에게는 마치] 모두 불에 타는 듯하다.[21]
열 방향 모두가 [나에게는] 무질서하고 평화가 없어 [보인다].
자신에 대한 자만으로, 그들은 갈애를 포기하지 않는다.
[바른] 봄의 결핍으로, 그들은 무명의 마음으로 인하여 집착한다.[22]

둑카(dukkha, 苦)의 어두움을 추구하여 존재의 엉킴을 만들지 말라.
나는 그것 모두에 대해 명상했고 나의 마음은 즐겁지 않

---

19 토마스(Thomas) 1927/2003: 58는 다음과 같이 결론을 내린다. "붓다가 공원의 네 장소를 방문했다[四門遊觀]는 이야기는 이 사건들에 대해 아무런 정보도 없는 경의 구절들을 역사화한 것에 불과하다. 그 사건들은 늙음, 질병, 죽음에 대한 명상에 근거하여 지어졌을 뿐이다. 그것은 출가 이야기도 마찬가지이다."

20 이 게송들은 T 198 T IV 189b16-189b21에서 볼 수 있는데(바빠뜨(Bapat) 번역 1950: 80), 같은 에피소드를 다룬 것으로 『상윳따 니까야』 937-939가 있다(보디 번역 2017: 315). 이 게송들이 보살의 깨달음 전 통찰을 언급한다는 점은 T 198 T IV 189b13과 『상윳따 니까야』 935에서 엿볼 수 있다.

21 『상윳따 니까야』 937에는 '불탄다' 대신, '세계 전체는 본질이 없다'로 되어 있다.

22 『상윳따 니까야』 937의 후반부는 이 대신에 보살이 머물 장소를 원하지만 빈자리를 보지 못했다고 묘사한다.

았다.

그것이 괴로움과 고통으로 이어지기 때문이다. 나는 화살
을 보았다.

고요하게 된 사람은 어려운 것을 보고 그것을 견딜 수 있다.[23]

이 고통의 화살을 버리지 못한 채 고집스럽게 따라,

이 화살을 소중하게 여겨 사람이 온 세상을 달린다.

바른 견해를 존중하는 사람은 그 고통스러운 화살을 뽑아
낸다.

그의 고난은 잊히고 그는 더 이상 [이리저리] 달리지 않는다.[24]

첫 번째 연은 늙음, 질병, 죽음이 도처에 퍼져 있음을 보고 생긴 동
요를 생생하게 표현하고 있다. 그것은 『닛데사(Niddesa, 義釋)』의 설
명에 따르면 여러 방향에서 혼란에 빠져 있음을 은연중에 가리키
고 있다.[25] 이것은 이 장의 맨 앞에 번역된 『중아함』의 구절에서 묘
사된 자만 및 무지와 대조를 이룬다. 젊고 건강하고 살아 있다는 자
만은 불가피한 늙음, 질병, 죽음에 대한 무시와 분리될 수 없으며
그러한 무시는 갈애가 자랄 수 있는 비옥한 토양을 제공한다.

---

23 『상윳따 니까야』 938은 매우 다르게 진행된다. 공통된 요소는 화살을 본다는 생각이
다.

24 『상윳따 니까야』 939는 기본적으로 같은 의미를 좀 더 간단한 방식으로 표현한다.

25 『닛데사』 I 410,18. 여기에서는 같은 것이 태어남, 무상, 둑카를 겪기 마련인 존재를
상징하기도 한다는 점이 추가된다.

둑카[苦]의 어두움을 추구하는 것에 대한 두 번째 연의 언급은 「성스러운 구함 경」 및 그것과 같은 에피소드를 다룬 『중아함』의 해당 내용에서 가져온 두 가지 유형의 탐구, 즉 성스럽지 못한 탐구와 성스러운 탐구 사이의 기본적인 차이와 관련이 있다. 말할 필요 없이, 성스러운 추구는 붓다로 하여금 출가하고, 게송에 나타나 있듯이, 이리저리 달리는 것 대신에 고요함을 유지하게 함으로써 어려운 둑카의 진리를 보고 그것을 견디는 법을 배우도록 한 것이다.

세 번째 연도 이 장에서 번역된 다른 구절들에서도 이루어진 기본적인 대조를 이용하고 있다. 『닛데사』에 따르면, '화살'은 탐욕, 증오, 미혹, 자만, 사견, 슬픔, 곤혹을 의미한다.[26] 이 화살을 뽑기에 착수하는 방법이 이후 장들의 주제가 될 것이다.

························· **수 행** ·························

실제적인 수행으로, 나는 우리 주변에서 늙음, 아픔, 죽음의 현현을 알아차리기 위해 하루 종일 노력할 것을 제안한다. 그런 명상을 위해, 「성스러운 구함 경」 및 그것과 같은 에피소드를 다룬 『중아함』의 해당 내용은 여러 가지 형태의 부와 재물도 늙음, 질병, 죽음의 대상이라고 보는 점에서 일치를 보인다는 것은 참고해 볼 만하

---

26   『닛데사』 I 412,23.

다.[27]이것은 이 세 가지 곤경이 단지 사람들이나 다른 생물들에서뿐만 아니라 다양한 물질적인 사물들에서 목격될 수 있다는 것을 시사한다. 모든 존재들과 사물들은 반드시 노쇠하고, 점차 제 기능을 잃으며, 결국에는 수명을 다한다.

그렇게 확대된 관찰 영역에 기초하여, 다음 단계에서는 우리 자신이 늙고 병들고 죽기 마련이라는 것의 불가피성을 깨닫는 것이다. 이 곤경을 피할 수 없다면, 우리는 어떻게 우리 자신의 '성스러운 추구'를 가장 잘 만들어 낼 수 있는가? 언젠가는 죽음을 맞을 수밖에 없고 생전에는 늙고 병듦을 피할 수 없는 우리 몸을 고려할 때, 우리가 헌신할 만한 진정한 가치가 있는 것은 무엇인가? 우리는 어떻게 인생의 이 불가피한 곤경들과 직면하기 위한 준비를 가장 잘 할 수 있겠는가? 우리 삶에 방향을 제시하고 우리의 일상적인 활동들과 명상 수행에 영향을 미치는 중심적인 동기는 무엇이 가장 좋은가? 그런 숙고를 하는 것은 붓다가 되려는 자의 모범을 따르는 하나의 방법이 될 수 있다.

---

27   『맛지마 니까야』 26 MN I 162, 『중아함』 204 T I 776a7.

2

도덕적인 행위

이 장에서는 출가한 후에 수지했던 미래 붓다의 도덕적인 행위를 다룬다. 이것은 「두려움과 공포 경(Bhayabherava-sutta)」및 그것과 같은 에피소드를 다룬 『증일아함』의 해당 부분에 묘사되어 있다. 빠알리 법문의 제목이 시사하듯이, 두려움이라는 주제가 그 설명의 중심이 된다. 관련 구절은 붓다와 그를 방문한 브라만이 한거(閑居)의 어려움에 대해 간단하게 의견을 나눈 뒤에 나온다. 다음은 『증일아함』에서 뽑은 내용이다.[1]

[내가 아직 보살이었을 때], 나는 이런 숙고를 했습니다.

"어떤 사문이든 브라만이든 몸의 행위가 청정하지 못한 사람이 청정하지 못한 몸의 행위를 하면서 종종 한거를 하고 외딴 장소를 찾아간다면, 그들의 노력은 헛된 것이고, 그들의 수행은 진짜가 아니며, [그들은] 두려움뿐만 아니라 사악하고 온전하지 못한 상태를 [경험할 것이다]. 그러나 나는 몸의 행위를 청정하게 유지하면서 한거를 하고 외딴 장소를 찾아간다. 내가 어떤 청정하지 못한 몸의 행위와 함께 고요한 외딴 장소에 자주 가는 경우는 없다. 그 이유는 내 몸의 행위가 지금 청정하기 때문이다."

나는 청정한 몸의 행위를 하면서 한거, 동굴, [외딴] 장소를 즐기는 아라한들의 스승 같다. 브라만이여, 이와 같이 나

---

1   번역 구절은 『증일아함』 31.1 T II 665c2-665c19(아날라요 번역 2016a: 14f)에서 가져온 것이다. 이것과 같은 에피소드를 다룬 것은 『맛지마 니까야』 4 MN I 17,11이다(냐나몰리 번역 1995/2005: 102f). 비교 연구를 위해서는 아날라요 2011: 38 참조.

                                          명상가 붓다의 삶

자신에게서 그런 청정한 몸의 행위를 보기 때문에, 나는 한거를 즐기고 커지는 기쁨[을 경험하는 것]을 즐긴다.

[내가 아직 보살이었을 때], 이번에는 이런 생각을 했습니다. "어떤 사문이든 브라만이든 그들의 [말과] 마음의 행위가 청정하지 못하고, 그들의 생계가 청정하지 못한 상태에서, 한거와 외딴 장소에 자주 갈 때, 비록 그들이 이와 같이 수행해도, [그들의 수행은] 진실하지 않은 것이 되며, 그들은 온갖 [종류의] 사악하고 해로운 상태로 가득 채워질 것이다. 그것이 나에게서는 발견되지 않는다. 그 이유는 지금 나의 생계뿐만 아니라 〈 〉² 말과 마음의 행위도 청정하기 때문이다. 어떤 사문이든 브라만이든, 생계의 청정뿐만 아니라 말과 마음의 청정을 갖춘 자들은 한거하는 것과 [외딴] 장소에서 청정하게 머물기를 즐길 것이다. 이것이 나에게 해당되는 것이다. 그 이유는 내가 지금 생계의 청정뿐만 아니라 〈 〉 말과 마음의 행위[의 청정]도 갖고 있기 때문이다."

나는 생계의 청정뿐만 아니라 말과 마음의 행위[의 청정]도 갖추고 한거와 고요한 장소에 머물기를 즐기는 아라한들의 스승과 같다. 브라만이여, 이와 같이 내가 생계의 청정뿐만 아니라 말과 마음의 행위[의 청정]을 갖추고 있기 때

---

2   여기와 아래에서 쓰인 〈 〉은 수정했음을 나타낸다. 원문에서는 '몸과'라는 말이 반복된다. 그러나 나는 이것이 텍스트 오류라고 생각하고 번역하지 않았다. 몸의 행위는 이전 단락에서 이미 다루어졌기 때문이다.

문에, 고요한 외딴 장소에 머물 때, 나는 기쁨이 증가하는 것을 [경험합니다].

「두려움과 공포 경」에서도 비슷하게 두려움과 공포를 일으키지 않고 한거하기 위해서 청정한 생계뿐만 아니라 몸과 말과 마음의 차원에서 순수하고 도덕적인 행위를 갖추는 것이 중요함을 강조한다. 이것은 명상 수행 성공을 위한 윤리적인 행위의 건전한 기반 확립의 필요성에서 초기 불교사상에서 반복되는 강조점을 반영한다.

　나의 책 『죽음과 질병에 마음챙겨 직면하기』에서, 나는 아플 때와 죽을 때의 도덕적인 행위와 두려움 사이의 관계를 다루었다.[3] 계(戒)의 준수는 다른 이에게 두려움 없음을 선물하는 방법이 될 수 있다는 것이 여기에 관련된다. 살생, 도둑질 등과 같은 다른 이들에게 해를 끼치는 행위를 삼가겠다는 서약을 함으로써, 수행자는 다른 이들이 두려워할 필요가 없는 사람이 된다. 두려움 없음을 선물하는 수행자는 아프거나 죽음에 임박했을 때, 후회가 없기 때문에, 이제는 자신이 두려움 없음을 얻게 된다. 지금의 맥락에서 비슷하게 관련이 있는 것이 바로 '후회로부터의 자유'라는 측면이다.

　게다가, 「두려움과 공포 경」 및 그것과 같은 에피소드를 다룬 경전에서, 두려움 유발을 쉽게 조장할 수 있는 상황으로서 한거를 언급한 것은, 고대 인도 환경에서 만연했던 생각, 즉 자연이 위험

3　아날라요 2016b: 79.

하고 위협적인 것으로 간주되는 생각을 반영한다.[4] 「원한다면 경 (Akaṅkheyya-sutta)」 및 그것과 같은 에피소드를 다룬 『중아함』의 해 당 내용은, 수행승이 가질 수 있는 다양한 원함들 가운데 두려움 없 음을 목록에 포함시킴으로써 이것이 수행승 제자들, 아마도 특히 한거 환경에서 살았던 사람들 사이에서 큰 관심사였음을 확인시키 고 있다.[5]

안타깝게도 같은 에피소드를 다룬 다른 내용이 알려져 있지 않은, 『앙굿따라 니까야』의 한 법문은 외부의 자연이 어떤 방식으 로 한거하는 사람에게 두렵게 될 수 있는지를 설명한다.[6] 홀로 숲 속에 있으면, 수행자는 뱀, 전갈, 또는 지네에 물리거나 사자, 호랑 이, 표범, 곰, 또는 하이에나의 공격을 받을 수 있다. 그렇게 되면 수 행자의 생명이 끝날지도 모른다. 비록 수행자가 위험한 동물을 만 나지 않는다고 하더라도 아플 수 있는데, 혼자 있으면서 치료나 간 호를 받지 못하면 그 병으로 죽을 수도 있다. 그리고 또 다른 갑작 스런 죽음의 잠재적인 원인은 숲으로 도망쳐 온 범죄자들이다. 이

---

4   예를 들어, 슈미트하우젠(Schmithausen) 1991: 29, 1997 그리고 부셰(Boucher) 2008: 54 참조.

5   『맛지마 니까야』 6 MN I 33,26(냐나몰리 번역 1995/2005: 115f) 그리고 『중아함』 105 T I 596a3; 또한 『앙굿따라 니까야』 10.71 AN V 132,17(보디 번역 2012: 1427) 참조. 그리 고 이 버전들뿐만 아니라 같은 에피소드를 다룬 다른 경전에 나와 있는 수행승들의 원함 목록들을 조사하기 위해서는 『증일아함』 37.5, 아날라요 2011: 47f 참조.

6   『앙굿따라 니까야』 5.77 AN III 101,5(보디 번역 2012: 709f). 비록 이 『앙굿따라 니까야』 법문과 같은 에피소드를 다룬 다른 경전이 없는 것처럼 보이지만, 이것은 법문들이 단순히 다소 우연히 『아함』들에 들어간 결과일 수도 있다. 『아함』들에는, 특히 한문으 로 보존된 『증일아함』의 경우에, 그 법문들에 해당되는 내용의 일부만이 『앙굿따라 니까야』에서 보이기 때문이다. 다시 말해서, 같은 에피소드를 다룬 다른 경전이 없다 는 것 자체가 자동적으로 후기의 법문임을 시사하지는 않는다.

들에게 죽임을 당할 수도 있다. 이와 같은 것들이 고대 인도 환경의 한거에서 일어날 수 있는 잠재적인 위험 요소들이다.

고대 인도의 숲에서 혼자 지낼 때 일어날 수 있는 잠재적인 위험 원인들에 대한 『앙굿따라 니까야』 법문의 조사는 두려움의 문제가 내면에서 경험되는 후회뿐만 아니라 외부 원인들에 의해서 일어나는 공포와도 관련 있음을 분명하게 하고 있다. 「두려움과 공포 경」 및 그것과 같은 에피소드를 다룬 다른 경전은 분명하게 이 주제를 가져와서, 어떻게 보살이 도덕적인 행위의 확고한 기반을 확립하여 두려움을 일으키는 내면의 요인들을 제거하고, 외부 요인들에 의해 일어나는 두려움에 대처했는지 전하고 있다. 『증일아함』의 관련 구절은 다음과 같다.[7]

> 내가 은거지 안에 머무는 동안, 나뭇가지가 부러지거나, 새나 동물이 재빨리 지나가면, 나는 이렇게 생각했다. "이것은 숲속에 있는 큰 두려움[을 일으키는 것]이다." 그러고 나서 나는 더 이렇게 생각했다. "두려움이 오면, 나는 그것이 다시 오지 못하게 하는 수단을 찾을 것이다."
> 내가 걷고 있는 동안에 두려움과 공포가 오면, 나는 그 자리에서 앉거나 눕지 않고, 그 두려움과 공포를 물리치겠다고 결심하고 [나서야] 앉았다. 내가 서 있는 동안에 두려

---

7 번역 구절은 『맛지마 니까야』 4 MN I 20,37과 같은 에피소드를 다룬 『증일아함』 31.1 T II 666a28-666b9에 기초하고 있다.

명상가 붓다의 삶

움과 공포가 오면, 그때 나는 걷거나 눕지 않고, 그 두려움과 공포를 물리치겠다고 결심하고 [나서야] 앉았다. 내가 앉아 있는 동안에 두려움과 공포가 오면, 그때 나는 걷거나 [또는 서지] 않고, 그 두려움과 공포를 물리치겠다고 결심하고 [나서야] 걸었다.[8] 내가 누워 있는 동안에 두려움과 공포가 오면, 그때 나는 걷거나 앉지 않고, 그 두려움과 공포를 물리치겠다고 결심하고[9] [나서야] 자세를 바로 하고 앉았다.[10]

「두려움과 공포 경」도 보살이 숲속에서 어떤 예기치 않은 소리를 들었을 때, 몸의 자세를 그대로 유지함으로써, 두려움이 일어나는 것에 대처하곤 했다는 방법을 비슷하게 묘사한다. 이것은 특히 마음챙김 수행에서 가장 중요한 기본적인 태도의 전형적인 예가 된다. 마음챙김 수행에서 수행자는 일어나는 현상에 즉각 반응하지 않고 그것에 계속 주의를 기울이는 방법을 배운다. 위의 경우, 이것은 두려움이 일어나는 상황이다. 이 순간에는 다음에 일어날 수 있는 일을 파악함으로써 마음을 통제하도록 허용하기보다는 단순히 몸에 대한 마음챙김을 유지하는 방법으로 대처한다. 숲속에서 어

---

8 번역은 문맥을 벗어나는 것으로 보이는 '앉아 있는'을 언급하는 대신에 이문(文異)인 '걷는'을 채택한 것에 기초하고 있다.

9 번역은 이전 구절들에서 발견되지 않은 글자를 추가하지 않은 이문을 채택한 것에 기초하고 있다.

10 번역은 문맥에 어울리지 않아 보이는 '누워 있는'을 언급하는 것 대신에 이문인 '앉은'을 채택한 것에 기초하고 있다.

떤 예기치 않은 소리를 들었을 때, 앞으로 어떤 일이 벌어질지 파악하고 자신의 능력에 가장 적절하게 잠재적인 위험의 원인에 대처할 수 있도록, 자세를 바꾸는 것이 자연스러운 반응일 것이다. 그렇지 않으면 수행자는 두려움으로부터 벗어나기 위하여 적어도 어느 정도 도망치거나 어떤 다른 몸의 행동을 취하기를 바랄 것이다. 하지만 미래 붓다는 그렇게 하지 않고 두려움이 일어날 때마다, 그가 취하고 있었던 바로 그 자세로, 두려움이 일어나서 그것이 자연스럽게 가라앉을 때까지, 몸에 대한 마음챙김을 유지하는 수행을 했다.[11] 이런 식으로 마음은, 앞으로 일어날 일을 걱정하여 다음 순간에 관심을 두기보다는, 당장 일이 벌어지고 있는 현재 순간에 고요하게 머문다.

사람이 이런저런 유혹에 직면할 때, 말하자면, 해로운 방식으로 반응하지 않고 오히려 가만히 있기를 선택한다는 것을 감안할 때, 가만히 서서 이런 식으로 대처하는 것 또한 도덕적인 자제를 하도록 영향을 미친다. 실제로 미래 붓다에 있어서 도덕적인 행위는 두려움이라는 주제보다도 훨씬 더 의미가 크다. 왜냐하면 그것이 명상 수행과 최종적인 깨달음을 얻기 위한 필수불가결한 기반을 확립했기 때문이다. 초기 불교사상의 관점에서 볼 때, 이런 방식

---

11 기우스타리니(Giustarini) 2012: 529는 『맛지마 니까야』 4에 있는 이 구절에 대해 "신체적인 움직임이 없는 것은 평정 상태를 증가시키고, 평정 상태 증가는 다시 두려움을 극복하게 해준다. 신체적인 고요함과 안정은 정신적인 고요함과 안정에 영감을 줄 수 있는 것으로 보인다. 그리고 이것은 두려움에 대처하고 두려움을 극복하는 데 도움이 되는 치료법이다."라고 논평한다. 몸에 대한 마음챙김에 대해서는 아날라요 2013b: 55-61, 2017b: 39-43 참조.

으로 확고한 기반을 확립하지 않으면 명상, 그리고 오염원으로부터 마음이 점차적으로 자유롭게 됨에 있어서 지속적인 진보는 거의 기대할 수 없다. 이것은 단지 후회나 꺼림칙한 마음에 기인한 동요가 마음의 평정과 고요를 방해하는 경향이 있기 때문만은 아니다. 도덕적 행위라는 기반의 또 다른 의미는 수행자가 열망하는 목표에 이르기 위해서는 수행자의 전반적인 행위가 그 목표와 일치할 필요가 있다는 것이다. 오염원의 끌림에 대항하여 취해지는 하나하나의 조치는, 비록 그것이 기본 윤리를 유지하기 위한 것으로 발현된다 할지라도, 번뇌로부터의 완전한 해탈이라는 마지막 목표와 일치하고 그렇게 함으로써 그 목표에 한 단계 더 가깝게 된다.

도덕적인 자제에 의해 그런 기반을 확립하기 위하여, 『상윳따 니까야』 및 그것과 같은 에피소드를 다룬 『잡아함(Saṃyukta-āgama)』의 해당 내용에는 도움이 되는 숙고가 나온다. 살생을 삼가는 경우에 대해 『잡아함』은 다음과 같은 숙고를 묘사한다.[12]

> "만일 어떤 사람이 나를 죽이고자 한다면, 그것은 나에게 즐거운 것이 아니다. 나에게 즐거운 것이 아닌 것은 다른 사람에게도 마찬가지이다. [그렇기 때문에] 내가 어떻게 다른 이를 죽일 수 있는가?"

---

12 번역 구절은 『잡아함』 1044 T II 273b16-273b18에서 가져온 것이다. 이것은 『상 윳따 니까야』 55.7 SN V 353,29와 같은 에피소드를 다룬 내용이다(보디 번역 2000: 1797). 같은 에피소드를 다룬 간다리(Gāndhārī)에 대해서는 앨론 인 글래스(Allon in Glass) 2007: 12 참조.

이런 숙고를 하면, 살아 있는 생명을 죽이지 않게 되고, 살아 있는 생명이 죽임을 당할 때 즐거워하지 않는다.

『상윳따 니까야』 버전은 그런 숙고가 살생을 삼가도록 하고, 같은 방식으로 다른 사람들도 삼가도록 하며, 그런 삼감에 대해 칭찬하도록 격려한다. 그 두 버전은 도덕적으로 잘못된 다른 유형의 행위에도 같은 원리를 적용한다. 비록 이 숙고 자체의 기저를 이루는 원리가 더 이상의 논평을 필요로 하는 것은 아니겠지만, 그럼에도 불구하고 나는 이것이 연민과 마음챙김 둘 다 포함하고 있다는 사실에 주의를 환기시키고 싶다.[13] 우리가 정신적으로 자신을 다른 사람의 상황에 놓을 수 있는 것은 바로 마음챙김을 통한 유연하고 열린 태도의 확립 덕분이다. 그것에 기초하여 연민이 자연스럽게 일어나고 다른 존재들에게 해로운 것을 하지 않게 된다.

마음챙김과 연민 외에, 계를 지키기 위한 또 다른 영감의 원천은 우리가 그렇게 함으로써 붓다와 그의 아라한 제자들의 행위를 모방한다는 점이다. 이것은 여성 재가자에게 한 법문에서 표면화된다. 그 법문의 버전들은 『앙굿따라 니까야』와 『중아함』에서 발견된다. 여기에 『중아함』 법문에 있는 살생의 주제에 관련된 부분이 있다.[14]

---

13 초기 법문의 연민에 대한 다양한 측면들에 대해서는 아날라요 2015a: 5-74 참조.

14 번역 구절은 『중아함』 202 T I 770b25-770c2에서 가져온 것이다. 이것은 『앙굿따라 니까야』 3.70 AN I 211,18과 같은 에피소드를 다룬 내용이다(보디 번역 2012: 298f).

평생 동안 아라한들, 즉 '가치 있는 분들'은[15] 부끄러움과 양심의 가책에서, 그리고 멧따(mettā, 慈)와 연민의 정신적인 태도, 곤충을 포함하여 모든 존재들에 대해 공감하는 마음으로,[16] 살생을 삼가고 살생을 버리며 칼과 몽둥이를 포기한다. 그들은 살생으로부터 마음을 정화한다.

평생 동안 나는 부끄러움과 양심의 가책에서, 멧따와 연민의 정신적인 태도, 그리고 벌레를 포함하여 모든 존재들에 대해 공감하는 마음으로, 살생을 삼가고 살생을 버리며 칼과 몽둥이를 포기한다. 나는 살생으로부터 내 마음을 정화한다.

이런 면에서, 나는 아라한들과 비슷하고 그들과 다르지 않다.

『앙굿따라 니까야』 버전에서는 벌레가 분명하게 언급되지 않는다는 사소한 차이가 있다. 이 법문과 같은 에피소드를 다룬 내용이 한역으로 현존하는 것들 사이에서도 똑같은 차이가 반복된다. 한역

---

15 '가치 있는 분'은 '아라한'이라는 말의 문자 그대로의 의미이다. 인용문의 한자 원본에서는 아라한에 해당하는 두 가지 어구를 사용한다. 하나는 음역한 것이고 또 하나는 번역한 것으로, 그것을 문자 그대로 번역하면 '진정한 사람'이 될 것이다. 내가 '가치 있는 분'이라고 번역한 것은 그것의 중국어 번역보다는 그것의 기저를 이루는 인도 단어를 반영한다.

16 비록 원문의 이 부분에 사용된 두 행의 한문은 문자 그대로는 '수혜'를 의미하지만, 그것은 또한 아누깜빠(anukampā)를 번역한 것으로, 이 의미가 문맥에 가장 적절한 것으로 보인다.

으로 전하는 것 가운데 두 군데에서는 벌레를 언급하지 않는[17] 반면 다른 두 군데에서는 벌레를 언급한다.[18]

이런 숙고의 기저를 이루는 기본적인 원리는, 살생을 삼감으로써, 그리고 범위를 확대하여 다른 유형의 해로운 행위를 삼감으로써, 우리가 아라한의 행위를 모방하고 있다는 사실을 강조하는 데 기여한다는 것이다. 현재 우리의 마음은 오염원으로부터의 완전한 해탈과는 전혀 동떨어져 있는 상태로 보이더라도, 적어도 도덕적 행위에 관해서 우리는 실제로 '아라한과 비슷하고 그들과 다르지 않게' 될 수 있다. 말할 필요 없이, 우리가 이런 방식으로 아라한과 비슷해지도록 계발하는 하나하나의 순간은 우리 자신이 아라한들 가운에 한 사람이 되는 것으로 더 가까이 다가가는 또 다른 발걸음인 것이다.

위에서 언급한 숙고를 도덕적인 행동의 다른 측면들로 확대하는 것 외에도, 『앙굿따라 니까야』 법문 및 『중아함』의 해당 내용은 또한 여섯 가지 거듭 마음챙김(anusati, 隨觀)을 제시한다. 정확하게 말해서, 그 중 하나는 자기 자신의 도덕적인 행위를 거듭 마음챙기는 것이다. 『중아함』 버전은 다음과 같은 방식으로 이것을 묘사한다.[19]

17　T 87 T I 913a25 그리고 『증일아함』 24.6 T II 625b15.

18　T 87 T I 911a18, T 88 T I 912b6; 이런 유형의 차이에 대해서는 또한 마르티니 (Martini) 2012: 60 주해 38 참조.

19　번역 구절은 『중아함』 202 T I 772a1-772a4에 기초하고 있다. 이것은 『앙굿따라 니까야』 AN I 210,1과 같은 에피소드를 다룬다.

수행자는 자기 자신의 도덕성을 거듭 마음챙긴다. "[나의 도덕성은] 결핍되지 않고 오점이 없으며 오염되지 않고 퇴폐하지 않았다. 현자들이 칭찬했듯이, 그것은 보상을 기대하지 않고 광범위하고 널리 [수지되었다.] 나는 그것을 잘 갖추고 있고 그것에 마음을 잘 기울이며 그것을 잘 수지하고 그것을 잘 유지하고 있다."

자기 자신의 도덕을 이와 같이 거듭 마음챙기는 사람은 그 결과 어떤 사악한 사유도 그치게 되고 또한 오염되고 사악하고 해로운 상태를 그치게 될 것이다.

『앙굿따라 니까야』 법문과 『중아함』의 해당 내용은 공통적으로 그런 거듭 마음챙김의 효과를 더러운 거울은 적절한 수단을 통해 빛나고 밝게 된다고 비유한다. 내가 생각하기에, 이 설명은 그런 거듭 마음챙김이 단지 이미 완전하게 청정한 도덕적인 행위를 하고 있는 사람들만을 위한 것이 아니라는 것을 분명히 한다. 오히려, 자기 자신의 마음 거울의 깨끗하고 밝은 부분들에 주의를 기울이고 어떤 더러움도 씻어내려고 노력함으로써 마음이 전보다 더 밝고 빛나게 된다는 의미에서, 자신의 도덕에 대한 거듭 마음챙김은 자신의 상황이 더러운 거울과 비슷한 사람들과 관련이 있다. 이 비유의 또 다른 요점은 거울을 닦으려는 동기가 그것을 본 것에서 온다는 것이다. 마찬가지로, 거듭 마음챙김으로 자신의 도덕을 보는 것은 자신의 삶과 수행의 윤리적인 기반을 계속 향상시키려는 동기를 강화시키는 데 기여할 수 있다.

위에서 설명한 도덕을 거듭 마음챙김 하는 수행 방법으로, 나는 도덕 숙고가 우리의 마음에 어떻게 영향을 미치는지 우리 스스로 보기 위해 우리 자신의 행위를 주의 깊게 관찰하기를 추천한다. 그런 주의 깊은 관찰을 통해 마음에서 일어나는 일에 직접적으로 영향을 미치는 우리 행위의 윤리적인 정도를 알아볼 수 있다. 그런 관찰에서는 해로운 행위나 범죄에 초점을 맞출 뿐만 아니라 우리가 인식할 수 있는 어떤 유익한 행위도 알아차릴 필요가 있다. 유익한 행위의 하나하나, 또는 적어도 해로운 것을 삼가는 것은, 그것이 제아무리 사소해도, 연민과 즐거운 영감의 마음을 일으키기 위해 사용될 수 있다. 이것은 다른 사람이 우리에게 해주기를 원하는 것을 우리가 그들에게 하고 있다는 것을 깨닫는다는 의미에서의 연민이고, 이런 식으로 행함으로써 우리가 아라한과 함께 하는 덕행의 아름다움을 공유한다는 의미에서의 영감이다. 우리가 성공적으로 해로운 행위를 삼갈 때마다, 이것이 붓다가 우리에게 행하라고 권유했을 것임을 숙고함으로써, 이것은 기쁨의 원천이 될 수 있다.

3

삼매에의 장애

이 장에서는 몰입 증득에 장애가 되는 마음의 문제들에 대해 미래 붓다가 극복한 것과 관련된 구절들을 다룬다. 물론 그런 극복을 위한 필수불가결한 기반은 그러한 마음의 조건들을 분명하게 알아차리는 것이다. 수행자가 장애들을 있는 그대로 알아차리지 못하면, 그 장애들을 거의 극복할 수 없을 것이다.

그런 알아차림에 영향을 미치는 기본적인 통찰은 「두 가지 사유 경(Dvedhāvitakka-sutta)」 및 그것과 같은 에피소드를 다룬 『중아함』의 해당 내용에서 전면적으로 다루어진다. 내가 이미 나의 책 『마음챙김의 확립에 대한 관점(Perspectives on Satipaṭṭhāna)』에서 번역한 그 관련 구절[1]의 첫 번째 부분에 따르면, 깨달음을 얻기 전에 붓다는 자신의 생각들을 두 가지 유형으로 나누기로 했다. 이 두 가지 유형 가운데 하나에는 감각적 욕망, 악의, 해코지 등의 생각들이 포함되고, 나머지 하나에는 그런 것들이 아닌 생각들이 포함된다. 「두 가지 사유 경」 및 그것과 같은 에피소드를 다룬 『중아함』의 해당 내용은, 보살이 첫 번째 유형의 생각을 경험할 때마다, 그런 생각이 자신과 다른 이들에게 해롭고, 지혜를 파괴해서 열반으로 이끌지 않는다는 점을 이해했다고 공통적으로 서술하고 있다. 그것을 알아차리자마자, 그는 그런 생각들을 버릴 수 있었다.

이 구절은 유익한 것과 해로운 것 사이의 기본적이고 윤리적인 구별뿐만 아니라 이 구별의 기저를 이루는 원인을 드러내기도 하거니와, 의미심장하기도 하다. 왜냐하면 깨달음에 이르기 전에

1　아날라요 2013b: 146f.

는 붓다조차도 해로운 생각을 처리해야 했다는 사실을 보여주기 때문이다. 우리 대부분이 그러하듯이 미래 붓다도 똑같은 어려움, 그리고 해로움이 마음에 있다는 당황스러운 자각에 직면해야만 했다는 사실을 자신에게 상기시키는 것은 도움이 될 수 있다. 이런 방식으로, 자신의 현재 마음 상태가 이 두 가지 유형 가운데 첫 번째에 속한다는 것과, 이런 상태에 계속 머무는 것은 도닦음의 진보에 해롭고 그것과 반대가 된다는 것을 분명하게 자각함으로써, 수행자는 제아무리 멀리 보여도 붓다의 발자국을 따르게 된다. 그렇게 붓다의 발자국을 따라가는 것이 바로 붓다가 실현했던 오염원으로부터의 완전한 해탈에 수행자를 더 가까이 데려가는 정확한 방법이다.

똑같은 '유익한 것과 해로운 것 사이의 기본적인 구별'이 사실 붓다 또는 여래의 가르침의 특징이다. 이것은 「여시어경(如是語經, Itivuttaka)」 및 그것과 같은 에피소드를 다룬 한문 경전에서 강조된다. 그것은 다음과 같이 진행된다.[2]

모든 여래들, 아라한들, 바르고 완전하게 깨달은 이들이
다르마[法]를 가르치는 방법은 두 가지 유형이다. 무엇이
그 두 가지인가? 첫 번째는 해로운 것을 바르게 이해해야

---

2   번역 구절은 T 765 T XVII 676c24-676c26에서 가져왔다. 이것과 같은 에피소드를
       다룬 것이 「여시어경」 39 It 33,10(아일랜드(Ireland) 번역 1991: 28)인데, 「여시어경」에
       서는 모든 여래들(all Tathāgatas)로 언급하지 않고 단수형으로 여래(Tathāgata)를 언급
       한다.

한다는 것이다. 두 번째는 해로운 것에 대해 넌더리를 쳐
야 하고 그것으로부터 돌아서야 한다는 것이다.

깨달음 이전의 붓다에 대한 설명에서 언급한 해로운 생각들 가운
데, 감각적 욕망이라는 주제는 매우 두드러진다. 이 책 1장에 번역
된 구절에 따르면, 젊은 시절의 보살은 그를 즐겁게 만드는 여인들
에 둘러싸여 여름 전부를 보내곤 했다.[3] 같은 유형의 묘사가 「마간
디야 경(Māgandiya-sutta)」에도 있다. 그렇지만 그것과 같은 에피소
드를 다룬 『중아함』의 해당 내용에는 그런 묘사가 없다.[4] 그러나 그
두 법문은 붓다가 깨달음을 얻기 전에 감각적 욕망을 추구하고 즐
겼다는 사실을 숨김없이 인정했다는 점에서는 일치한다. 『중아함』
의 해당 구절은 다음과 같다.[5]

아직 도닦음을 위해 출가하기 전에 나는 다섯 가닥의 감
각적 욕망을 얻었고, 원하는 것, 마음을 즐겁게 만드는 것,
감각적 욕망과 결합되어 좋아할 만한 것을 쉽고 용이하
게 얻었다. 나중에 나는 다섯 가닥의 감각적 욕망을 포기
하고 머리와 수염을 깎고 수행자의 가사를 입고 믿음으로
집을 떠나서 도닦음을 위해 집 없이 지내게 되었다. 다섯

---

3   위 30쪽 참조.
4   『맛지마 니까야』 75 MN I 504,24 (냐나몰리 번역 1995/2005: 609f); 비교 연구를 위해서
       는 아날라요 2011: 409 참조.
5   번역 구절은 『중아함』 153 T I 671a24–671a28에 기초한다.

가닥의 감각적 욕망의 생성과 소멸, 그런 욕망의 희열과 그것들의 불리함, 욕망으로부터 벗어남을 있는 그대로 보면서, 나는 내적으로 평화로운 마음으로 살아갔다.

「마간디야 경」 및 그것과 같은 에피소드를 다룬 경전의 해당 내용에서 붓다는 계속해서 이런 방식의 내적으로 평화로운 마음으로 어떻게 감각적 욕망을 즐기는 다른 사람들을 부러워하지 않았는지 묘사한다. 그 두 법문은 모두 감각적 욕망으로**부터 해탈을 얻은** 사람의 관점에서는, 감각적 욕망에 탐닉하는 사람들이 불에 **상처를** 지지는 나환자와 비슷해 보일 수 있음을 분명하게 말하고 있다. 이런 행위는 일시적인 위안을 가져올 수 있지만, 그 나환자의 고통을 점점 더 악화시킨다. 치유된 나환자가 이전에는 상처를 지지기 위해 그렇게 열심히 찾았던 불 가까이로 끌려가는 것에 완강하게 저항하는 것과 마찬가지로, 감각적 욕망으로부터 자유롭게 되어 내적인 건강을 얻은 사람은 감각적 욕망이라는 불구덩이를 피하고 싶을 것이다.

『상윳따 니까야』 및 그것과 같은 에피소드를 다룬 『잡아함』의 해당 내용은 붓다가 깨닫기 전에 감각적 욕망을 추구했다는 같은 주제를 다룬다. 이어지는 구절에서는 내면에서 진정으로 평화로운 마음을 갖는다는 것이 의미하는 바에 대한 암시가 나온다. 『잡아함』 버전에 있는 관련 구절의 첫 번째 부분은 다음과 같다. [6]

---

6 번역 구절은 『잡아함』 211 T II 53a27–53b4에서 가져왔다(아날라요 번역 2016c: 33). 이

전에 아직 완전한 깨달음을 얻지 못했을 때, 나는 조용한 곳에서 홀로 명상하면서 생각했다. "나는 살펴보아야 한다. 내 자신의 마음이 어떤 방향으로 자주 기우는가?" 나의 마음은 과거의 다섯 가닥의 감각적 욕망을 자주 추구했다. 나의 마음은 현재의 다섯 가닥의 감각적 욕망을 거의 추구하지 않는다. 그리고 나의 마음이 미래의 다섯 가닥의 감각적 욕망 주위를 맴도는 일은 극히 드물다.[7] 나의 마음이 과거의 〈다섯 가닥의〉 감각적 욕망을 자주 추구한다는 것을 관찰하였을 때,[8] 나는 과거의 다섯 가닥의 감각적 욕망을 다시 추구하지 않기 위해 나 자신을 지키려는 에너지와 노력을 충분하게 일으켰다. 이와 같이 근면하게 나 자신을 보호했기 때문에, 나는 점차적으로 최고의 바른 깨달음에 점점 더 가까이 가게 되었다.

이것은 붓다가 깨달음을 추구하는 동안 감각적 욕망의 끌림에 맞서 자신의 마음을 지키기 위해서 노력해야 했다는 사실을 확인시켜 준다. 똑같은 것이 『앙굿따라 니까야』의 한 법문에서도 분명하게 나타난다. 그런데 그것과 같은 에피소드를 다룬 경전은 알려져

것은 『상윳따 니까야』 35.117 SN IV 97,18과 같은 에피소드를 다룬 내용이다(보디 번역 2000: 1190f).

7 『상윳따 니까야』 35.117 SN IV 97,20에서는 과거와 현재의 감각적 욕망이 비슷한 매력을 유지하고 있고 미래의 감각적 욕망만이 정도가 덜한 것으로 나온다.

8 '다섯 가지'라는 번역은 교정에 기초한 것이다. 원전에는 '바른'으로 되어 있다.

명상가 붓다의 삶

있지 않다. 이 법문에 따르면, 깨달음을 얻기 전의 붓다는 자신의 마음이 감각적 욕망에서 벗어남과 홀로 있음을 향해 온전하게 기울지 않았다는 사실을 알았다. 그 이유는 그가 감각적 욕망의 단점을 철저하게 보지 못했기 때문이었다.[9] 그럼에도 불구하고, 그는 감각적 욕망의 끌림으로부터 벗어나기 위한 강한 결심을 했다. 「출가 경(Pabbajā-sutta)」 및 그것과 같은 에피소드를 다룬『대사(大事, Mahāvastu)』의 해당 내용에 따르면, 미래 붓다는 출가 후에 깨달음에 이르는 도닦음에 매우 전념해서 그 당시 한 왕이 후한 제안을 했음에도 불구하고 재가자의 삶으로 돌아가려는 유혹에 빠지지 않을 수 있었다.[10]

위에 번역된『잡아함』의 법문 및 그것과 같은 에피소드를 다룬『상윳따 니까야』의 해당 내용에 이어서, 붓다는 그 법문을 듣고 있는 수행승들에게 그들도 감각적 욕망의 끌림을 넘어서야 한다고 계속 훈계한다. 그 다음에는 감각적 욕망에 대한 관심을 넘어서도록 인도하는 것(「마간디야 경」 및 그것과 같은 에피소드를 다룬 경전의 내용을 고려할 때, 감각적 욕망에서 '벗어나기'에 해당한다), 그리고 '평화로운 마음으로 머무는 것'을 가능하게 하는 것을 가리키는 구절이 나온다.『잡아함』에 나와 있는 관련 부분은 다음과 같다.[11]

9　『앙굿따라 니까야』 9.41 AN IV 439,23(보디 번역 2012: 1310).

10　『상윳따 니까야』 424(보디 번역 2017: 225) 그리고 세나르트(Senart) 1890: 199,17(존스 (Jones) 번역 1952/1976: 190)

11　번역은『잡아함』211 T II 53b12~53b14에 기초하고 있다. 이것은『상윳따 니까야』 35.117 SN IV 98,3과 같은 에피소드를 다룬 내용이다.

그러므로 수행승들이여, 그대들은 눈이 소멸하여 형색에 대한 인식에서 멀어지는, 귀가 소멸하여 소리에 대한 인식에서 멀어지는, 코가 소멸하여 냄새에 대한 인식에서 멀어지는, 혀가 소멸하여 맛에 대한 인식에서 멀어지는, 몸이 소멸하여 촉감에 대한 인식에서 멀어지는, 마음이 소멸하여 마음의 대상들에 대한 인식에서 멀어지는 그 영역을 알아야 한다.

두 버전에 따르면, 청중인 수행승들은 붓다가 말한 것의 의미를 온전히 이해할 수 없었다. 그들은 더 많은 설명을 듣기 위해 아난다에게 갔다. 아난다는 붓다가 '여섯 감각 영역의 소멸', 다시 말해서, 니르바나에 대해서 말했다고 설명했다. 니르바나의 경험은 감각의 문들을 통해 경험될 수 있는 즐거움의 유형에 대한 관심을 거리를 두고 보는 것이다.

니르바나에 대한 붓다 자신의 추구에서, 감각적 욕망의 제거는 도닦음의 진보에 중요한 조건이 되었다. 이것은 「삿짜까 긴 경 (Mahāsaccaka-sutta)」 및 그것과 같은 에피소드를 다룬 산스크리트 단편의 해당 내용에 있는 나무토막과 그것에 불을 붙이려는 시도를 비롯한 세 가지 세트의 비유로 나타난다. 산스크리트 버전의 첫 번째 비유 부분은 다음과 같다. [12]

---

12 번역 구절은 단편 335v7f, 리우(Liu) 2010: 208에서 발견된다. 이것은 『맛지마 니까야』 36 MN I 240,30(냐나몰리 번역 1995/2005: 335)과 같은 에피소드를 다룬 내용이다. 비교 연구를 위해서는 아날라요 2011: 235f 참조. 그 두 버전에 나오는 비유의 요점

그것은 마치 축축한 생나무 토막이 땅에 가까운 물속에 던져져 있는데, 어떤 사람이 불을 구하러 와서 불을 찾고 있는 것과 마찬가지이다.

물 위의 젖은 나무토막에 불을 붙이는 것은 가능하지 않을 것이다. 마찬가지로, 아직 감각적 욕망에 탐닉하고 있는 사람이 깨달음으로 나아가기는 불가능하다.

「삿짜까 긴 경」 및 그것과 같은 에피소드를 다룬 산스크리트 단편의 해당 내용은 같은 비유적 설정을 더 진전시켜서, 감각적 욕망에 실제로 탐닉하는 것을 삼갈 필요가 있을 뿐만 아니라 심지어 그것에 집착하는 마음을 떼어내야 한다는 사실을 지적한다. 감각적으로 즐기는 삶을 뒤로 했지만, 아직 감각적 욕망에 집착하는 마음을 가진 사람의 상황은 물 밖으로 가져온 젖은 나무토막이라고 할 수 있다. 비록 그 나무가 더 이상 물속에 있지 않지만, 그럼에도 불구하고 그것은 젖어 있어서 여전히 불을 붙이기 위해 사용될 수 없다. 그러나 일단 그 나무가 마르면, 그것은 불을 때는 연료로 사용될 수 있는 것과 마찬가지로, 일단 마음이 적어도 일시적으로나마 감각적 욕망으로부터 초연한 상태에 이르면, 깨달음을 실현하는 것이 가능할 것이다.

위에서 언급한 비유를 통해 보자면, 마른 나무에 해당하는 마

은 이것이 수행자의 금욕 수행 여부에 관계없이 적용된다는 것을 납득시키는 것이다. 이 주제는 6장에서 8장에 걸쳐 다루어질 것이다.

음의 유익한 상태는 해로운 생각과 유익한 생각 사이의 기본적인 구별과 관련하여 이 장의 처음에 언급된 「두 가지 사유 경」 및 그것과 같은 에피소드를 다룬 『중아함』의 해당 내용에서 묘사된다. 「두 가지 사유 경」의 『중아함』 해당 내용에 따르면, 붓다의 깨달음 전 수행은 유익한 생각들과 관련하여 다음과 같은 형태를 띤다.[13]

> 이와 같이 수행하며 외딴 곳에 머물면서 방일함이 없는 마음을 근면하게 계발할 때, 감각적 욕망이 없는 마음이 나에게 일어났다. 나는 감각적 욕망이 없는 마음이 일어났다는 것을 깨달았다. 나는 이것이 나 자신에게 해롭지 않고, 다른 이들에게도 해롭지 않으며, 두 가지 면에서 해롭지 않다[는 것을 깨닫고], 그것은 어려움 없이 지혜를 개발하고 니르바나를 얻도록 [인도한다는 것을 깨달았다]. 나는 그것이 나 자신에게 해롭지 않고, 다른 이들에게도 해롭지 않으며, 두 가지 면에서 해롭지 않다는 것을 깨닫고, 그것은 어려움 없이 지혜를 개발하고 니르바나를 얻도록 [인도한다는 것을] 깨닫자마자, 곧바로 빠르게 그것을 개발하고 그것을 중시하게 되었다.
> 다시 이와 같이 수행하며 외딴 곳에 머물면서 방일함이 없는 마음을 근면하게 계발할 때, 악의 없는 마음이 나에게

---

13 번역은 『중아함』 102 T I 589b11-589b23에 기초한다. 이것은 『맛지마 니까야』 19 MN I 116,1과 같은 에피소드를 다룬 내용이다(냐나몰리 1995/2005: 208f). 비교 연구를 위해서는 아날라요 2011: 139 참조.

명상가 붓다의 삶

일어났다. 나는 악의 없는 마음이 일어났다는 것을 깨달았다. 나는 이것이 나 자신에게 해롭지 않고, 다른 이들에게도 해롭지 않으며, 두 가지 면에서 해롭지 않다[는 것을 깨닫고], 그것은 어려움 없이 지혜를 개발하고 니르바나를 얻도록 [인도한다는 것을 깨달았다]. 나는 그것이 나 자신에게 해롭지 않고, 다른 이들에게도 해롭지 않으며, 두 가지 면에서 해롭지 않다는 것을 깨닫고, 그것은 어려움 없이 지혜를 개발하고 니르바나를 얻도록 [인도한다는 것을] 깨닫자마자, 나는 곧바로 빠르게 그것을 개발하고 그것을 중시하게 되었다.

다시 이와 같이 수행하며 외딴 곳에 머물면서 방일함이 없는 마음을 근면하게 계발할 때, 해코지 없는 마음이 나에게 일어났다. 나는 해코지 없는 마음이 일어났다는 것을 깨달았다. 나는 이것이 나 자신에게 해롭지 않고, 다른 이들에게도 해롭지 않으며, 두 가지 면에서 해롭지 않다[는 것을 깨닫고], 그것은 어려움 없이 지혜를 개발하고 니르바나를 얻도록 [인도한다는 것을 깨달았다]. 나는 그것이 나 자신에게 해롭지 않고, 다른 이들에게도 해롭지 않으며, 두 가지 면에서 해롭지 않다는 것을 깨닫고, 그것은 어려움 없이 지혜를 개발하고 니르바나를 얻도록 [인도한다는 것을] 깨닫자마자, 나는 곧바로 빠르게 그것을 개발하고 그것을 중시하게 되었다.

감각적 욕망이 없는 생각이 나에게 일어났을 [때], 나는 그것에 대해 많이 생각했다. 악의 없는 생각이 나에게 일어났

을 [때], 나는 그것에 대해 많이 생각했다. 해코지 없는 생각
이 나에게 일어났을 [때], 나는 그것에 대해 많이 생각했다.
다시 나는 생각했다. "많이 생각하는 사람의 몸의 평온과
기쁨은 사라질 것이며 마음은 다시 불편하게 될 것이다.
나는 차라리 내 마음을 안에서 제어하고, 삼매를 증득하
여 끊임없이 내적인 평온과 정신의 하나 됨을 유지하며
머물리라. 그러면 내 마음이 불편하지 않게 될 것이다."
곧이어 나는 내 마음을 안에서 제어하고, 삼매를 증득하
여 끊임없이 내적인 평온과 정신의 하나됨을 유지하며 머
물렀다. 그러자 내 마음은 불편하지 않게 되었다.

「두 가지 사유 경」에 나오는 다른 비슷한 내용에서는 심지어 보살
이 한 낮과 한 밤 내내 그런 유익한 생각들을 하면서 지내는 동안
어떤 두려운 것도 보지 않았다는 사실을 덧붙인다. 그 이유는, 그
두 버전에서 언급하듯이, 우리 마음의 성향들은 우리가 하는 생각
의 유형에 의해 영향을 받기 때문이다. 다시 말해서, 유익한 방식으
로 계속 생각하면 마음이 유익한 것을 향하는 경향이 강화될 것이
다. 『중아함』 버전은 유익한 생각의 경우에 해당하는 이런 경향을
다음과 같이 묘사한다.[14]

---

14 번역 구절은 『중아함』 102 T I 589c5-589c9에서 가져온 것이다. 이것은 『맛지마 니
까야』 19 MN I 116,27과 같은 에피소드를 다룬 내용이다.

사람이 의도하는 것에 따라, 사람이 생각하는 것에 따라, 마음은 그것을 즐기는 방향으로 바뀐다. 만일 수행승이 감각적 욕망이 없는 생각을 많이 하고 감각적 욕망이 있는 생각을 버리면, 감각적 욕망이 없는 생각을 많이 하기 때문에, 마음은 그것을 즐긴다.

만일 수행승이 악의 없는 생각을 많이 하고 악의 있는 생각을 버리면, 악의 없는 생각을 많이 하기 때문에, 마음은 그것을 즐긴다.

만일 수행승이 해코지 없는 생각을 많이 하고 해코지 있는 생각을 버리면, 해코지 없는 생각을 많이 하기 때문에, 마음은 그것을 즐긴다.

그럼에도 불구하고, 그 두 버전에서 지적하듯이, 과도한 생각은 삼매에 도움이 되지 못한다. 비록 유익한 생각이 습관이 되도록 마음을 훈련시키는 것이 더 깊은 삼매를 경험하기 위한 진입로를 준비하는 데 큰 영향을 미치지만, 과도한 사유는 결국에 더 많은 진보를 방해할 것이다. 몰입 증득에 이르도록 마음을 잘 조율하는 문제는 다음 장에서 다룰 것이다.

아마도 이 장에서 꼽을 수 있는 가장 중요한 특징은 유익한 유형의
생각과 해로운 유형의 생각의 근본적인 구별일 것이다. 그래서 나
는 이것을 실제적인 탐구의 주제로 삼기를 제안한다. 「마음챙김의
확립 경」 및 그것과 같은 에피소드를 다룬 경전들은 명상을 위한
마음 상태들을 열거하고 첫 마음 상태들에 기본적인 구별을 적용
하였다. 여기에서 과제는, 이를테면 마음이 감각적 욕망 상태에 있
는지의 여부, 또는 성냄이나 그 반대의 영향 하에서 작용하고 있는
지의 여부 등을 알아차리는 것이다.[15] 우리의 탐구는 이런 기본적
구별의 바탕 위에서 출발할 수 있다. 우리는 두 가지 구별을 바탕으
로 우리의 마음 상태를 마음 챙겨 관찰한다. 「두 가지 사유 경」 및
그것과 같은 에피소드를 다룬 경전들에 따르면 이 두 가지 구별은
해탈에 이르는 붓다의 깨달음 전 진행에서 참으로 중요한 부분이
었다.

　　이런 방식으로 수행을 지속하다 보면 우리는 마침내 법문에
서 설한 진리를 스스로 깨달을 것이다. 그것은, 우리가 주로 생각하
는 것은 무엇이든지 마음의 경향이 된다는 것이다. 어떤 면에서, 데
카르트의 "나는 생각한다. 고로 존재한다."는 그 유명한 말은 "나는
생각한다(는 것 때문에). 고로 나는 (지금의 나로) 존재한다."로 각색될
수 있을 것이다. 아니면, 보다 간결하게 "나는 내가 생각하는 것이

15　더 상세하게는 아날라요 2013b: 142-8 참조.

된다."라고 표현할 수 있을 것이다.

이것은 예를 들어 브라흐마위하라(brahmavihāra, 梵住)들에 기초한 개념적인 숙고조차도 우리의 마음에 영향을 미칠 것임을 인정하기 위한 배경이 된다. 우리의 마음은 범주들의 명상 계발에 참여함으로써 상당히 강화될 수 있다.[16] 우리가 자애[慈], 연민[悲], 더불어 기뻐함[喜], 평정[捨]과 함께하는 모든 순간은 다른 사람들뿐만 아니라 우리 자신의 정신적인 도반에게도 영향을 미칠 것이다.

생각이 마음에 영향을 미친다는 자각은 우리의 생각들이 제어되지 않고 제멋대로 진행되도록 방치할 위험성에 대한 주의를 환기시키는 데 그치지 않는다. 그런 자각은 앞에 서술한 주의 환기의 역할과 동시에, 마음이 해로운 것에 머물도록 하거나 대화 · 뉴스 · 인터넷 등을 통해 외부로부터 입력되는 부정적인 것들에 영향을 받거나 혹은 저절로 마음이 해로운 것이 되도록 하지 않고 유익한 생각의 계발이라는 단순한 방법을 통해서 개인의 변화에 대한 전망을 열어주기도 한다. 우리는 유익한 것과 함께하기 위해 그리고 해로운 것을 멀리하기 위해 중단 없이 최선을 다한다. 이것은 단순해 보이지만, 붓다의 발자국을 따라 걸어가는 방법이다.

16　범주들에 대한 명상 계발에 대한 보다 상세한 내용은 아날라요 2015a: 151-62 참조.

4

몰입

이 장은 앞 장과 긴밀한 관계가 있다. 3장에서는 보다 깊은 수준의 삼매 계발에 장애가 되는 것들에 대한 미래 붓다의 극복을 다루었다. 「오염원 경(Upakkilesa-sutta)」 및 그것과 같은 에피소드를 다룬 『중아함』의 해당 내용에서는 이 주제를 좀 더 상세하게 설명한다. 그 설명에서는 붓다가 아누룻다를 선두로 하는 한 무리의 수행승들에게 집중을 깊게 하는 데 도움이 되도록 자신이 몰입을 얻기 위해 했던 노력에 대해 기술한다. 다음은 『중아함』에 있는 관련 부분의 첫 번째 구절이다.[1]

> 나는 방일하지 않고 근면하게 수행했다. 내 몸은 고요하
> 게 안정되었다. 나에게는 바른 마음챙김과 바른 알아차림
> 이 있었다. 나에게는 혼란이 없었고, 나는 집중과 마음의
> 하나 됨을 얻었다. [나는 생각했다.] "세상에 존재하지 않는
> 것을[2] 나는 볼 수 있고 알 수 있는가?" 의심에 의한 이런
> 고민거리가 내 마음에서 일어났다. 의심에 의한 이런 고
> 민거리 때문에, 나의 삼매는 사라지고 나의 [내면의] 눈은
> 사라졌다. 나의 [내면의] 눈이 사라지고 나서, 내가 이전에

---

1 번역 구절은 『중아함』 72 T I 536c26-537a1에서 가져온 것이다. 이것은 『맛지마 니까야』 128 MN III 157,29(냐나몰리 번역 1995/2005: 1012)와 같은 에피소드를 다룬 내용이다. 비교 연구를 위해서는 아날라요 2011: 736-8 참조.

2 번역은 '도닦음' 대신에 이문 '있다'를 채택한 것에 기초한다. 이 채택은 『구사론 (Abhidharmakośabhāṣya)』, 쁘라단(Pradhan) 1967: 300, 12: yat tat loke nāsti, 그리고 같은 에피소드를 다룬 티베트 경전, D 4094 ju 276a6 또는 Q 5595 thu 20a8: gang yang 'jig rten na med pa에 있는 이 구절의 해당 내용들에 따른다.

얻었던 밝은 빛과 형색들을 보는 능력이 있었는데, 그 형
색들을 보는 능력과 밝은 빛도 곧바로 사라졌다.

「오염원 경」 및 그것과 같은 에피소드를 다룬 『중아함』의 해당 내
용의 이 구절 이전 부분에서, 아누룻다와 그의 도반들은 붓다에게
자신들이 밝은 빛과 형색들을 보는 능력을 경험했는데 곧이어 사
라졌다고 말한 바 있었다. 「오염원 경」에서 아누룻다는 그렇게 된
까닭이 그들이 그 '표상(nimitta)'을 꿰뚫어 보거나 이해하지 못했기
때문이라고 말한다.[3] 『중아함』 버전에서는 그들이 그 '표상'을 꿰뚫
어 보지 못했다고 지적하는 사람이 붓다 자신이다.[4]

　이 맥락에서 쓰인 '표상'이라는 표현은 다양하게 해석될 수 있
다.[5] '니밋따(nimitta)'라는 용어는 단순한 인과적 의미를 가진다. 이
인과적인 의미에 따르면, 그 니밋따를 꿰뚫어 보아야 할 필요성 배
후에 있는 생각은 아누룻다와 그의 도반들이 그들의 명상의 표상/
비전이 사라진 '원인'을 찾아야 할 필요성이 있다는 것이다. 이렇게
이해하는 것이 문맥과 잘 들어맞는다. 왜냐하면 「오염원 경」과 『중
아함』에서 붓다는 그들의 명상의 표상/비전이 사라진 이유인 일련

3　『맛지마 니까야』 128 MN III 157,27; 앞의 내용에 부분적으로 해당되는 티베트어 경
　　전의 D 4094 ju 276a3 또는 Q 5595 thu 20a3에서는 이것에 상응하는 표현으로 rgyu
　　mtshan을 사용한다.
4　『중아함』 72 T I 536c18: "너희들은 표상, 즉 밝은 빛과 형색들을 보는 능력을 얻기
　　위한 표상을 꿰뚫어 보지 못했다."
5　니밋따에 대한 다양한 의미를 조사하기 위해서는 아날라요 2003b 참조.

의 마음의 장애들에 대해 계속 설명했기 때문이다.[6]

'니밋따'라는 단어의 또 다른 관련 의미는 '표지(標識, mark)'이다. 여기에서 표지는 지각이 대상을 인지하는 방편인 현상적 특징이라는 의미이다. 이 의미는 미묘하게 인과적인 내용을 품고 있다. 왜냐하면 인식이 일어나는 것은 바로 니맛따에 기인하기 때문이다. 보다 구체적인 의미에서 보면, 이 '표상'은, 관심이 주어졌을 때 깊은 집중에 들어가기 위한 조건이 되는 특징 또는 표지라는 의미에서, 명상 수행과의 연관성 속에서 하나의 역할도 한다. 몰입 증득을 얻는 인과적 요소로서의 명상의 '표상'이라는 의미로 니밋따를 사용하는 것은 특히 주석서에서 잘 드러난다. 주석서에서 니밋따는 흔히 보다 깊은 수준의 정신적 고요함으로 들기 위해 사용되는 명상 대상을 의미한다. 그럼에도 불구하고, 이미 초기 법문들은 집중의 개발과 관련된 맥락에서 '니밋따'라는 용어를 사용한다.[7] 이 두 가지 사용이 분명하게 확인되는 것은 아니다. 그럼에도 불구하고, 이 정통적인 사용은 이런 면에서 주석서에게 어느 정도 전례를 제공한다.

집중의 개발을 위해 사용되는 정신적인 '표상' 또는 대상으로

6　이 구절에 대한 빠알리 주석서인 『빠빤짜수다니(Papancasūdanī)』 Ps IV 207,13에서는 사실 '니밋따'를 인과적인 의미로 다룬다.

7　'고요의 표상(samathanimitta)'과 '삼매의 표상(samādhinimitta)'이 그 예들이다. 그것이 나오는 경우를 조사하기 위해서는 아날라요 2012a: 242 참조. 보다 깊은 삼매로 인도하는 정신적인 표상으로서의 니밋따를 주석서에서 사용하는 예를 조사하는 맥락에서, 커즌스(Cousins) 1973: 119는 "그 개념이 오래 전부터 쓰였다는 가장 눈에 띄는 증거는 「오염원 경」에서 발견할 수 있다."고 주장한다.

서의 '니밋따'의 의미는 이 맥락에도 맞을 것이다. 그 설명에 대한 후대의 관점에서 볼 때,「오염원 경」은 사실 아누룻다와 그의 도반들이 지속적으로 보유할 수 없었던 능력, 즉 빛과 형색들을 보는 능력을 언급하기 위해 '니밋따'라는 용어를 명시적으로 사용한다. 이 용법에서 니밋따는 분명하게 정신적인 표상, 인식되는 어떤 것을 나타낸다.

똑같은 의미가 위에서 번역된『중아함』인용문의 구체적인 상황에도 들어맞는 것으로 보인다. 그러나 위의 인용문이「오염원 경」에서는 발견되지 않는다. 위 인용문에 나온 구체적인 상황에 따르면, 보살이 세상에 존재하지 않는 것을 보고 알 수 있는지 숙고했을 때 의심이 일어났다. 정확하게 말해서, 흔히 경험되는 감각 세계로부터 보다 깊은 집중의 단계들로 향하는 동안 정신적 비전과 표상으로 이동하는 것이 쉽게 의심을 일으킬 수 있다. 이것은 알려진 감각 경험 세상으로부터 순수한 정신적 비전과 경험으로 구성되어 있는 미지의 영역으로의 이동이다. 이 순수한 정신적 비전과 경험은 일반적인 경험의 관점에서 볼 때는 실제로 존재하지 않는 것처럼 보인다.[8]

「오염원 경」및 그것과 같은 에피소드를 다룬 경전에 나오는 '표상'의 의미에 대한 최종적인 단어가 무엇이든, 붓다가 집중을 깊게 하려는 시도에서 하나씩 알아차리고 극복했던 정신적인 장애들

---

[8] 브람(Brahm) 2006: 93은 "니밋따를 맨 처음 경험하고 나서는 '이게 도대체 뭐야?'"라고 한다고 설명한다.

을 길게 나열한다는 점에서는 두 경전이 일치한다. 문맥상 판단하건데, 이것은 감각적 욕망과 악의라는 처음 두 가지 장애에서 벗어난 후에 일어났음에 틀림없다.

　　두 가지 장애에서 벗어난 후, 위의 에피소드를 다룬 여러 버전들은 공통적으로 다음 아홉 가지 장애를 열거한다.[9]

- 의심
- 주의 결핍
- 게으름과 무기력
- 두려움
- 의기양양
- 타성
- 에너지의 과다
- 에너지의 결핍
- 다양성의 인식

이것들 가운데 대부분은 마음이 너무 긴장되거나 느슨해지지 않도록 마음의 균형을 유지할 필요성을 보여주는 것 같다. 더욱이 다양

9　같은 에피소드를 다룬 여러 버전들의 11가지 장애 가운데 두 가지는 다르다. 『맛지마 니까야』 128은 '갈망'과 '형색들에 대한 과도한 명상'에 대해 언급하지만, 『중아함』 72는 대신에 '자만'과 '형색들을 명상하지 않는 것'에 대해 말한다. 또한 아날라요 2011: 738에 있는 표를 참조하라. 통틀어 11가지 정신적인 장애들의 수는 『유가사지론(Yogācārabhūmi)』, T 1579 T XXX 338c10에서 현재 법문의 또 다른 버전을 명백하게 언급할 때 다시 나온다.

성의 인식은 정신 통일을 경험하기 위해서 제쳐놓았다. 마음의 통일이 약간이라도 불안정하게 되면, 마음은 기분 전환과 재미를 찾아나서는 자연스러운 경향에 따라 조금 색다른 것을 향해 뻗어가려는 기회에 다가가서 그것을 잡고, 이윽고 거기에 푹 빠지게 된다. 일단 이여러 가지 함정들에 빠지지 않도록 마음의 내적인 균형과 통일이 확보되면, 「오염원 경」 및 그것과 같은 에피소드를 다룬 경전에 따르면 몰입 증득은 도달 가능한 범위 안에 있게 된다. 『중아함』에서는 미래 붓다가 몰입을 계발한 방식을 다음과 같이 묘사한다.[10]

> 나는 이내 세 가지 [경지의] 삼매를 계발했다. 나는 [적용된] 알아차림(vitakka, 適用)과 [지속적] 고찰(vicāra, 持續)이 있는 삼매를 계발했다. 나는 [적용된] 알아차림이 없고 [지속적] 고찰만 있는 삼매를 계발했다. 나는 [적용된] 알아차림과 [지속적] 고찰이 없는 삼매를 계발했다.
>
> 내가 [적용된] 알아차림과 [지속적] 고찰이 있는 삼매를 계발했을 때, 내 마음은 이내 [적용된] 알아차림이 없고 [지속적] 고찰만 있는 삼매로 기울었다. 이런 식으로 나는 앎과 봄 [知見]을 잃지 않았다고 확신했다.
>
> 아누룻다여, 이런 식으로 그것을 이해하여 나는 하루 낮 동안, 하루 밤 동안, 하루 낮과 밤 동안 [적용된] 알아차림과 [지속적] 고찰이 있는 삼매를 계발했다. 아누룻다여, 그때

---

10 번역 구절은 『중아함』 72 T I 538c5-538c10에서 가져왔다.

나의 수행은 이와 같이 고요하게 머무는 수행이었다.

『중아함』의 법문은 이어서 이 세 가지 경지의 집중과 관련된 수행 양식에 대해 더 기술한다. 「오염원 경」은 관련 내용의 말미에 이 세 가지 경지의 집중에 대해서만 언급할 뿐이다.

세 가지 경지의 집중에 대한 구별은 위딱까(vitakka)와 위짜라 (vicāra)의 유무와 관련이 있다. 몰입 증득의 맥락에서는 '위딱까'라 는 용어에 개념적인 생각이라는 의미가 들어 있지 않다는 사실에 대한 이해를 기반으로 하여, 나는 이것들을 각각 '적용'과 '지속'이라 고 번역하기를 선호한다.[11] 이것은 위 구절을 한문으로 옮긴 번역자 들의 이해와 일치한다. '생각'이라는 의미를 표현하는 한자를 사용 하는 것 대신에, 여기에 사용된 '위딱까'의 역어는 '알아차림'이다.

이 방식으로 소개된 세 가지 집중의 구별은 정신적인 적용과 지속 둘 다 있는 집중, 단지 지속만 필요한 집중, 둘 다 더 이상 필요 하지 않는 집중 등의 경지들로 구성된다. 보다 익숙한 네 가지 몰입 체계와 연관지어 생각해 볼 때, 세 가지 구별의 처음 두 가지 경지 는 첫 번째 몰입[初禪]에 해당되고, 세 번째 경지는 그보다 더 높은 몰입들[二禪~四禪]에 해당된다.

붓다의 깨달음 전 몰입의 계발을 묘사하는 이 구절이 이 세 가 지 설명 방식을 사용한 것에는 상당한 의미가 담겨 있을 수 있다. 초기 법문들에 근거하여 판단하건데, 몰입 증득 자체는 이미 붓다

---

11 보다 상세하게는 아날라요 2003a: 75-8, 2017b: 123-8 참조.

이전에 고대 인도 환경에서 알려져 있었다.[12] 그러나 위와 같이 설명함으로써 몰입 증득을 이와 같이 구분되는 경지들로 분석한 것은 붓다의 독창적인 공헌이었을 수 있다는 가능성을 열어놓는 것이다. 다시 말해서, 이런 방식으로 소개된 명확한 관점은 형이상학적 또는 존재론적 연관성으로부터 그런 경험들을 분리하고, 대신에 조건의 관점에서 그것들에 접근하는 것이라고 할 수 있다. 이런저런 정신적인 요소들이 일어나면서, 이러저런 몰입을 경험할 수 있는 것이다.

이 분석적인 접근법은 처음에 이 구절에서 언급된 세 가지 구별을 통해 이루어졌지만, 이후에는 다른 법문들에서 훨씬 더 빈번하게 발견되는 네 가지 몰입 모델이 뒤따랐을 것이다. 다시 말해서, 붓다 자신이 몰입 명상을 하면서 발전해 나가는 동안 「오염원 경」 및 그것과 같은 에피소드를 다룬 경전에서 열거된 다양한 정신적인 장애들을 성공적으로 극복한 후에, 그는 처음에 적용과 지속의 유무를 특별히 강조하는 몰입을 계발했을 것이다.

이것은 전에 언급한 유형의 장애들에 분명하게 나타나는 마음을 점차로 정제한 자연스러운 결과일 것이다. 그 정제란 대부분 너무 강한 집중이나 너무 느슨한 태도를 피하고 마음의 균형을 잡을 필요성에 초점을 맞추는 것이었다. 같은 주제가 「오염원 경」 및 그것과 같은 에피소드를 다룬 경전에서 언급된 세 가지 집중의 경지

---

12 붓다 이전의 인도 환경에서 이미 알려져 있었던 몰입 수행을 보여주는 구절을 조사하기 위해서는 아날라요 2017b: 163-71 참조.

를 통과해서 진보하는 것과 관련이 있다. 처음에는 미세한 정도의 정신적인 노력이 계속되다가 이윽고 그것이 적용과 지속이 둘 다 있는 형태로 나타난다. 집중이 깊어짐에 따라, 더 이상 마음을 적용할 필요가 일어나지 않는다. 왜냐하면 마음이 몰입된 상태에서는 그것이 지속될 필요만 있기 때문이다. 거기에서 더 진전되면, 그만큼도 더 이상 필요하지 않고 마음은 적용이나 지속 둘 다 필요 없이 깊게 집중에 든 상태에서 쉬게 된다.

앞에서 말한 세 가지보다는 네 가지 경지를 통해 몰입 증득을 이룬다는 설명이 좀 더 일반적인데, 이 경우에는 경험하는 행복의 유형에 초점을 맞춘다. 첫 번째 몰입에서 떨쳐버림의 희열과 행복을 경험하고, 두 번째 몰입에서 집중의 희열과 행복, 그리고 세 번째 몰입에서 희열이 없는 행복을 거쳐, 네 번째 몰입에서 깊은 평정을 경험함으로써 정점에 이른다는 것이다. 이런 방식으로 행복에 부여되는 중요성에 대해서는 보살의 고행을 살펴본 후에 보다 상세하게 주제를 넓혀 다룰 것이다.[13] 몰입을 분석하는 두 가지 양식 가운데 더 흔히 사용되는 양식은 행복에게 부여된 중요성에 대한 결정적인 자각을 반영하는 것으로 보인다. 이러한 자각은 보살 추구의 전환점을 형성했고 고행 포기의 바탕이 되었다. 또한 이러한 자각은 보살이 다른 이들을 가르칠 때, 「오염원 경」 및 그것과 같은 에피소드를 다룬 경전에서 묘사된 보살 자신의 수행을 분명하게 특징 짓던 세 가지 경지 대신에, 이 특별한 분석 양식을 강조하게

13　아래 147쪽 참조.

되는 데 영향을 미쳤을 것이다.

어쨌든, 「오염원 경」 및 그것과 같은 에피소드를 다룬 경전은 보살이 집중을 계발하고, 그 결과 빛을 인식하거나 형색들을 보았고, 그리고 하루 낮 동안 하루 밤 동안, 또는 하루 낮과 밤 동안 일정한 정도 또는 측량할 수 없는 정도의 집중을 경험하게 되었다는 점에서는 일치한다.[14] 두 가지 『잡아함』에서 발견되는 한 법문은 붓다 자신이 자신의 몰입 증득 능력과 관련하여 설정한 비슷한 요건을 전한다.[15] 이 경우, 『잡아함』의 법문에 상당하는 『상윳따 니까야』 법문은 하루 낮 또는 밤에 대해서는 명백하게 말하지 않고, 그 대신에 붓다가 원하는 만큼 각각의 증득에 들곤 했다고 전한다. 다른 표현을 사용하고 있음에도 불구하고, 그것에 내포된 의미는 동일하다.

「오염원 경」 및 그것과 같은 에피소드를 다룬 경전에서 비슷하게 발견되는 구체적인 설명, 즉 보살의 이와 같은 집중 경험들 각각이 낮 동안 내내, 밤새도록, 또는 낮과 밤 내내 계속되었다는 설명은 더욱 중요하다. 이것은 「오염원 경」에 묘사된 집중의 전체 개발이 붓다가 깨달음을 얻은 밤에 일어났다는 빠알리 주석의 제안을 다른 관점에서 보게 한다.[16] 이 제안은 법문과 일치하지 않는다.

---

14 『맛지마 니까야』 128 MN III 161,4와 『중아함』 72 T I 539a6.

15 『잡아함』 1142 T II 302a18과 『잡아함²』 117 T II 416c24는 『상윳따 니까야』 16.9 SN II 210,25(보디 번역 2000: 671)와 같은 에피소드를 다룬 내용이다. 이 맥락은 마하깟사빠의 능력과 붓다의 능력을 비교한 것이다.

16 『빠빤짜수다니』 IV 209,26.

대신에, 「오염원 경」 및 그것과 같은 에피소드를 다룬 경전에서 묘사된 마음의 계발은 단 하룻밤보다 더 많은 시간이 걸렸음에 틀림없기 때문에 그 시점은 붓다가 해탈에 이르는 비약적인 도약을 했던 밤보다 상당히 이전 시간대에 위치할 필요가 있다. 사실 몰입을 증득할 수 있는 능력을 이전에 개발하지 않았더라면, 붓다가 어떻게 그의 스승인 알라라 깔라마와 웃다까 라마뿟따가 가르친 무색계 증득에 이를 수 있었는지 이해하기가 어려울 것이다. 다음 장에서 증득을 다룬다.

그러나 그 주제를 다루기 전에, 나는 「오염원 경」 및 그것과 같은 에피소드를 다룬 『중아함』의 해당 내용에서, 집중을 깊게 하는 동안 경험했던 빛과 '형색'으로 보는 능력에 대해 언급한 내용으로 돌아가고자 한다. 『앙굿따라 니까야』에 같은 에피소드를 다룬 내용이 있는 『중아함』의 그 다음 법문도 같은 주제를 다룬다. 주제는 같지만 관점은 다른데, 전혀 다르다기보다는 보완적이라고 할 수 있다. 관련 구절은 다음과 같이 진행된다.[17]

외딴 곳에서 머물고 방일함이 없는 마음을 근면하게 계발하였기 때문에, 나는 밝은 빛을 얻었고 그럼으로써 형색들을 볼 수 있게 되었다. 그러나 나는 천신들과 만나지 못했고, 그들과 인사를 나누지 못했으며, 그들과 대화를 나

---

17 번역 구절은 『중아함』 73 T I 539b26-539b29에서 가져왔다. 이것은 『앙굿따라 니까야』 8.64 AN IV 302,13 (보디 번역 2012: 1207)과 같은 에피소드를 다룬 내용이다.

누지 못했고, 그들로부터 응답을 받지 못했다.

『중아함』의 법문은 이어서 그 천신들과 대화할 수 있는 능력으로부터 그들의 천상 상태에 대한 각각 다른 수준의 지식에 이르기까지 계속 언급하는데, 이에 해당하는『앙굿따라 니까야』의 내용도 이『중아함』의 법문과 일치한다. 두 법문은 또한 그런 지식의 계발을 붓다의 깨달음 전 경험의 필수적인 측면으로 설명하는 데에도 일치한다. 사실 두 가지 버전에 쓰인 용어들을 보면「오염원 경」및 그것과 같은 에피소드를 다룬 경전은 서로 밀접한 관계가 있음을 알 수 있다. 이러한 밀접한 관계는, '형색'들과 빛을 본다는 것은 동시에 천상의 존재들을 본다는 것과 관련이 있다는 점에서, 이 법문의 명상 경험 서술들이 갖는 의미를 다른 관점에서 볼 수 있게 한다.

초기 불교사상에서 바깥의 외부 세계와 자기 자신의 마음이라는 내부 세계는 본질적으로 서로 관련이 있다고 본다. 그래서 초기 불교 우주론을 둘러보는 것은 다양한 유형의 정신적인 경험들을 둘러보는 것이기도 하다.[18] 이 관점에서 고려할 때 논점은 천상 존재들의 실재를 믿어야 한다는 것이라기보다는 명상 수행 동안 겪는 경험들에 대한 자신의 관점을 넓히는 방법으로서 천신들이라는 비유적 묘사를 채용한다는 것이다.

천신에 대한 전통적인 명상은 그 천상의 존재들이 믿음, 미덕

18　이 긴밀한 관계에 대해서는 게틴(Gethin) 1997 그리고 이 원리의 적용을 위해서는 아날라요 2016b: 128f 참조.

[戒], 공부, 관대함, 지혜와 같은 자질들을 계발함으로써 신적인 상태에 이르렀으며, 그러한 자질들은 사람도 갖고 있음을 이해하는 것과 관계가 있다.[19] 다시 말해서, 천신들에 대한 명상은 정확하게 말해서 수행자가 자기 안에서 볼 수 있는 자질들, 고대 인도 환경에서 천상에 이르는 길로 간주되던 자질들에 대해 명상하는 것이다.

같은 것이 「오염원 경」 및 그것과 같은 에피소드를 다룬 경전에서 묘사되는 집중된 정신적인 상태에도 적용된다. 초기 불교 우주론의 관점에서 볼 때 그런 정신적인 상태는 단순히 천상에의 재생으로 이어지는 정도가 아니라 몰입 증득에 해당하는 보다 고양된 천상인 범천 세상에의 재생으로 이어진다. 바꾸어 생각하면 이러한 관념은 결국 자기 자신의 수행에 힘을 부여하기 위한 방법으로 집중 개발의 이러한 신적인 측면에 관심을 두도록 유도하는 수단으로 채택되었다고 할 수 있다.

· ·　**수 행**　· ·

수행의 한 가지 형태로, 나는 마음이 섬세하게 균형을 이루고 점진적으로 조금씩 더 통일되는 상태에 도달하는 것을 목표로 하여, 집중이라는 명상 계발에서 너무 많은 노력과 너무 적은 노력이라는

19　『앙굿따라 니까야』 6.10 AN III 287,25 (보디 번역 2012: 865) 및 그것과 같은 에피소드를 다룬 『잡아함』 931 T II 238a23 그리고 『잡아함²』 156 T II 433a24.

상반되는 것으로 수행하기를 제안하다. 그런 집중의 점진적인 심화를 촉진하기 위해서, 그리고 붓다의 모범을 따라가는 방법으로서, 우리는 적어도 일시적으로나마 장애들이 제거된 심적 천상 상태에 대해 때때로 명상할 수 있을 것이다. 이것은 표준적인 천신 명상 형식과 관련이 있다. 표준적인 천신 명상 형식은 다른 이들을 천상에서 재생할 수 있게 하는 자질들을 목표로 한다. 우리가 천신들과 하늘의 실존을 믿는지, 아니면 그런 언급들을 단지 비유로 간주하든지에 상관없이, '감각적 욕망과 해로운 상태들에서 벗어난' 집중에 든 균형 잡힌 마음은 어떤 면에서 지상에서 천상을 일별하는 것이다. 이와 같은 우리 자신의 집중에 든 마음을 신적인 차원으로 생각하는 것은, 심지어 그것이 보다 높은 존재계로의 상승을 포함하는 것으로 간주하는 정도까지 생각하는 것은, 감각적 욕망의 산란함으로 끌어내리는 힘에 저항할 수 있는 능력을 강화시킬 것이다.

5

무색계 증득

이 장에서는 미래 붓다가 두 스승인 알라라 깔라마와 웃다까 라마뿟따 밑에서 수행하는 기간으로 돌아간다. 이 에피소드의 주된 근거는 「성스러운 구함 경」 및 그것과 같은 에피소드를 다룬 『중아함』의 해당 내용이다. 나는 1장에서 보살의 출가 동기와 관련해서 이것을 다루었다. 이 수습 수행 기간에 대한 「성스러운 구함 경」의 설명은 『맛지마 니까야』의 다른 법문들에도 축약된 형태로 다시 나온다. 그리고 이 경우들 가운데 하나인 「삿짜까 긴 경 (Mahāsaccaka-sutta)」에,[1] 산스크리트 단편과 같은 에피소드를 다룬 내용에 이 설명이 온전하게 보존되어 있다. 그러므로 이 산스크리트 단편 버전은 다음에 나오는 인용문에서 참고한 세 번째 해당 내용이다. 내가 다룰 이 주제와 관련된 「성스러운 구함 경」과 같은 에피소드를 다룬 『중아함』의 해당 내용은 이와 같다.[2]

> 도덕의 무더기[戒蘊]를 성취하고 나서, 질병으로부터 자유로운 니르바나의 최고의 평화, 늙음으로부터 자유로운 니르바나의 **최고의 평화**, 죽음으로부터 자유로운 니르바나의 **최고의 평화**, 근심과 슬픔으로부터 자유로운 니르바나의 **최고의 평화**, 오염원으로부터 자유로운 니르바나의 최

---

1   『맛지마 니까야』 36 MN I 240,26(냐나몰리 번역 1995/2005: 335)은 축약된 형태이고, 『맛지마 니까야』 26에서 온전한 텍스트로 다시 언급된다.

2   번역 구절은 『중아함』 204 T I 776b5-776c5(아날라요 번역 2012b: 26-8)에서 가져왔다. 이것과 같은 에피소드를 다룬 것으로 『맛지마 니까야』 26 MN I 163,31(냐나몰리 번역 1995/2005: 256)과 단편 331r7-332r1, 리우 2010: 145-56 등이 있다. 『맛지마 니까야』 26의 이 부분에 대한 비교 연구를 위해서는 아날라요 2011: 174-7 참조.

명상가 붓다의 삶

고의 평화를 열망하고 찾아서, 나는 알라라 깔라마에게 가서 그에게 물었다. "알라라시여, 나는 존자의 가르침에서 성스러운 삶을 수행하길 원합니다. 이것을 허락하시는 지요?"

알라라는 대답했다. "존자시여, 나는 당연히 허락합니다. 존자는 원하는 만큼 수행해도 좋습니다."

나는 다시 물었다. "알라라시여, 이 가르침은 존자의 것이고, 존자는 이 가르침을 스스로 아셨으며, 그것을 스스로 깨닫고, 그것을 스스로 실현했는지요?"

알라라는 나에게 대답했다. "존자여, 나는 식무변처(識無邊處)를 완전히 초월하여 무소유처(無所有處)를 증득하여 머물렀습니다. 그러므로 나 자신이 이 가르침을 알고, 그것을 스스로 깨달았으며, 그것을 스스로 실현했습니다."

나는 다시 생각했다. "알라라에게만 그런 믿음이 있는 게 아니라, 나에게도 그런 믿음이 있다. 알라라에게만 그런 에너지가 있는 게 아니라, 나에게도 그런 에너지가 있다. 알라라에게만 그런 지혜가 있는 게 아니라, 나에게도 그런 지혜가 있다. [그것에 의해] 알라라는 이 가르침을 스스로 알고, 그것을 스스로 깨달았으며, 그것을 스스로 실현하였다."

나는 이 가르침을 실현하고 싶었기 때문에 곧 홀로 한거하여 비어 있고 조용하며 고요한 장소에 가서 머물면서 방일하지 않는 마음을 근면하게 계발했다. 홀로 한거하여 비어 있고 조용하며 고요한 장소에 머물면서 방일하지 않는 마음을 근면하게 계발했기 때문에, 얼마 지나지 않아 나는 그 가르침에 대한 실현을 얻었다.

그 가르침을 실현하고 나서, 나는 알라라 깔라마에게 가서 그에게 물었다. "알라라시여, 이것이 존자께서 스스로 알고, 스스로 깨달았으며, 스스로 실현한 가르침, 즉 식무변처(識無邊處)를 완전히 초월하여 무소유처(無所有處)를 증득하여 머무는 것인지요?"

알라라 깔라마는 나에게 대답했다. "존자여, 이것이 [진정으로] 나 스스로 알고, 나 스스로 깨달았으며, 나 스스로 실현한 가르침, 즉 식무변처(識無邊處)를 [완전히] 초월하여 무소유처(無所有處)를 증득하여 머무는 것입니다."

이어서 알라라 깔라마는 나에게 말했다. "존자여, 내가 이 가르침을 실현했듯이, 존자도 실현습니다. 존자가 이 가르침을 실현했듯이, 나도 실현했습니다. 존자여, 오셔서 이 무리를 나누어 지도합시다."

그렇게 스승인 알라라 깔라마는 나를 그와 동등한 위치에 놓고 최고로 존경하고 최고로 지원하며 그의 최고의 기쁨을 [표현하였다].

나는 다시 생각했다. "이 가르침은 지혜로 인도하지 못하고, 깨달음으로 인도하지 못하며, 니르바나로 인도하지 못한다. 나는 차라리 이 가르침을 떠나 질병으로부터 자유로운 니르바나의 최고의 평화, 늙음으로부터 자유로운

명상가 붓다의 삶

니르바나의 **최고의 평화**, 죽음으로부터 자유로운 니르바나의 **최고의 평화**, 근심과 슬픔으로부터 자유로운 니르바나의 **최고의 평화**, 오염원으로부터 자유로운 니르바나의 최고의 평화를 계속 찾고 싶다."

나는 그 가르침을 떠나 질병으로부터 자유로운 니르바나의 최고의 평화, 늙음으로부터 자유로운 니르바나의 **최고의 평화**, 죽음으로부터 자유로운 니르바나의 **최고의 평화**, 근심과 슬픔으로부터 자유로운 니르바나의 **최고의 평화**, 오염원으로부터 자유로운 니르바나의 최고의 평화 찾기를 계속했다.

「성스러운 구함 경」은 보살이 처음에는 알라라 깔라마의 교의를 배웠다고 전한다.[3] 반면에 위의 번역 구절과 산스크리트 단편 버전에서는 알라라가 미래 붓다에게 즉시 무소유처의 증득에 대해 알려준다. 다만 위에 번역된 『중아함』 버전에서는 그 무소유처의 증득에 '식무변처를 완전히 초월하여' 도달하였다고 추가하여 상세히 서술하였다. 비록 이것이 「성스러운 구함 경」에는 분명하게 언급되어 있지 않지만, 같은 내용이 내포되어 있다고 할 수 있다. 사실 명상 증득 이전에 이루어지는 전체 수행 과정에서 네 가지 몰입과 두 가지 낮은 무색계 증득은 무소유처 증득에 꼭 필요하다. 위에

---

3   『맛지마 니까야』 26 MN I 164,2. 특기할 만한 사항은 이것이 테라와다(theravāda)라는 용어를 사용한 유일한 빠알리 법문 구절이라는 것이다. 보다 상세한 것은 아날라요 2016a: 497-500 참조.

서 번역한 『중아함』 구절뿐만 아니라 산스크리트 단편에서도 보살이 근면하게 수행했다는 점이 분명하게 드러나지만, 「성스러운 구함 경」에서는 그렇지 않다.[4] 하지만 같은 내용이 내포되어 있는 것은 분명하다. 그가 근면하게 수행하지 않았더라면 그의 스승과 같은 증득에 이를 수 없었을 것이기 때문이다.

이 두 가지 작은 차이는 이 법문과 다른 초기 법문들에 있는 명상 수행 관련 설명들을 볼 때 주의할 점이 있다는 것을 보여준다. 그것은 이러한 설명들이 명상 기법 및 경험에 대한 완전한 맵을 구성하려는 노력이 흔히 보이는 이후의 해석 문헌에 나타나는 것과는 다른 관심들을 반영하고 있음을 이해할 필요가 있다는 것이다. 그러나 지금의 법문과 같은 경우에, 특정 맥락과 관련된 가장 두드러진 특징만 언급되는 경우가 많은데, 분명하게 언급되지 않은 세부 사항들을 채워 넣기 위해서는 초기 법문들의 대전(大全)에서 서술된 것처럼 명상 계발 전체 그림에 대한 지식이 요구된다.[5] 다시 말해서, 초기 불교사상에 대한 적절한 이해는 체계적인 독해를 필요로 한다.[6] 체계적인 독해는 특정 구절을 분리해서 고려하기보다는 그것이 속해 있는 텍스트의 전체 내용의 나머지 맥락과 관련지

---

4   산스크리트 단편 331v3, 리우 2010: 15는 이런 면에서 『중아함』 204 T I 776b18과 일치한다.

5   이 주제에 대해서는 아날라요 2017b: 149f 참조.

6   박(Park) 2012: 74와 78에서는 체계적인 독해에 대해 다음과 같이 설명한다. "텍스트에 대한 일관성 있는 이해를 제공하는 독해이다. 일관성이란 단지 그 자체 안에서가 아니라, 보다 넓은 텍스트의 맥락 안에서의 일관성을 뜻한다. … 텍스트나 그것의 교의적인 체계에 대한 전체적인 맥락을 이해하려는 정직한 노력[에서 나오며] … 소수가 … 전체 텍스트의 진정한 목소리를 전용하는 것을 금한다."

어 읽도록 요구한다.

그러나 이것은 때로 설명의 일부가 전승 중에 손실될 수 있음을 배제한다는 의미는 아니다. 사실 위 구절은 하나의 예를 제공한다. 왜냐하면 그것은 단지 보살과 그의 스승이 공통으로 가졌던 자질들로 믿음, 에너지, 지혜를 언급하기 때문이다. 높은 수준의 명상 증득을 이루었다는 맥락을 고려하면, 다섯 가지 기능이 통째로 언급되어야 이 맥락에 맞을 것이다. 특히 여기에서 빠진 마음챙김[念]과 삼매[定] 등의 두 가지 기능은 무색계는 말할 것도 없이 심지어 첫 번째 몰입에 이르기 위해서도 필수불가결하다. 사실 「성스러운 구함 경」과 산스크리트 단편은 다섯 가지 모든 기능을 언급한다.[7] 이러한 정황들을 고려할 때 이 에피소드가 전승되던 어느 시점에서 암송 전승자가 마음챙김과 삼매라는 두 가지 기능을 빠뜨렸다고 결론을 내려도 무리가 없을 것이다.

스승이 이루었던 것과 똑같은 증득을 이루기 위해 보살이 나설 수 있도록 영감을 주었던 마음의 기능, 이 기능은 스승도 갖고 있었는데, 이 기능을 보살이 갖고 있었다는 보살의 언급과 관련

---

7 『맛지마 니까야』 26 MN I 164,16과 산스크리트 단편 331v1f, 리우 2010: 149는 다섯 가지 기능 모두, 즉 믿음[信], 에너지[精進], 마음챙김[念], 삼매[定], 지혜[慧]를 열거한다. 『상가베다와스뚜(Saṅghabhedavastu)』(그놀리(Gnoli) 1977: 97,10)에 나오는, 깔라마 밑에서 한 미래 붓다의 수습 수행 기록도 마찬가지이다. 『방광대장엄경(Lalitavistara)』은 첫 번째 자질인 믿음 대신에 열의(chanda)가 있다는 점이 다르지만, 에너지, 마음챙김, 집중, 지혜에 대해 언급한다(레프만(Lefmann) 1902: 239,1 참조). 그러나 법장부(Dharmaguptaka)의 『위나야(Vinaya, 律)』는 『중아함』 204의 경우와 유사하게 단지 세 가지 자질만 언급한다(T 1428 T XXII 780b11 참조). 그 언급이 지금처럼 된 것은, 이미 바로(Bareau) 1963: 19가 지적한 대로, 텍스트 변질의 결과임이 분명하다. 법장부의 『위나야』는 실제로 깔라마가 믿음, 에너지, 지혜를 잃어버렸다고 말하기 때문이다.

하여, 또 다른 측면에서 논평할 가치가 있는 것은 그 다섯 가지 가운데 첫 번째이다. 그것은 보통 '믿음(faith)'이라고 번역되는 삿다(saddhā)이다. 그러나 나는 삿다를 '확신(confidence)'이라고 번역하기를 선호한다. 이 맥락에서 '삿다'라는 용어가 확신이라는 의미를 전달한다고 이해하는 것이 적절하다는 것은 분명하다. 왜냐하면 정확하게 말해서 보살의 숙고 전반의 기저를 이루고 있는 것은 바로 그의 스승과 똑같은 성취에 이를 수 있는 가능성에 대한 확신이기 때문이다.[8] 그것 때문에 이것은 단순한 맹목적인 믿음과는 상당히 다른, 초기 불교사상에서 삿다의 중요한 측면을 가리킨다. 이 주제를 이 책의 결론 부분에서 보다 상세하게 다루겠지만,[9] 지금은 삿다가 이런 형태로 사용될 때의 주된 의미는 정확하게 장애들과 오염원들로부터 마음을 자유롭게 만드는 것이 가능하다는 확신임을 지적하는 것만으로도 가치가 있을 것이다. 그런 확신은 깊은 집중 경험이나 깨달음에 이르게 하는 수행을 시작하기 위해 필수불가결하며, 완전하고 영원한 정신적인 해탈을 위한 조건이다.

그런 확신이 보살을 무소유처에 이르게 했을 때,「성스러운 구함 경」에 따르면 보살은 그의 스승이 가르친 그 법, 지금은 자신도 실현한 그 법은 단지 무소유처에서 재생하도록 이끌 뿐이라고 분

---

8 도트(Dutt) 1940: 639는 이 맥락에서의 삿다(saddhā)에 대한 언급은 "그의 목표를 성취하는 데 필요한 힘을 개발할 수 있는 그의 능력에 대한 확신"을 의미한다고 설명한다.

9 아래 337쪽 참조.

명상가 붓다의 삶

명하게 말했다.[10] 이것은 현안 문제가 무소유처의 온전한 증득이라는 것을 분명하게 한다. 같은 것이 『중아함』의 법문과 산스크리트 단편 버전에서 알라라 깔라마는 자신이 무소유처에 들어 머무는 것을 실현했다고 말한다는 사실에도 내포되어 있다.[11]

알라라 깔라마가 도달한 증득과 동등한 증득에 도달할 수 있기 전에 보살이 몰입에 숙달해 있었음에 틀림없다는 점에서, 이것은 위에서 그리고 이전 장에서 내가 했던 제안을 확인해 준다. [무소유처보다] 낮은 몰입들에 들 수 있는 능력이 없었더라면, 미래 붓다와 그의 스승 알라라 깔라마는 이 무색계를 거의 증득할 수 없었을 것이고, 그들이 무색계의 증득에 해당하는 무색계로 재생하는 것도 예상될 수 있다.

『마하바스뚜(Mahāvastu, 大事)』와 『디뱌와다나(Divyāvadāna)』뿐만 아니라 빠알리 주석서 전통에 따르면, 보살은 사실 알라라 깔라마에게 가기 전에 한 현자 밑에서 수행했다고 한다.[12] 근본설일체유부(根本說一切有部, Mūlasarvāstivāda) 『위나야(Vinaya, 律)』의 『상가베다와스뚜(Saṅghabhedavastu)』는 보살이 이 현자가 있는 곳에서 실행되던 몰입 명상에서 뛰어난 성취를 이루었다고 적고 있다.[13] 이 텍스트들은 보살이 알라라 깔라마를 만나기 전에 이미 몰입을 계발

---

10 『맛지마 니까야』 26 MN 165,12.

11 산스크리트 단편 331v5, 리우 2010: 152.

12 코웰(Cowell)과 네일(Neil) 1886: 391,27; 세나트(Senart) 1890: 195,12(존스 번역 1952/1976: 186), Thī-a 2,17(프루트(Pruitt) 번역 1998/1999: 4).

13 그놀리 1977: 96,18.

했다는 인상을 확인해준다. 다음에 알라라 깔라마는 보살에게 세 번째 무색계의 증득으로 더욱 진보하는 방법을 가르쳤다. 「성스러운 구함 경」 및 그것과 같은 에피소드를 다룬 경전들은 사실 보살이 그의 스승이 설명한 증득을 단시간 내에 이룰 수 있었다고 전한다.[14] 미래 붓다가 그의 스승이 너무 인상적인 성취라고 생각하는 것을 빠르게 증득할 수 있었기 때문에, 스승은 그 자신과 같이 지도할 수 있는 자리로 그의 제자를 기꺼이 올려놓으려 하였다. 이것은 보살이 깊은 삼매의 상태들 계발에 매우 능숙했음에 틀림없었다는 사실을 분명하게 한다. 이것은 앞 장에서 소개한 「오염원 경」 및 그것과 같은 에피소드를 다룬 경전의 서술과 대조를 이룬다. 앞 장에서는 몰입 증득에 이르는 것을 방해하는 다양한 장애들과 싸워야 했던 미래 붓다의 모습을 보여주었다. 분명히 「오염원 경」 및 그것과 같은 에피소드를 다룬 경전에서 설명된 사건들은 알라라 깔라마와 웃다까 라마뿟따 밑에서 수습 수행을 하기 전에 위치할 필요가 있다.

　「오염원 경」 및 그것과 같은 에피소드를 다룬 경전들은 계속해서 두 번째 스승인 웃다까 라마뿟따와도 같은 일을 반복했다고 전한다. 그러나 이 경우에 보살은 비상비비상처(非想非非想處)를 증득했다. 그러나 웃다까 자신은 이 무색계에 이르지 못한 것으로 보인다. 오직 그의 아버지인 라마만이 이 무색계를 숙달했기 때문이

14　『맛지마 니까야』 26 MN I 164,25, 단편 331v3, 리우 2010: 150, 『중아함』 204 T I 776b20.

다.[15] 보살이 웃다까 라마뻣다보다 더 높은 단계를 실현했다는 상황을 접했을 때, 「성스러운 구함 경」에 따르면 웃다까 라마뻣따는 자신의 제자를 그 무리의 유일한 스승 자리에 초대했다.[16] 그러나 『중아함』 버전과 산스크리트 단편에서는, 웃다까 라마뻣따는 알라라가 했던 제안과 똑같은 제안을 했다고 나온다. 그것은 미래 붓다와 함께 스승의 자리를 공유하는 것이었다.[17] 알라라와 웃다까 밑에서 닦은 보살의 수습 수행에 대한 두 가지 설명이 반복되기 때문에 알라라의 경우에는 적절했던, 지도력을 공유하자는 제안이 웃다까가 했다고 기록된 제안을 표현하는 데에 영향을 미쳤을 것이다. 만일 미래 붓다가 웃다까를 능가했다면, 「성스러운 구함 경」의 설명은, 웃다까가 보살을 자기 자신보다 더 높은 경지에 놓았을 것이라는 점에서, 그 서사 맥락에 더 잘 맞을 것이다.

그렇기는 하지만, 붓다의 깨달음 전 경험들에서 확인할 수 있는 주요 메시지는 세 번째와 네 번째 무색계의 정제된 삼매 경험까지도 마지막 목표가 되기에는 부족하다는 것이다. 그것들만으로는 보살이 열망하는 니르바나의 최고의 행복을 가져올 수 없었다.

그럼에도 불구하고, 미래 붓다가 이 두 스승의 지도하에 자신을 놓았다는 사실은 그들의 수행법이 언뜻 그에게 마지막 목표로 인도할 가능성을 갖고 있다고 보았음을 의미한다. 다시 말해서, 무

---

15 스킬링(Skilling) 1981과 윈(Wynne) 2007: 14-16 참조.

16 『맛지마 니까야』 26 MN I 166,26.

17 단편 332r8, 리우 2010: 163, 『중아함』 204 T I 776c27.

5장 무색계 증득   99

소유처와 비상비비상처의 증득은 적어도 어느 정도는 보살이 가기를 원하는 방향을 지시하고 있음에 틀림없다.

이 제안은 「공(空)에 대한 짧은 경(Cūlasuññata-sutta)」 및 그것과 같은 에피소드를 다룬 『중아함』과 티베트 번역 경전의 해당 내용들에 나오는 설명에서 확인된다. 이 세 가지 버전은 붓다가 공(空)에 많이 들어 머물렀다는 붓다의 진술로 시작된다.[18] 그 다음에 법문의 본문은 어떻게 공 속으로 점차적으로 명상하여 들어갈 수 있는지에 대한 상세한 명상 가르침들을 제공한다. 이것은 무소유처에 대한 인식이 작용하는 단계까지 자신의 인식을 점차적으로 비움으로써 진행된다. 법문에 사용된 어구들을 보면 그 가르침들이 반드시 해당 무색계의 완전한 증득은 아닌 무소유에 대한 '인식'을 계발하는 것과 관련이 있다는 인상을 준다.[19] 이것은 현안이 실제적인 증득이라고 설명하는 「성스러운 구함 경」과는 다르다.

무소유 자체에 대한 생각은 보살을 알라라 깔라마에게 끌리게 했을 수 있다. 그런데 실제 증득에 도달하자 그것은 보살에게 알라라를 떠나 무소유의 증득 이상을 가르치는 스승에게 가서 그의 추구를 계속하게 하는 동기가 된다. 이런 배경에서 보면, 「공(空)에 대한 짧은 경」 및 그것과 같은 에피소드를 다룬 경전들의 해당 내용은 어떤 면에서 알라라 깔라마의 가르침과 수행을 공 속으로 조금

---

18 『맛지마 니까야』 121 MN III 104,13(냐나몰리 번역 1995/2005: 965), 『중아함』 190 T I 737a7, 스킬링 1994: 150,1에 있는 티베트 버전; 또한 스킬링 1997: 345-7과 아날라요 2011: 683 참조.

19 아날라요 2015a: 91 참조.

씩 들어가는 단계로 전환시킴으로써 그 가르침과 수행의 성과를 최대화하여 구체화하는 것으로 보인다. 말할 필요 없이, 「공(空)에 대한 짧은 경」 및 그것과 같은 에피소드를 다룬 경전들의 해당 내용에서, 무소유의 인식은 단지 표상 없음[無相]으로 인도하는 디딤돌이다.[20] 그리고 표상 없음은 진정한 공, 즉 니르바나의 최고의 평화를 깨닫는 것으로 들어가기 위한 도약대를 제공한다. 이것은 진정한 공이 의미하는 것, 즉 마음에서 모든 족쇄와 오염원들을 비우는 것이다.

그러나 그것에 이르기 전에, 미래 붓다는 다음 세 장에서 다루는 주제인 고행을 시작함으로써 다소 먼 길로 돌아가게 된다. 무소유처 증득 상황을 설명한 위의 번역 구절에서 매우 생생하게 묘사된 바 있는, 두 가지 최고 수준의 무색계 증득에 대한 분명한 불만족이 너무 강해서 보살은 깨달음에 이르는 진보에서 완전히 다른 접근법을 시도하기로 결심한 것 같다. 다른 접근법을 채택함과 더불어, 출가로부터 최종적으로 깨달음을 얻기까지 그의 전체 궤적을 내내 지탱한 것은 늙음과 질병과 죽음으로부터의 완전한 자유, 즉 둑카[苦]로부터의 완전한 해탈에 이르기 위한 그의 변함없는 추구이다.

---

20   『맛지마 니까야』 121 및 그것과 같은 에피소드를 다룬 경전들에 있는 무소유 다음의 다소 다른 진행에 대한 논의를 위해서는 아날라요 2015a: 134-6 참조.

실제적인 수행으로, 나는 정규 명상에서뿐만 아니라 일상생활에
서도 공에 대한 명상을 계발하라고 제안하고 싶다. 간단하게 말해
서, 어떤 것도 자아 또는 자아에 속한다고 간주될 수 없으며, 우리
가 진정으로 소유할 수 있거나 완전하게 통제할 수 있는 것은 전혀
없다는 의미에서, 무엇이 일어나거나 나타나든 그것을 공으로 돌
림으로써 정규 좌선이나 어떤 행위를 하는 동안에도 이것을 할 수
있다.²¹ 모든 것은 어떤 예외도 없이 이런 면에서 완전히 공이다. 우
리가 삶에서 마주치는 어떤 문제도, 그것의 공성(空性)을 식별하는
이 단순하지만 심오한 행위를 통해 이상적으로는 지속적인 수행으
로 공에 대한 붓다의 통찰을 모방할 수 있을 것이라는 내면의 확신
(saddhā)과 결합하여, 공을 위한 자양분이 될 수 있다. 그렇게 식별
하는 하나하나의 모든 행위는 붓다의 깨달음에 기저를 이루고 그
의 법문과 가르침에서 반복적으로 표현되어 온 심오한 깨달음을
향한 하나의 걸음이다. 그 깨달음이란 자아도, 자아에 속하는 어떤
것도 어느 때나 어느 곳에서도 전혀 발견될 수 없다는 것이다.

---

21 보다 상세한 수행에 대한 가르침을 위해서는 아날라요 2015a: 162-9 참조.

6

강압적인 마음 제어

이 장에서부터 보살의 고행을 살펴보기 시작하여, 다음 두 장까지 이어진다. 이런 측면에서 다룰 주제들은, 순전히 강압하여 마음을 통제하려는 시도(6장), 호흡 제어 수행(7장), 그리고 단식 수행(8장)이다. 그러나 이 세 가지 가운데 처음 주제로 돌아가기 전에, 「사자후의 긴 경(Mahāsīhanāda-sutta)」 및 그것과 같은 에피소드를 다룬 경전에서 설명하는 고행에 대해 논의할 필요가 있다.

『아함』 외에도 같은 에피소드를 다룬 한문 경전이 존재하는 「사자후의 긴 경」은 다소 긴 경전으로, 붓다가 그의 이전 수행승들 가운데 한 사람에게 비난받는 일로부터 시작된다. 사리뿟따가 이 비난에 대해 알려주었을 때, 「사자후의 긴 경」 및 그것과 같은 에피소드를 다룬 경전의 해당 내용에 따르면, 붓다는 그 이전 수행승이 충분히 알지 못했던 그의 다양한 자질들과 능력들에 대해 상세하게 설명한다. 여기에서는 다른 설명과 함께, 특히 붓다의 특출한 명상 재능과 능력에 관한 '여래의 열 가지 힘[十力]'과 그가 어떤 두려움도 느낄 필요가 없는 것에 관한 네 가지 측면인 '네 가지 두려움 없음[四無畏]'을 다룬다.

열 가지 힘은 가능한 것과 가능하지 않은 것, 업, (재생하는) 여러 가지 길들, 세계의 요소들, 중생들의 다양한 성향들, 중생들의 기능들, 삼매의 증득 등을 꿰뚫어 보는 붓다의 지혜들이다. 이 힘들은 세 가지 보다 높은 지혜들, 즉 전생들의 기억[宿命通], 하늘의 눈[天眼通], 번뇌들의 파괴[漏盡通]와 함께한다. 앞에 언급한 일곱 가지와 이 세 가지가 합쳐져서 열 가지 힘을 완성한다. 11장~13장에서 붓다의 깨달음을 논의할 때 이 세 가지를 다시 다룬다.

명상가 붓다의 삶

네 가지 두려움 없음은 참으로 완전한 깨달음을 얻었음, 참으로 번뇌(āsava, 13장에서 이 용어에 담긴 의미들을 탐구한다)를 제거했음, 참으로 도닦음에 장애가 되는 것들을 앎, 참으로 둑카로부터 해탈로 이끄는 것을 다른 이들에게 가르치는 것에 대한 붓다의 확신이다.

초기 법문들에서 이 열 가지 힘과 네 가지 두려움 없음은 붓다의 비범한 성품을 돋보이게 하는 수단으로 반복적으로 언급된다. 이 설명의 기저를 이루는 주제는, 자신이 발견한 것을 다른 이들에게 기꺼이 나누어주려는 붓다의 자비로운 마음, 그리고 붓다가 깨달음을 통해 얻은 심오한 통찰과 종합적인 이해일 것이다.

이 힘들과 능력들을 강조하는 것 외에도, 「사자후의 긴 경」 및 그것과 같은 에피소드를 다룬 경전에 있는 또 다른 주제는 붓다의 이전 고행이다.[1] 두 버전은 그가 음식을 오직 특정 환경에서 일정한 간격을 두고 받는 것, 몸을 씻지 않는 것, 극도로 외딴 곳에서 사는 것, 변화무쌍한 기후에 몸을 노출시키는 것 등 고대 인도의 고행자들 사이에서 유행하던 다양한 고행들에 착수했다는 사실에서 일치를 보인다.

「사자후의 긴 경」에 전승된 방식에서 이 설명을 좀 더 자세히 보면 주목할 만한 측면들이 보인다. 적어도 이 모든 수행들이 알라라 깔라마와 웃다까 라마뿟따 밑에서 했던 수행 이후부터 깨달음을 얻기 전까지의 고행 기간의 일부로 간주되는 한, 얼핏 앞뒤가 맞

---

1 『맛지마 니까야』 12 MN I 77,28(냐나몰리 번역 1995/2005: 173f) 및 그것과 같은 에피소드를 다룬 T 757 T XVII 597a13; 비교 연구를 위해서는 아날라요 2011: 115f 참조.

지 않는 경우들이 포함되어 있는 듯하다.[2] 「사자후의 긴 경」은 미래 붓다가 하루에 세 번 물속에서 목욕 의식을 했다고 묘사하지만, 한편으로는 수년 동안 먼지와 때가 몸에 쌓였다가 덩어리져서 떨어지는 정도에 이르렀다고 묘사한다. 이 두 가지 수행은 쉽게 서로 조화되지 않는다. 그가 정기적으로 목욕을 했다면, 그의 몸의 때는 씻겨나가서 수년 동안 축적될 여지가 없었을 것이기 때문이다. 게다가 「사자후의 긴 경」은 그가 나체 수행을 했을 뿐만 아니라 다양한 유형의 고행 복장을 했다고도 전한다. 그 수행들도 어느 정도 서로 모순된다. 이 법문에서 설명하는 다양한 고행들은 보살이 고행했다고 전해지는 수년의 기간과 잘 맞지 않는다. 더욱이 고행 수행 동안 붓다는 나중에 자신의 첫 제자들이 되는 다섯 명의 남자들과 함께 있었다. 그러나 「사자후의 긴 경」에 따르면, 그는 아주 외딴 곳에 머물면서 멀리서 사람이 오는 것을 보는 순간 숨곤 했다는 것이다.

이 분명한 역설의 해결책은 『자따까(Jātaka, 本生經)』에서 찾을 수 있다. 그것에 따르면 붓다는 나체 고행 같은 고행 수행을 91겁 전의 전생에 했다는 것이다.[3] 이 『자따까』의 도입 부분은 사실 「사자후의 긴 경」의 출발점이기도 한 바로 그 비난 사건을 언급한다.

이 이야기의 제목은 『로마항사 자따까(Lomahaṃsa-jātaka)』이다. 이 제목에는 '머리카락이 쭈뼛거리는'이라는 수식을 사용하

2　이것들은 이미 뒤투아(Dutoit) 1905: 49ff와 프라이베르거(Freiberger) 2006: 238f에 의해 지적되었다.

3　『자따까』 94 Jā I 390,16(코웰 번역 1895/2000: 229); 『맛지마 니까야』 12에 있는 설명을 이해하기 위한 것과 이 이야기의 관련성은 이미 헥커(Hecker) 1972: 54에 의해 지적되었다.

는데, 아마 서술된 고행을 수식하기 위함일 것이다. 똑같은 수식은 「사자후의 긴 경」과 같은 에피소드를 다룬 산스크리트『장아함 (Dīrgha-āgama)』의 「로마하르샤나 수트라」의 제목을 다시 구성할 때에도 나타난다.[4] 「사자후의 긴 경」과 같은 에피소드를 다룬 한역 경전 제목에 대해서도 같은 것을 말할 수 있다. 그것도 그 법문을 '머리카락이 쭈뼛거리는' 것으로 간주한다. 게다가『밀린다빤하 (Millindapañha)』는 「사자후의 긴 경」을 '머리카락이 쭈뼛거리는'이라고 언급하고, 두 개 빠알리 주석서에서도 이 법문을 언급하기 위해 '머리카락이 쭈뼛거리는'이라는 수식을 썼다.[5] 이 예들은『로마항사 자따까』와 「사자후의 긴 경」 사이의 긴밀한 관계를 암시한다. 그리고 그럼으로써『자따까』가 두 경전에서 묘사된 고행을 붓다의 먼 과거 삶에 할당했다고 이해해도 무리가 따르지 않는다.

고행의 전 기간 동안, 실제로 어느 기간은 목욕 의식을 하며 보내고, 다른 한 기간은 너무 많은 때가 축적되어 조각조각 떨어질 때까지 몸을 씻지 않고 보내며, 어떤 때에는 나체 수행을 하고, 또 다른 때에는 다른 고행 복장을 하며 보내는 것이 가능했을 것이다. 그러므로 「사자후의 긴 경」 및 그것과 같은 에피소드를 다룬 경전에서 설명하는 고행은 붓다가 같은 법문에서 자신의 전생 경험들을 이야기하면서 언급되는 다양한 다른 사건 및 사연들과 같은 범주

---

4 그 제목은 하트만(Hartmann)이 한『우다나(udāna)』에서 뽑아 1991: 237(§133-5)에 재구성하였다.

5 『밀린다빤하』396,2,『수망갈라윌라시니(Sumaṅgalavilāsinī)』I 179,3,『여시어경 주석서(Itivuttaka-aṭṭhakathā)』I 109,1.

에 속하는 것으로 보인다. 이것은 결국 이 고행들이 그의 마지막 삶에서 깨달음에 이르려는 그의 분투 이야기의 일부가 아니라는 것을 의미한다. 이런 이유로, 그것들은 여기에서 나의 탐구 대상이 아니다. 붓다의 현생에 관련된 것으로, 특히 무색계 증득들을 마스터한 후 깨달음을 얻기 전까지 그의 수행에 관련된 것은 오직 세 가지 유형의 고행뿐이다. 그 세 가지는 강압적인 마음 제어, 호흡 제어, 단식이다.

미래 붓다가 이 세 가지 고행을 시작한 것이 「삿짜까 긴 경」의 주제이다. 그 경전과 같은 에피소드를 다룬 내용이 산스크리트 단편들에 보존되어 있다. 『증일아함』의 한 법문도 그의 고행을 전한다. 그러나 이 법문은 「삿짜까 긴 경」과 같은 에피소드를 다룬 내용이 아니다.

위에서 언급한 「사자후의 긴 경」이 이전 수행승의 비난에 의해 제기된 문제로부터 시작하는 반면 「삿짜가 긴 경」은 토론자인 삿짜까에 의해 제기된 문제로 시작한다. 삿짜까는 자이나 교도들이 수행하는 유형의 고행을 선호했던 것으로 보인다. 붓다의 고행에 대한 설명은 삿짜까가 몸의 개발(kāyabhāvanā)과 마음의 개발(cittabhāvanā)을 구별한 것에 대한 대답의 일부로 나온다. 사실 산스크리트 단편 버전의 제목은 「몸의 개발에 관한 법문(Kāyabhāvanā-sūtra)」인데, 그 제목이 텍스트 전체에서 이 주제가 갖고 있는 중요성을 보여주고 있다.

몸의 개발과 마음의 개발 사이의 대조는 깨달음 이전까지 발전해 온 미래 붓다의 현 단계에서 아주 적절하다. 가장 높은 네 가지 무색계 증득에 이르기까지 줄곧 삼매 명상 수행을 한 후에, 미래 붓다는 이것이 깨달음에 이르는 길이 아니라는 결론에 이르렀다. 그 결과 미래 붓다는 자신의 추구에서 진보할 수 있는 다른 접근법을 찾아야만 했다. 미래 붓다가 고행을 선택했다는 사실은 이전에 계발했던 무색계 증득들과 비교할 때, 수행의 육체적인 측면에 보다 많은 중요성을 부여하기로 결정했다는 것을 의미한다.

「삿짜까 긴 경」 및 그것과 같은 에피소드를 다룬 산스크리트 단편에 따르면, 붓다는 즐겁고 괴로운 느낌에 압도당하는 범부를 묘사하는 것으로 설명을 시작했다. 그에 반해서, 성스러운 제자는 즐겁고 괴로운 느낌에 의해 압도당하지 않는다. 산스크리트 단편의 관련 부분은 다음과 같이 진행된다.[6]

> [법을] 배운 성스러운 제자라면 괴롭고 가혹하며 날카롭고 살을 에는 듯하며 불쾌하고 생명에 위협적인 몸의 느낌에 접촉하면, [그 법을 배운 성스러운 제자는] 슬퍼하지 않고 기진맥진하지 않으며 한탄하지 않고 가슴을 치지 않으며 울지 않고 정신을 놓지 않는다.
>
> 그 괴로운 느낌이 소멸하고 나면, 즐거운 느낌이 일어난다. 즐거운 느낌에 접촉하면, [그 법을 배운 성스러운 제자는] 즐

---

6 번역 구절은 단편 330v4-330v7, 리우 2010: 140f에 기초한다(여기와 다른 곳에서 나는 편집자가 한 교정, 보충, 수정을 채택하지만, 그러한 사항들을 명시적으로 별도 표기하지 않았다). 이것은 『맛지마 니까야』 36 MN I 239,27(냐나몰리 번역 1995/2005: 334)과 같은 에피소드를 다룬 내용이다. 비교 연구를 위해서는 아날라요 2011: 233 참조.

거움을 갈망하지 않고 즐거움에 대한 갈망을 경험하지 않는다.

즐거움을 갈망하지 않고 즐거움에 대한 갈망을 경험하지 않기 때문에, 일어난 괴로운 몸의 느낌은 [그 배운 성스러운 제자의] 마음을 사로잡으며 머물지 않고, 일어난 즐거운 몸의 느낌은 마음을 사로잡으며 머물지 않으며, 일어난 괴로운 정신적인 느낌은 마음을 사로잡으며 머물지 않고, 일어난 즐거운 정신적인 느낌은 마음을 사로잡으며 머물지 않는다.

「삿짜까 긴 경」은 이 단계에서 몸의 느낌과 정신적인 느낌을 구별하지 않는다.[7] 반면에, 마음이 느낌에 의해 압도당하지 않는 방법을 설명하는 것에서는 두 버전이 일치한다. 마음이 느낌에 압도당하지 않으려면 즐거움 및 괴로움과 관련하여 상호 연관된 태도를 필요로 한다. 그 둘 중 하나에 반응하지 않는 태도를 확립하면 다른 하나에도 반응하지 않는 태도를 유지하는 데 도움이 된다. 괴로움에 대해서 극성을 떨지 않고 즐거움에 대해서 의기양양하지 않을 때, 느낌이 마음에 미치는 영향은 일반적으로 줄어든다. 느낌은 더 이상 이전만큼 마음을 사로잡으면서 머물 수 있는 똑같은 능력을 갖고 있지 않다.

7　또 다른 차이는 『맛지마 니까야』 36이 즐거운 느낌은 몸의 개발에 관련시키고 괴로운 느낌은 마음의 개발에 관련시키는 그 다음 부분이다. 산스크리트 단편으로 판단하건데, 이것은 전승의 잘못일 수 있다. 아날라요 2011: 233f도 참조.

　　　　　　　　　　　　　　　　명상가 붓다의 삶

이 분석을 듣고, 삿짜까는 이런 측면에서의 붓다 자신의 능력에 대한 주제를 내놓고, 붓다의 몸의 개발과 마음의 개발의 견지에서 말을 듣는다. 붓다는 대답으로 자신은 실제로 몸과 마음을 개발했고, 그것은 깨달음 전의 수행들과 관련된 출발점이 된다고 단언했다. 알라라 깔라마와 웃다까 라마뿟따 밑에서 수습 수행을 한 다음에, 붓다는 고행으로 돌아섰다. 산스크리트 단편에 나온 관련 부분은 아래와 같다. 그것은 붓다가 웃다까 라마뿟따에게 배운 수행법에서 떠났다고 설명한 직후에서부터 시작된다.[8]

나는 가야의 남쪽 우루웰라에 있는 세나야나 마을로 갔다. 그곳에서 나는 마음에 드는 장소를 보았다. 그곳은 네란자라 강 옆에 있는 멋진 잡목 숲이었다. 네란자라 강도 마음에 들었는데, 시원한 강물이 흐르고 강가에는 자갈들과 풀밭이 있었으며, 강둑은 탁 트였고, 다양한 나무들이 그림처럼 어우러져 있었으며, 접근하기도 쉬었다.[9] 그것을 보고 나는 생각했다.

---

8 번역 구절은 단편 332v2-333r2, 리우 2010 : 164-70에 기초한다. 이것은 『맛지마 니까야』 36 MN I 242,23과 같은 에피소드를 다룬 내용이다. 『맛지마 니까야』 36에는 이것 앞에, 위 64-65쪽에서 언급했던 나무 한 조각과 불을 내려는 시도를 포함하는 세 가지 비유가 나온다. 하지만 산스크리트 단편 버전에는 이 비유들이 나중에 나오는데, 그런 배치가 더 나은 것 같다. 그 비유들은 깨달음에 이르는 진보가 고행과는 상관없다는 것을 암시하기 때문이다. 그런 통찰은 보살이 고행을 시작하기 전보다는 후에 놓이는 것이 훨씬 자연스러울 것이다. 또한 아날라요 2011 : 235f 참조.

9 이 첫 부분이 『맛지마 니까야』 36에는 축약된 형태로만 제시되고 『맛지마 니까야』 26 MN I 166,36에서 보충되는데, 설명에서 약간 차이가 난다.

"이곳은 참으로 마음에 드는 장소이다. 그곳은 네란자라 강 옆에 있는 멋진 잡목 숲이었다. 네란자라 강도 마음에 들었는데, 시원한 강물이 흐르고 강가에는 자갈들과 풀밭이 있었으며, [강둑은 탁 트였고], 다양한 나무들이 그림처럼 어우러져 있었으며, 접근하기도 쉬웠다. 정진에 뜻을 두고 있는 좋은 가문의 아들이 그런 잡목 숲에 자리를 잡고 정진을 시작하는 것은 참으로 적합한 일이다. 나는 정진에 뜻을 두고 있다. 이제 잡목 숲에 기반을 잡고 정진을 시작할 것이다."

이렇게 하여 나는 그 잡목 숲에서 들어가서 한 나무 밑에 가부좌를 하고 몸을 곧추 세우고 전면에 마음챙김을 확립하고 앉았다. 이를 악물고 혀는 입천장에 대고, 나는 마음으로 마음을 지배하고 제어하고 제압하였다. 이를 악물고 혀는 입천장에 대고, 내가 마음으로 마음을 지배하고 제어하고 제압하였을 때, [그때] 땀이 나의 모든 땀구멍에서 마구 흘러나왔다.

그것은 마치 강한 남자가 약한 남자를 두 손으로 잡고 제어할 때 모든 땀구멍에서 땀이 흘러나오는 것과 같았다. 마찬가지로, 이를 악물고 혀는 입천장에 대고, 나는 마음으로 마음을 지배하고 제어하고 제압하였다. 이를 악물고 혀는 입천장에 대고, 내가 마음으로 마음을 지배하고 제어하고 제압하였을 때, [그때] 모든 땀구멍에서 땀이 마구 흘러나왔다. 지칠 줄 모르는 에너지가 나의 내부에서 생성되고, 몸은 고요하고 동요하지 않으며, 마음챙김은 혼란 없이 확립되고 마음은 삼매에 들어 통일되었다.

「삿짜까 긴 경」은 이 수행을 위해 보살이 취한 앉는 자세는 묘사하지 않는다. 뿐만 아니라 「삿짜까 긴 경」의 설명에 따르면, 몸은 고요하지 않고 고통스러운 정진에 의해 과도하게 긴장되어 있었다. 다만 두 버전은 붓다가 경험한 느낌을 언급하면서 자신의 설명에 대한 결론을 내렸다는 사실에서는 일치를 보인다. 산스크리트 단편 버전에서는 이 진술이 다음과 같이 진행된다.[10]

괴롭고 가혹하며 날카롭고 살을 에는 듯하며 불쾌하고 [생명에 위협적인] 느낌도 내가 몸을 개발한 상황에서는 마음을 사로잡으며 머물지 않았다.

여기에서의 차이점 하나는 그런 고통스러운 느낌을, 압도되지 않으면서 경험하는 능력과 몸의 개발 사이의 관계에 대해서 「삿짜까 긴 경」이 명확하게 설명하고 있지 않다는 것이다. 그럼에도 불구하고, 두 버전 모두 이 구절의 요점으로, 미래 붓다의 고행 전반을 관통하는 주제로서, 고통스러운 느낌에 의해 압도되는 것을 피할 수 있는 그의 능력을 뽑고 있다. 이것이 명심해야 할 특징이다.

마음을 마음으로 강압하려는 보살의 시도에 대한 위의 설명

10　번역 구절은 단편 333r2, 리우 2010: 170에 기초한다.

과 관련하여, 알아둘 필요가 있는 것은, 똑같은 수행법이 「사유를 가라앉힘 경(Vitakkasaṇthāna-sutta)」 및 그것과 같은 에피소드를 다룬 경전에 다시 나온다는 점이다.[11] 결정적인 차이는 여기서는 이것이 해로운 생각을 극복하기 위한 일련의 다른 모든 수행법들이 성공적이지 못한 것으로 입증된 후에 마지막 수단이라는 점이다.

만일 같은 에피소드를 다룬 다양한 버전의 서술들이 모두 붓다 자신의 깨달음에 이르는 진보에 대해 말하는 것이라면, 그 함축된 의미는, 무색계들을 직접 경험한 후에 붓다는 그것들이 자기 마음에서 나오는 해로운 생각을 제거하는 데 충분하지 않음을 알아차렸다는 사실일 것이다. 이렇게 설정하면 붓다가 그런 고귀한 명상 경험을 하고도 그 경험이 '니르바나로 이끌지 못한다'는 결론에 이르게 된 이유와, '오염원들로부터 자유로운 니르바나의 최고의 평화'를 그가 계속 추구할 필요성을 느낀 이유가 설명된다. 이런 관점에서 보면, 위 구절에서 묘사된 것처럼, 그가 다음에 마음에서 나오는 오염원들을 순전히 힘으로만 제거하려고 했던 것은 너무나 자연스럽다. 다시 말해서, 깊은 삼매의 계발을 통해 오염원들을 버리려는 시도들이 성공하지 못한 후에, 그는 이제 오염원들을 마음에서 힘으로 내보내려는 시도로 그것들에 직접 대면하기를 선택한 것이다.

이 방법은 실제로 마음에 있는 해로운 생각들을 멈추게 하지

---

11   『맛지마 니까야』 20 MN I 120,35(냐나몰리 번역 1995/2005: 213)와 『중아함』 101 T I
588c17; 또한 아날라요 2011: 142 참조.

못한다. 「사유를 가라앉힘 경」 및 그것과 같은 에피소드를 다룬 경전에서, 사람이 절망적으로 해로운 생각들에 의해 압도될 때, 그리고 아마도 해로운 말이나 행동으로 그 해로운 생각들을 표현하기 직전에 있을 때, 그 수행이 마지막 수단으로서 역할을 하는 것도 그 때문이다. 그러나 이것은 일시적인 영향을 미칠 따름이다. 마음은 본질적으로 조건에 따라 달라지고 자아가 없기 때문에, 마음을 의지력으로만 완전히 제어하기는 불가능하다. 대신에 점차적인 마음 개발을 통해 마음의 습관적 패턴들을 단계별로 바꿀 필요가 있다.

마음을 힘으로 해로운 것들로부터 자유롭게 만들려는 시도는 단지 단기적인 효과만 있기 때문에, 이런 면에서 그것은 해로운 정신 상태들로부터의 일시적인 초연함, 즉 무색계 증득으로 도달되는 초연함에 비유될 수 있다. 둘 다 지속적이지 않다. 보살은 이내 이것을 깨달았음에 틀림없다. 그리고 그것이 그로 하여금 계속 다른 방법들로 마음을 제어하는 시도를 하도록 박차를 가했을 것이다. 7장과 8장에서 그 다른 방법들을 살펴본다.

· ·　**수 행**　· ·

이 장에서 다루는 중심적인 수행의 측면이 강압적인 마음의 제어 이지만, 심각하게 해로운 행위를 하기 직전에 있는 것이 아니라면, 이것을 규칙적으로 수행하는 것을 권하지 않는다. 비상 브레이크 는 사고를 피하기 위해 있지만, 너무 자주 사용하면 앞으로 나아가는 데에 도움이 되지 않을 뿐이다. 해로운 생각이 나타나는 순간 마음을 순전히 강압적으로 제어하기보다는, 「사유를 가라앉힘 경」에서 설명하는 다른 방법들을 하나씩 탐구함으로서 우리가 일상생활에서나 명상에서 경험할 수 있는 해로운 생각들의 빈발에 대처할 수 있을 것이다. 일단 상황을 알아차리는 것만으로 그 생각이 자연스럽게 중지하는 데 충분하지 않으면, 기본적인 절차는 이 법문에서 열거된 다섯 가지 방법 가운데 하나를 시도해보는 것이다. 만일 그 하나가 성공적이지 않으면, 다음 것을 시도해 본다. 이런 식으로, 순전히 힘에만 의존하기보다는 다음 절차를 밟아간다. 이것이 바로 마음을 제압하려고만 하는 것은 단지 일시적인 안심만을 주고 오염원들로부터 마음을 진정으로 해탈하도록 하지 못한다는 붓다 자신의 발견에 따르는 것이다.

우리가 해로운 생각들을 되풀이할 때 적절히 대응할 수 있는 다섯 가지 방법을 간단하게 열거하면 다음과 같다.[12]

- 유익한 것으로 마음을 돌린다.
- 진행되고 있는 것의 위험을 자각한다.
- 당면한 문제를 제쳐둔다.
- 해로운 생각을 일으키는 배후의 추동력을 조금씩 완화시킨다.
- 비상 브레이크로 강압적인 억압을 사용한다.

---

12 이 방법들에 대한 더 자세한 사항에 대해서는 아날라요 2013b: 149-54 참조.

7

호흡 제어

이 장에서도 미래 붓다의 고행들을 계속 살펴본다. 순전히 힘으로 마음을 제어하려고 시도한 후에, 「삿짜까 긴 경」 및 그것과 같은 에피소드를 다룬 산스크리트 단편의 해당 내용에 따르면 그는 호흡 제어 수행을 시작했다. 호흡 제어 수행은 내용상 별로 관련이 없는 『증일아함』의 한 법문에도 소개되었다. 산스크리트 단편 버전에서는 그의 수행을 다음과 같이 설명한다.[1]

> 그때 나는 생각했다. "내가 〈숨을 쉬지 않는〉 명상을 하면 어떨까?"[2] 나는 입과 코를 통해 들어오고 나가는 숨을 멈추었다. 입과 코를 통해 들어오고 나가는 숨을 멈추자, 모든 바람이 내 머리를 때렸고 내 머리가 과도하게 아팠다. 그것은 마치 강한 사람이 약한 사람의 머리를 날카로운 쇠칼로 때리면, 맞은 사람의 머리가 과도하게 아픈 것과 같았다. 마찬가지로, 입과 코를 통해 들어오고 나가는 숨을 멈추자, 모든 바람이 내 머리를 때렸고 내 머리가 과도하게 아팠다.
>
> [그럼에도 불구하고] 내게는 지칠 줄 모르는 에너지가 생겨났고, 내 몸은 고요하고 동요하지 않았으며, 마음챙김은 혼란

---

1 번역 구절은 단편 333r2-333r6, 리우 2010: 171-3에 기초한다. 이것은 『맛지마 니까야』 36 MN I 243,4(냐나몰리 번역 1995/2005: 337)와 『증일아함』 31.8 T II 671a12(브롱코스트(Bronkhorst) 1993/2000: 13)와 같은 에피소드를 다룬 내용이다. 또한 아날라요 2011: 237 참조.

2 '숨을 쉬지 않는'이라는 번역어는 아디야뜨마까(adhyātmaka, '내적인')를 아쁘라나까(aprāṇaka)로 교정한 것에 기초한다.

명상가 붓다의 삶

없이 확립되어 있었고, 마음은 삼매에 들어 통일되었다.

이전 장들에서 논의했던 강압적으로 마음을 제어하는 고행의 경우와 유사하게, 여기에서도 「삿짜까 긴 경」은 고통스러운 정진에 의해 몸은 고요하지 않고 몹시 긴장되었다고 묘사하고 있다는 점에서 차이가 있다. 하지만 그때 경험한 고통스러운 느낌들은 보살의 마음을 사로잡으며 머물지 않았다는 사실에 대해서는 산스크리트 단편 버전과 일치한다.

마음을 순전히 힘으로 억압하려고 했던 이전의 시도에 이어 현재 고행들을 계속하는 동력은 강한 고통의 느낌들을, 그것들에 사로잡히지 않고, 경험할 수 있는 능력에만 있는 것은 아니다. '무호흡 명상' 수행 시도는 힘으로 제어하려는, 기본적으로 같은 태도에서 비롯되는 것 같다. '이를 악물고 혀는 입천장에 대고' 마음을 마음으로 제압하는 것까지도 보살이 추구하는 목표에 이르게 할 수 없었다는 것을 고려하면, 그가 다른 제어 수단을 시도하는 것은 당연하다. 사실 누구라도 잠시 동안 이를 악물고 혀는 입천장에 대보면, 기존 수행 기조를 유지한다면, 다음 단계는 자연스럽게 호흡 제어 수행이 될 것이라는 사실을 이해할 것이다.

「삿짜까 긴 경」, 산스크리트 단편 버전, 그리고 같은 에피소드를 다룬 『증일아함』의 해당 내용은 공통적으로 무호흡 명상 수행의 몇 가지 방법을 전한다. 위의 번역 구절에서 호흡 제어의 첫 번째 방법을 설명하는 역할을 하는, 머리에 칼끝으로 맞아서 생기는 두통에 대한 비유는 호흡 제어의 두 번째 방법과 관련하여 「삿짜까 긴 경」에 나온다.[3] 대장장이의 풀무 굉음을 언급한 「삿짜까 긴 경」
의 첫 번째 비유는 산스크리트 단편 버전에서는 호흡 제어의 두 번
째 방법을 설명한다. 이 수행의 세 번째 방법은 약한 사람의 머리에
가죽 끈을 동여매는 강한 사람에 비유된다. 그리고 네 번째 호흡 제
어 방법은 소의 배를 가르는 백정을 들어 설명한다.[4] 앞의 두 가지
이미지는 초기 법문들에서 고통스러운 경험들에 대한 일반적인 설
명이다. 이것은 다섯 번째 호흡 제어의 경우에도 마찬가지인데, 이
때에는 약한 사람이 두 명의 강한 사람에 의해 뜨거운 숯불 구덩이
위에서 지져지고 태워지는 고통에 비유된다.

　　이 다양한 호흡 제어 방법들을 설명한 후에, 「삿짜까 긴 경」은
보살의 정진을 목격한 천신들이, 그가 이미 죽었는지 아니면 곧 죽
을 것인지 궁금해 하면서, 그의 상태에 대해 의견을 말했다고 한다.[5]
그런 천신들의 언급이 산스크리트 단편 버전에서는 발견되지 않
고,『증일아함』에서는 오히려 보살이 단식을 실행한 후에 나온다.[6]

　　『마하와스뚜(Mahāvastu, 大事)』는 그의 상태를 관찰하기 위해
보살의 아버지가 보낸 사람들이, 그의 호흡이 멈춘 것을 보고, 보살

3　『맛지마 니까야』 36 MN I 243,37; 또한 관련 비유가 있는 『증일아함』 31.8 T II
　　671a21 참조.

4　『증일아함』 31.8 T II 671a25에서 백정의 비유는 무호흡 명상의 세 가지 방법 가운데
　　마지막을 설명한다.

5　『맛지마 니까야』 36 MN I 245,1.

6　『증일아함』 31.8 T II 671a7. 그러나 이 설명에서 사건들의 배열 순서가 문제 없는 것
　　은 아니다. 왜냐하면 여기서는 호흡 제어 수행이 단식을 실행한 후에야 나오기 때문
　　이다. 그러나 긴 기간의 단식 때문에 약해진 몸은 아마도 산스크리트 단편이나 「삿짜
　　까 긴 경」에서 설명하는 '무호흡'이라는 육체적으로 어려운 수행을 시작할 수 있을 만
　　큼 충분히 강하지 않을 것이다.

이 죽었음에 틀림없다는 인상을 받았다고 전한다.[7] 한역으로 현존하는 『우다나(Udāna, 自說)』 모음집은, 보살이 숨을 쉬지 않는 것을 보자마자, 일부 천신들은 그가 죽었다는 결론에 이르렀다고 전한다.[8] 이런 방식으로, 다른 이들이 그가 죽었거나 죽을 지경에 있다고 생각할 정도로 보살이 호흡 제어 수행을 했다는 「삿짜까 긴 경」의 설명은 미래 붓다의 고행에 대한 다른 설명들에서도 확인된다. 사실 이 '무호흡' 명상법들과 그것들에 수반되는 비유들만으로도 그가 많은 열정을 갖고 이 수행에 전념했다는 것을 분명하게 보여준다.

이것은 흥미롭다. 왜냐하면 그것이 당시 깨달음에 이르는 잠재적인 도닦음으로 보였던 것을 추구하려는 미래 붓다의 강한 결심을 보여주기 때문일 뿐만 아니라, 그것이 호흡 과정에 대한 분명한 흥미를 반영하는 것처럼 보이기 때문이다. 이전 장에서 언급한 관점, 즉 「사자후의 긴 경」 및 그것과 같은 에피소드를 다룬 경전에 설명된 다양한 고행들은 붓다의 전생에 속한다는 관점에 따르면, 「삿짜까 긴 경」 및 그것과 같은 에피소드를 다룬 경전에서 설명하는 수행들, 즉 강압적인 마음 제어, 호흡 제어, 단식 등만이 그의 현생 경험이다. 이 수행들 가운데 첫 번째 수행과 마지막 수행은 오직 한 가지 양식으로만 설명되는 반면, 호흡 제어 수행에 대해서는 여러 버전의 경전들이 공통적으로 몇 가지 다양한 방법들을 설명한

7　세나트(Senart) 1890: 208,4(존스 번역 1952/1976: 198).

8　T 212 T IV 644b13.

다. 『증일아함』의 법문은 세 가지 방법을 제시하고, 「삿짜까 긴 경」 및 그것과 같은 에피소드를 다룬 산스크리트 단편 버전은 다섯 가지 방법을 제시한다. 이것은 '무호흡' 명상이 보살의 고행 정진에서 특별히 중요한 위치를 차지했다고 간주되어야 한다는 인상을 준다. 그래서 그는 호흡 제어를 여러 가지 방법으로 시도해 보고 나서, 이윽고 그것이 자신이 추구하는 목표에 도움이 되지 않는다고 생각하여 그것을 포기했다. 왜냐하면 내면의 오염원들의 뿌리를 제거하는 데, 호흡 제어는 마음을 강압적으로 제어하는 것만큼이나 성공적이지 못하다는 것을 자각했기 때문이다.

호흡 제어가 특별한 위치를 차지했다는 것은 붓다가 깨달음을 얻은 후에 호흡 마음챙김을 매우 좋아한 것으로 보인다고 전해지는 바에 의해서도 뒷받침된다. 사실 그는 이 수행에 완전히 전념하는 고독한 안거 수행을 했다.

「사유를 가라앉힘 경」 및 그것과 같은 에피소드를 다룬 경전에서 해로운 생각들을 극복하기 위한 다섯 가지 방법 가운데 마지막 의지처로서의 지위를 여전히 확보하고 있는 강압적인 마음 제어의 경우와 유사하게, 호흡 관련 명상은 깨달음을 얻은 후에도 붓다와 실제적인 관련성이 지속되었다. 그러나 수행 방법은 상당히 많이 바뀌었다. 호흡을 제어하는 것 대신에, 그 수행은 단지 호흡이 자연스럽게 들어오고 나가는 것을 알아차리는 것이 된다.

이 주제를 더 탐구하기 위해 다음에는 붓다가 한거를 지속하면서 호흡 마음챙김에 착수했다고 묘사한 법문을 다룬다. 내가 쓴 『질병과 죽음을 마음챙겨 직면하기』의 연구 부록에서, 나는 이미 설일체유부의 『위나야(Vinaya, 律)』에 나오는 이 법문의 한 버전을 번역했다. 이 번역을 보완하는 한편, 내가 번역한 호흡 마음챙김에 대한 16단계 지침을 언급한 다양한 버전들을 참고하여, 여기에 붓다의 호흡 마음챙김 안거 수행에 대한 『잡아함』의 첫 번째 부분을 소개한다.[9]

> 이와 같이 나는 들었다. 한때 붓다는 잇차낭갈라 숲에 머물렀다. 그때 붓다는 수행승들에게 다음과 같이 말했다. "나는 두 달 동안 앉아서 명상하고 싶다.[10] 단지 내게 음식을 가져오는 수행승과 포살일을 제외하고, 모든 수행승들은 더 이상 나에게 오지 말아야 한다."[11]
> 그때 이 말을 하고 세존은 두 달 동안 앉아서 명상했다. 음식을 가져다주거나 포살일을 제외하고는 단 한 명의 승려도 감히 그에게 다가가지 못했다.
> 그때 두 달 동안 앉아서 명상을 끝내고 나온 세존은 수행승들 앞에 앉아서 수행승들에게 다음과 같이 말했다.

---

9 번역 구절은 『잡아함』 807 T II 207a8–207a21에 나와 있다. 이것은 『상윳따 니까야』 54.11 SN V 325,19(보디 번역 2000: 1778)와 T 1448 T XXIV 32c2(아날라요 번역 2016b: 245)와 같은 에피소드를 다룬 내용이다. 16단계에 대한 실제적인 설명이 원본에는 축약된 형태로 제시되어 있다. 그러므로 앞서 『잡아함』 모음집, 즉 『잡아함』 803 T II 206a27(아날라요 번역 2013b: 228f)에 있는 온전한 지침들에 기초하여 보충될 필요가 있다.

10 『상윳따 니까야』 54.11 SN V 326,1은 대신에 석 달 동안의 안거(retreat)에 대해 말한다.

11 『상윳따 니까야』 54.11은 포살(uposatha), 즉 계율의 조목[戒目]을 암송하기 위해 격주에 한 번씩 열리는 모임에 대해 언급하지 않는다.

"만일 외도 유행승들이 와서 '사문 고따마는 두 달 동안 어떤 명상을 하면서 앉아 있었습니까?'라고 물으면, 그대들은 '여래는 두 달 동안 앉아 명상할 때 호흡 마음챙김에 주의를 기울이며 머뭅니다.'라고 대답해야 한다. 왜 그런가? 두 달 동안 나는 호흡 마음챙김에 많은 주의를 기울이며 머물렀다. 숨을 들이쉴 때 나는 마음챙겨 들이쉬고 그것을 있는 그대로 이해한다.[12] 숨을 내쉴 때 나는 마음챙겨 내쉬고 그것을 있는 그대로 이해한다.

숨을 길게 들이쉴 때는 마음챙겨 길게 들이쉬고 그것을 있는 그대로 이해한다. 숨을 길게 내쉴 때는 마음챙겨 길게 내쉬고 그것을 있는 그대로 이해한다. 숨을 짧게 들이쉴 때는 마음챙겨 짧게 들이쉬고 그것을 있는 그대로 이해한다. 숨을 짧게 내쉴 때는 마음챙겨 짧게 내쉬고 그것을 있는 그대로 이해한다.

마음챙겨 온몸을 경험하면서 숨을 들이쉬고 그것을 있는 그대로 이해한다. 마음챙겨 온몸을 경험하면서 숨을 내쉬고 그것을 있는 그대로 이해한다. 마음챙겨 몸의 작용을 고요하게 하면서 숨을 들이쉬고 그것을 있는 그대로 이해한다. 마음챙겨 몸의 작용을 고요하게 하면서 숨을 내쉬고 그것을 있는 그대로 이해한다.

---

12 반복되는 어구 "그것을 있는 그대로 이해한다."에 해당하는 말이 『상윳따 니까야』 54.11에는 없다. 하지만 그런 내용이 함축되어 있다고 추정해도 무리는 없을 것이다.

명상가 붓다의 삶

마음챙겨 희열을 경험하면서 숨을 들이쉬고 그것을 있는 그대로 이해한다. 마음챙겨 희열을 경험하면서 숨을 내쉬고 그것을 있는 그대로 이해한다. 마음챙겨 행복을 경험하면서 숨을 들이쉬고 그것을 있는 그대로 이해한다. 마음챙겨 행복을 경험하면서 숨을 내쉬고 그것을 있는 그대로 이해한다.

마음챙겨 마음의 작용을 경험하면서 숨을 들이쉬고 그것을 있는 그대로 이해한다. 마음챙겨 마음의 작용을 경험하면서 숨을 내쉬고 그것을 있는 그대로 이해한다. 마음챙겨 마음의 작용을 고요하게 하면서 숨을 들이쉬고 그것을 있는 그대로 이해한다. 마음챙겨 마음의 작용을 고요하게 하면서 숨을 내쉬고 그것을 있는 그대로 이해한다.

마음챙겨 마음을 경험하면서 숨을 들이쉬고 그것을 있는 그대로 이해한다. 마음챙겨 마음을 경험하면서 숨을 내쉬고 그것을 있는 그대로 이해한다. 마음챙겨 마음을 기쁘게 하면서 숨을 들이쉬고 그것을 있는 그대로 이해한다. 마음챙겨 마음을 기쁘게 하면서 숨을 내쉬고 그것을 있는 그대로 이해한다.

마음챙겨 마음을 집중하면서 숨을 들이쉬고 그것을 있는 그대로 이해한다. 마음챙겨 마음을 집중하면서 숨을 내쉬고 그것을 있는 그대로 이해한다. 마음챙겨 마음을 해방시키면서 숨을 들이쉬고 그것을 있는 그대로 이해한다. 마음챙겨 마음을 해방시키면서 숨을 내쉬고 그것을 있는 그대로 이해한다.

무상을 마음챙겨 관찰하면서 숨을 들이쉬고 그것을 있는
그대로 이해한다. 무상을 마음챙겨 관찰하면서 숨을 내쉬
고 그것을 있는 그대로 이해한다. 근절을 마음챙겨 관찰하
면서 숨을 들이쉬고 그것을 있는 그대로 이해한다. 근절을
마음챙겨 관찰하면서 숨을 내쉬고 그것을 있는 그대로 이
해한다.

탐욕의 빛바램을 마음챙겨 관찰하면서 숨을 들이쉬고 그것
을 있는 그대로 이해한다. 탐욕의 빛바램을 마음챙겨 관찰
하면서 숨을 내쉬고 그것을 있는 그대로 이해한다. 소멸을
마음챙겨 관찰하면서 숨을 들이쉬고 그것을 있는 그대로
이해한다. 소멸을 마음챙겨 관찰하면서 숨을 내쉬고 그것
을 있는 그대로 이해한다."

위의 번역 구절에서 무상 다음에 나란히 나오는 세 가지 통찰 명상
은 빠알리 텍스트에 나와 있는 16단계의 호흡 마음챙김에 대한 설
명과 비교해 볼 때 차이점을 다시 한번 드러내고 있다. 빠알리 텍스
트에 나와 있는 세 가지는 탐욕의 빛바램, 소멸, 내려놓음이다.[13] 그
렇게 하여 마지막 네 가지에는 모든 버전에서 무상, 탐욕의 빛바램,
소멸의 세 가지 주제가 포함된다. 16단계 호흡 마음챙김의 설명들
사이의 차이점은, 하나의 유형에서는, 흔히 빠알리 텍스트에서 자

---

13 보다 상세하게는 아날라요 2013b: 232f와 2016b: 234f 참조.

주 발견되는 것으로, 탐욕의 빛바램과 소멸이 내려놓음으로 이어지지만, 다른 유형의 설명에서는 탐욕의 빛바램과 소멸이 다른 것으로 이어지지 않고 대신에 근절이 앞에 온다는 것이다.[14]

호흡 마음챙김의 16단계를 설명한 후에, 『잡아함』 법문은 『상윳따 니까야』에는 나오지 않는 설명을 계속한다. 다만 그것과 비슷한 내용이 설일체유부의 『위나야』에 나온다.[15] 그 두 경전은 모두 붓다가 거친 활동들을 가라앉히고 보다 더 미묘한 머묾에 들었다고 서술한다. 그의 수행을 보고 있던 천신들은 붓다가 미묘한 머묾에 들자 그가 죽었거나 곧 죽을 것이라고 생각하면서 보살의 무호흡 명상과 관련하여 했던 것과 비슷한 말을 했다는 것이다.

이 구절은 고행 기간 동안 붓다가 무호흡 명상을 시작한 것과 깨달은 후에 호흡 마음챙김 수행을 한 것 사이에 긴밀한 관계가 있다는 것을 한층 더 뒷받침하고 있다. 결정적인 차이는, 16단계를 통과하여 진보해나감으로써 관찰자에게 죽은 것처럼 보이는 정도까지 호흡이 필요하지 않은 상태는 강압적인 제어를 통해 도달되지 않고, 마음챙김 관찰에 기초하여 몸과 마음을 고요하게 하는 점차적인 과정을 통해 도달된다는 것이다.

『상윳따 니까야』의 해당 내용과 마찬가지로, 『잡아함』 법문과

---

14 이 단계가 함축하고 있는 것은 「기리마난다 경(Girimānanda-sutta)」을 통해 구체적으로 파악할 수 있다. 그 경은, 그것의 티베트 상대경과 일치되게, 감각적 욕망, 악의, 해코지뿐만 아니라 그밖에 모든 해로운 자질과 관련된 생각들을 없애야 근절 또는 버림을 인식할 수 있다고 명시하고 있다. 보다 상세하게는 아날라요 2016b: 102f와 223-6 참조.

15 T 1448 T XXIV 32c21.

설일체유부의 『위나야』는 붓다가 호흡 마음챙김을 성스러운 머묾, 신성한 머묾, 여래의 머묾으로 칭찬하는 것으로 결론을 맺는다.[16] 이러한 결론을 통해 16단계의 호흡 마음챙김이 붓다에 의해 특별히 고귀하게 취급되었다는 전반적인 인상이 다시 한번 확인된다.

· **수 행** ·

실제적인 수행으로서, 나는 호흡 마음챙김의 16단계가 여래의 성스럽고 신성한 머묾이며 붓다가 자주 추천하고 그 스스로 규칙적으로 수행했던 명상이라는 것을 인식하여, 이것의 계발을 추천한다. 이 수행을 함으로써 우리는 붓다를 깨달음으로 인도했던 결정적인 이해의 전환을 야기했던 것을 우리 스스로 실행하는 것이다. 이런 이해의 전환은, 해탈에 이르는 도닦음을 강압적으로 수행하는 것은 효과가 없고, 해탈에 이르는 열쇠는 마음챙김 관찰에 있다는 자각을 함축하고 있다. 호흡의 자연스러운 흐름을 방해하거나 심지어 멈추지 않고, 이런 이해의 전환을 호흡에 적용하면 그것은 자연스러운 호흡에 단지 마음챙김 하는 것으로 나타난다. 그런 마음챙김은 다음의 16단계 체계를 통해 구현할 수 있다. 그 각각의 단계는 자연스러운 들숨과 날숨의 지속적인 변화 과정을 인식하고

---

16 『잡아함』 807 T II 207a29와 T 1448 T XXIV 32c28에는 빠알리 버전에서는 발견되지 않는 몇 가지 추가적인 설명들이 있다.

있는 동안에 실행된다.

- 호흡을 길다고 안다.
- 호흡을 짧다고 안다.
- 온몸을 경험한다.
- 몸의 작용을 고요하게 한다.

- 희열을 경험한다.
- 행복을 경험한다.
- 마음의 작용을 경험한다.
- 마음의 작용을 고요하게 한다.

- 마음을 경험한다.
- 마음을 기쁘게 한다.
- 마음을 집중한다.
- 마음을 해탈하게 한다.

- 무상을 관찰한다.
- 탐욕의 빛바램/근절을 관찰한다.
- 소멸/탐욕의 빛바램을 관찰한다.
- 내려놓음/소멸을 관찰한다.

이 체계를 수행하는 하나의 방법은 (긴 호흡 또는 짧은 호흡을 고려하여) 호흡과 그것의 길이를 알아차림으로 시작하는 것이다. 다음에는 알아차림의 범위를 호흡으로부터 좌선 자세에서의 온몸으로 확장시키고, 그 다음에는 호흡과 몸 둘 다를 이완시키고 고요하게 한다.

알아차림은 신체적 과정들을 고요하게 가라앉힘으로써 자연스럽게 생기는 희열로부터 보다 더 고요한 행복의 경험으로 진보한다. 일어날 가능성이 있는 다른 모든 정신적인 작용을 알아차리게 되면, 그런 모든 정신적인 작용을 고요하게 할 수 있다.

이 단계에서 알아차림은 마음 자체를 아는 것으로 되돌아갈 수 있다. 그렇게 되돌아감으로써 자연스럽게 일어나는 기쁨은 마음을 진정시켜 집중되도록 하고, 이윽고 산란함, 집착, 동일시로부터 자유로운 내면의 상태에서 쉬도록 인도한다.

이전 단계들을 통해서 들숨과 날숨에 대한 알아차림은 무상을 계속 상기시키는 역할을 했다. 이렇게 상기된 무상은 이제 관심의 전면으로 대두되어 탐욕의 빛바램을 일으키기 위한 기반이 될 수 있고, 다음에는 무상한 현상의 끝을 알아차린다는 의미에서의 소멸로 진행되며, 결국에는 가능한 한 가장 종합적인 방식의 내려놓음으로 진보할 수 있다. 아니면, 위에서 번역한『잡아함』버전에 따르면, 무상에 대한 통찰은 근절, 탐욕의 빛바램, 소멸로 이어진다.[17]

---

17 16단계의 호흡 마음챙김에 대한 보다 상세하고 실제적인 제안들을 위해서는 아날라요 2016b: 229-36과 이어지는 내용을 참조하라.

명상가 붓다의 삶

8

단
식

이 장으로 미래 붓다의 고행을 다룬 세 장이 마무리된다. 마음 제어와 다양한 호흡 제어 방법들을 실행하고 나서, 고행을 통해 깨달음에 이르려는 그의 다음이자 마지막 시도는 단식이었다. (혀를 입천장에 대고 이를 악물고) 마음을 통제하려고 시도했던 것으로부터 호흡을 멈추려는 시도로 진행하는 것이 자연스럽게 보이는 것과 마찬가지로, 산소 섭취를 멈추려는 시도가 음식 섭취를 통제하려는 시도로 이어지는 것이 자연스럽게 보인다.

「삿짜까 긴 경」 및 그것과 같은 에피소드를 다룬 경전들은 공통적으로 처음에는 붓다가 완전한 단식을 계속하려 했다고 적고 있다. 이와 똑같은 내용이 설일체유부 『위나야』의 「상가베다와수뚜(Saṅghabhedavastu)」에도 기록되어 있다. 식사도 완전히 멈추려는 그의 의도를 알고서, 어떤 천신들이 보살에게 다가와서는 보살에게 자양분을 공급해주기 위해 그의 땀구멍으로 신성한 진액을 스며들게 하겠다고 말했다.[1] 이 서술은 고대 인도에서 받아들여졌던 관념과 관련이 있다. 그 관념에 따르면 뛰어난 성자는 더 이상 일반적인 음식을 섭취하지 않고 오로지 신성한 음식에 의존해서만 살아간다. 「삿짜까 긴 경」 및 그것과 같은 에피소드를 다룬 경전들에 따르면, 보살은 이 제안을 거절하고 다만 음식 섭취를 완전히 끊지 않고 매우 적은 양의 음식만을 섭취하기로 했다.

「삿짜까 긴 경」 및 그것과 같은 에피소드를 다룬 경전들은 붓

---

1 『맛지마 니까야』 36 MN I 245,8(냐나몰리 번역 1995/2005: 339), 단편 334v2, 리우 2010: 189, 『증일아함』 31.8 T II 670c19(브롱코스트 번역 1993/2000: 12), 그놀리 1977: 102,4.

다의 단식 결과에 대해 비슷한 방식으로 설명한다. 보살의 팔다리는 야위고 그의 엉덩이는 낙타의 발굽 모양을 띠었다. 그의 눈은 눈구멍 안으로 쑥 들어갔고 그의 두피는 주름지었다. 산스크리트 단편 버전은 그의 몸의 가련한 상태를 다음과 같이 기술한다.[2]

> 한번은 "일어나야지"라고 [생각하자] 나는 앞으로 꼬꾸라졌다. "앉아야지"라고 [생각하자] 나는 뒤로 넘어졌다. 몸의 아랫부분을 만지려고 하면 윗부분에 닿고, 윗부분을 만지려고 하면 아랫부분에 닿았다. 이 몸을 편안하게 하려고 두 손으로 몸을 문지르고 쓸어내리면 뿌리가 썩은 털이 땅으로 떨어졌다.

「삿짜까 긴 경」과 『증일아함』 법문에는 몸의 윗부분과 아랫부분에 대한 언급이 없고, 배를 만지려다가 등뼈를 만지게 되었다거나 그 반대로 하게 된 경위를 설명한다.[3] 사실 이 설명이 더 이치에 맞고 산스크리트 단편의 이 부분은 전승되는 동안 어느 정도 착오가 개입되었다는 것을 보여준다. 「삿짜까 긴 경」은 또한 보살이 소변이나 대변을 보려할 때 넘어지곤 했다는 사실을 전한다. 같은 에피소

---

2 번역 구절은 단편 335v3-335v5, 리우 2010: 204에 기초한다.

3 『맛지마 니까야』 36 MN I 246,3과 『증일아함』 31.8 T II 671a2. 보살이 몸을 여위게 만든 그 끔찍한 상태와 관련하여, 카레츠키(Karetzky) 1992: 100에, "굶주린 붓다 이미지는 아시아의 대부분에서는 용납될 수 없었다. … 수천 년에 달하는 인도의 예술 전통에서, 그런 주제는 완전히 회피되었다. 쿠산 왕조 시대가 되어서야 비로소 굶주린 … 붓다 이미지가 만들어졌다."라고 한 것은 알아둘 필요가 있을 것이다.

드를 다룬 경전들도 붓다가 경험한 괴로운 느낌들이 이전 고행들의 경우와 마찬가지로 그의 마음을 사로잡지 못했다는 사실을 공통적으로 지적한다.

미래 붓다는 자신의 몸을 그런 상태에 이르도록 만들고 나서야 비로소 자신을 괴롭히는 고통을 통해 해탈에 이르려는 시도는 옳은 도닦음이 아니라는 사실을 분명하게 깨달았다. 산스크리트 단편 버전은 그의 자각을 다음과 같이 전한다.[4]

> "어떤 사문들이나 브라만들이든 고통을 일으키는 수행에 아무리 매진해도, 그들 가운데 어떤 이도 그 이상을 넘지 못했다." 나는 생각했다. "이 도닦음은 또한 지(知)에 적합하지 않고, 견(見)에 적합하지 않으며, 최고의 바른 깨달음 [無上正等覺]에 적합하지 않다."

「삿짜까 긴 경」에서는 사소한 차이가 있지만 과거의 사문들과 브라만들뿐만 아니라 미래와 현재의 사문들과 브라만들도 보살이 경험했던 것을 넘지 못할 것이라는 똑같은 결론을 전한다.

단식의 가치에 대해 미래 붓다가 겪은 태도의 변화는 「사꿀루다이 긴 경(Mahāsakuludayi-sutta)」 및 그것과 같은 에피소드를 다룬 『중아함』의 해당 내용에서도 볼 수 있다. 그 두 버전에 따르면, 붓다는 자신이 때때로 먹었던 풍성한 음식과 자신의 제자들 가운데

---

4 번역 구절은 단편 336v4-336v5, 리우 2010: 220에 기초한다.

몇몇이 먹는 변변찮은 음식을 대조시켜 강조했다.[5] 그 예는 법문을 듣는 자들에게 적게 먹는 것 때문에 붓다를 존경하는 것은 의미가 없다는 사실을 전달하는 역할을 한다. 왜냐하면 그런 행위에 중요성을 부여한다면 그 점에 관해서는 붓다의 제자들 가운데 붓다보다 나은 이들을 존경해야 하기 때문이다. 다시 말해서, 스승으로서의 붓다는 음식 섭취에 관련된 금욕적인 삶에는 대단한 중요성을 부여하지 않았고, 자신보다 더 고행 지향적인 제자들 가운데 몇몇과 비교할 때, 이런 면에서 그들보다 뒤처지는 것이 아무렇지 않다고 느꼈다. 왜냐하면 붓다는 분명하게 그런 고행의 한계를 자각했기 때문이다.

그러나 그렇다고 해서 음식이 더 이상 그의 관점에서 문제가 되지 않는다는 의미는 아니다. 『상윳따 니까야』의 한 법문 및 그것과 같은 에피소드를 다룬 『잡아함』의 해당 내용은 음식에 대한 통찰적인 이해를 개발하는 것이 중요하다고 강조한다. 『잡아함』 버전은 이와 같이 그 문제에 대해 말한다.[6]

> 먹는 음식에 대해 통찰적인 이해를 가지면, 수행자는 다섯 가닥의 감각적 욕망에 대한 탐욕스러운 갈애를 버린다. 다섯 가닥의 감각적 욕망에 대한 탐욕스러운 갈애를

---

5 『맛지마 니까야』 77 MN II 6,31 (냐나몰리 번역 1995/2005: 633) 및 그것과 같은 에피소드를 다룬 『중아함』 207 T I 783a4 (그 구절은 전승 중에 오류가 개입되었던 것 같다. 아날라요 2011: 421f 주해 154 참조).

6 번역 구절은 『잡아함』 373 T II 102c3-103c6에 기초하고, 그것은 『상윳따 니까야』 12,63 SN II 99,8 (보디 번역 2000: 598) 과 같은 에피소드를 다룬 내용이다.

제거하는 수행자에 대해서 말하자면, 나는 잘 배운 성스 러운 제자가, 그 다섯 가닥의 감각적 욕망과 관련하여, 하 나의 족쇄를 내면에 품고 그것을 제거하지 못하여, [그 결과 로써] 그 족쇄에 묶여 있기 때문에 이 세상에 다시 태어날 수밖에 없게 되는 경우를 보지 못했다.

『상윳따 니까야』의 해당 구절에 대한 주석은 이 구절의 가르침이 깨달음의 세 번째 경지인 불환(不還)까지 나아가는 데 적용된다고 설명한다.[7] 이것은 음식을 조절하는 적절한 방법을 찾는 것과 자신 의 식사 습관과 패턴에 대한 통찰 계발이 놀라운 잠재력을 가질 수 있다는 것을 암시한다. 다시 말해서, 심지어 먹는 것 같은 다소 일 상적인 활동조차도 좋든 나쁘든 수행자의 명상 개발에 많은 영향 을 미칠 수 있다.

음식과 감각적 욕망 사이의 이런 식의 관계는 또한 보살이 단 식을 수행하게 된 배후의 근본적인 이유를 설명해준다. 일단 마음 제어와 호흡 제어를 시도한 것이 효과가 없게 되었을 때, 단식을 함 으로써 마음에 있는 감각적 욕망에 대한 경향성이 약화되고 극복 될 수 있다는 생각이 떠올랐을 수 있었을 것이다. 그러나 결과적으 로 몸만 약해지고 감각적 욕망에 대한 경향성은 극복되지 않았다. 위 구절이 명확하게 말해주고 있듯이, 이것은 음식을 단지 삼가는 것보다는 음식에 대한 '통찰적인 이해'를 필요로 한다.

7　『사랏탑빠까시니(Sāratthappakāsinī)』 II 111,9.

그런 '통찰적인 이해'를 통해 음식에 대한 집착을 내면으로부터 얼마만큼 떨쳐낼 수 있는지는『상윳따 니까야』의 법문 및 그것과 같은 에피소드를 다룬 경전들에 잘 드러난다. 붓다는 탁발하러 나가서 아무것도 받지 못했다. 마라가 다가와 말을 걸자,『잡아함』의 버전에 따르면, 붓다는 몸과 독립적인 정신을 다음과 같이 표현한다.[8]

> 비록 내가 아무것도 갖고 있지 않아도,
> 나는 자족하여 기쁘다.
> 빛나는 천신들처럼
> 나는 희열을 먹고 살 것이다.
>
> 비록 내가 아무것도 갖고 있지 않아도,
> 나는 자족하여 기쁘다.
>
> 나는 희열을 먹고 살 것이다.
> 그럼으로써 나는 몸을 가진 것에 구애되지 않는다.

『상윳따 니까야』 버전은 (비록 단 하나의 게송으로 이 설명을 하고 있지만)

---

8 번역은『잡아함』 1095 T II 288a23-288a26에 기초하는데, 그것은『상윳따 니까야』 4.18 SN I 114,22(보디 번역 2000:207f)와 같은 에피소드를 다룬 내용이다. 같은 에피소드를 다룬 또 다른 경전인『증일아함』 45.4 T II 772b4는 그 대답을 산문 형식으로 전한다.

빛나는 천신들과 마찬가지로 희열을 먹고 사는 것에 대해 비슷한 설명을 한다. 초기 불교 우주론에 따르면, 이 천신들은 두 번째 몰입[二禪]에 해당하는 천상에서 머문다. 다시 말해서, 이 게송의 요점은, 희열을 경험할 수 있도록 맛있는 음식과 다른 물질적인 편의를 계속 공급해 달라고 요구하는 대신에, 수행자가 '먹을 수 있는 것'으로서의 깊은 집중의 희열을 강조하는 것일 수 있다.

비록 스스로에게 장기간의 단식을 강요하는 정도는 아니지만, 음식에 대한 적절한 태도 및 그것과 관련된 어느 정도의 규제가 갖는 잠재력을 인식하여, 그 법문들은 붓다가 그의 출가 제자들에게 음식 섭취를 제한하는 일련의 규정들을 정했다고 전한다. 「메추라기 비유 경(Laṭukikopama-sutta)」 및 그것과 같은 에피소드를 다룬 『중아함』의 해당 내용에서, 한 수행승은 붓다의 구족계를 받은 제자들은 저녁에 식사를 하지 말아야 한다는 규정을 붓다가 공포했을 때 일어난 반응을 전한다. 『중아함』에서 그 수행승은 어떤 일이 일어났는지 다음과 같이 말한다.[9]

전에 세존께서는 수행승들에게 말씀하셨습니다. "밤에 음식 먹는 것을 삼가라." 세존이시여, 이것을 듣고 저희는 그것을 참을 수가 없었고, 그것을 견딜 수가 없었으며, 그것

---

9 번역 구절은 『중아함』 192 T I 741a19-741a23에서 가져왔고, 그것은 『맛지마 니까야』 66 MN I 448,16(냐나몰리 번역 1995/2005: 552)과 같은 에피소드를 다룬 내용이다. 비교 연구를 위해서는 아날라요 2011: 363 참조. 이 법문에서 이것은 붓다가 공포한 음식에 대한 두 번째 제한이었다.

을 원하지 않았고, 그것을 좋아하지 않았습니다. [하루에] 두 번 하는 식사 가운데, 이것은 더 좋은 식사이고, 가장 좋은 식사이며, 최고의 식사이고, 가장 매력적인 식사입니다. 그런데 세존께서는 이제 우리에게 그것을 버리라고 가르치십니다. 선서께서는 우리에게 그것을 그만두라고 가르치십니다. "위대한 사문께서는 우리의 음식을 폐지할 수 없으시다."라고까지 우리는 말했습니다.[10]

같은 에피소드를 다룬 빠알리 경전과 마찬가지로, 『중아함』 법문은 붓다가 공포한 이 규정에 대한 수행승들의 초기 반응에도 불구하고 스승에 대한 깊은 존경심에서 그들은 붓다의 규정을 따랐다는 그 수행승의 말을 계속해서 전한다. 그러나 모든 수행승들이 이런 식으로 복종한 것은 아니다. 오직 한 번만 식사하라는 붓다의 규정은 공개적인 저항에 부딪히기도 했다. 「밧달리 경(Bhaddāli-sutta)」 및 그것과 같은 에피소드를 다룬 경전들에서 이것을 볼 수 있다. 『증일아함』의 관련 부분을 다음에 소개한다.[11]

그때 세존은 수행승들에게 말했다. "나는 항상 [하루에] 한 번 식사를 한다. 그러면 나의 몸은 편안하고 강하며 튼튼

---

10 『맛지마 니까야』 66에는 마지막 진술에 해당하는 부분이 없다.

11 번역은 『증일아함』 49.7 T II 800b28-800c3(아날라요 번역 2016a: 90)에 기초하고, 그것은 『맛지마 니까야』 65 MN I 437,15(냐나몰리 번역 1995/2005: 542)와 『중아함』 194 T I 746b20과 같은 에피소드를 다룬 내용이다. 비교 연구를 위해서는 아날라요 2011:358f 참조.

하다. 수행승들이여, 그대들도 [하루에] 한 번 식사를 해야 한다. 그러면 그대들의 몸은 편안하고 강하며 튼튼해져서, 성스러운 삶을 계발할 수 있는 여건을 갖추게 된다.

그러자 밧달리는 세존께 말했다. "저는 한 끼만으로는 견딜 수 없습니다. 나의 힘이 약해질 것이기 때문입니다."

같은 에피소드를 다룬 경전들에 따르면, 밧달리는 규정을 실행하는 방법과 심지어 실컷 먹기를 허용하는 방법 등 다른 대안들을 제시받고서도, 붓다의 규정에 따르기를 계속 거부했다고 한다. 이와 같은 밧달리의 불복종 행위 외에, 또 한 가지 주목할 만한 측면은 한 끼만 먹을 때 느끼는 편안함과 강건함에 대해 붓다가 강조했다는 것이다. 이것은 보살이 깨달음을 얻기 전에 실행해서 몸을 약화시키는 결과를 초래했던 단식과는 차이가 있다. 이것이 함축하고 있는 것을 부연설명하면, 자신의 식습관에 대해 실행하고 싶어 하는 어떤 자제도 실제적으로 건강을 약화시키는 결과를 초래해서 수행에 장애가 되는 방식으로 적용되어서는 안 된다는 것이다.

밧달리가 단 한 번의 식사를 허용하는 그 규정에 저항했던 유일한 수행자가 아니었다. 이 규정에 대한 소식이 다른 수행자 단체에 전해졌을 때, 「끼따기리 경(Kīṭāgiri-sutta)」 및 그것과 같은 에피소드를 다룬 『중아함』의 해당 내용에 따르면, 그 수행승들은 하루 내내 식사하는 것으로 매우 편안하고 강건한 느낌이었다고 생각했기 때문에, 그들은 식사 습관을 바꿀 이유를 찾지 못했다. 이것은 어떤 면에서는 내가 앞 단락에서 정리했던 것을 다른 관점에서 볼 수 있게 해준다. 요점은 탐닉을 변명하는 수단으로 건강을 이용하지 말라는 것이기 때문이다.

그때 붓다는 그 수행승들에게 그 가르침을 내린 배경에 대해서 설명했다. 그런 가르침을 자기 탐닉과 자기 괴롭힘 사이의 적절한 균형을 찾기 위한 지침으로 삼으라는 것이다. 『중아함』에서는 해당 내용을 다음과 같이 전한다.[12]

> 나는 있는 그대로 이해하고, 어떤 즐거운 느낌일 때 사악하고 해로운 상태들이 증가하고 유익한 상태들이 줄어든다는 것을 보고 파악하고 성취하고 바르고 온전하게 깨달았기 때문에, 나는 그대들에게 그런 즐거운 느낌을 버리라고 말한다.
> 나는 있는 그대로 이해하고, 어떤 즐거운 느낌일 때 사악하고 해로운 상태들이 줄어들고 유익한 상태들이 증가한다는 것을 보고 파악하고 성취하고 바르고 온전하게 깨달았기 때문에, 나는 그대들에게 그런 즐거운 느낌을 계발하라고 말한다.
> 나는 있는 그대로 이해하고, 어떤 괴로운 느낌일 때 사악하고 해로운 상태들이 증가하고 유익한 상태들이 줄어든다는 것을 보고 파악하고 성취하고 바르고 온전하게 깨달

---

12 번역 부분은 『중아함』 195 T I 751a8-751a21에서 가져온 것으로, 그것은 『맛지마 니까야』 70 MN I 475,34(냐나몰리 번역 1995/2005: 579)와 같은 에피소드를 다룬 내용이다. 비교 연구를 위해서는 아날라요 2011: 377f 참조.

았기 때문에, 나는 그대들에게 그런 괴로운 느낌을 버리라고 말한다.

나는 있는 그대로 이해하고, 어떤 괴로운 느낌일 때 사악하고 해로운 상태들이 줄어들고 유익한 상태들이 증가한다는 것을 보고 파악하고 성취하고 바르고 온전하게 깨달았기 때문에, 나는 그대들에게 그런 괴로운 느낌을 계발하라고 말한다.

무슨 이유 때문인가? 나는 그대들에게 모든 몸의 즐거움을 계발하라고 말하지 않고 모든 몸의 즐거움을 계발하지 말라고 말하지도 않는다. 나는 그대들에게 모든 몸의 괴로움을 계발하라고 말하지 않고 모든 몸의 괴로움을 계발하지 말라고 말하지도 않는다.

나는 그대들에게 모든 마음의 즐거움을 계발하라고 말하지 않고 모든 마음의 즐거움을 계발하지 말라고 말하지도 않는다. 나는 그대들에게 모든 마음의 괴로움을 계발하라고 말하지 않고 모든 마음의 괴로움을 계발하지 말라고 말하지도 않는다.

「끼따기리 경」에서는 몸과 마음의 즐거움 또는 괴로움을 구별하지 않지만, 설명의 요점은 위의 『중아함』과 비슷하다. 두 버전에서 서술하는 근본적인 통찰에는 붓다 자신의 고행 실험들이 반영되어 있을 것이다. 음식에 대한 깨달음을 얻은 후에 붓다가 취한 태도는 몸의 건강에 지장을 주지 않는 범위 내에서 음식 섭취를 다소 삼가

명상가 붓다의 삶

기를 추천하는 합리적인 중도적 접근법이라고 할 수 있다. 이 행동 체계에 기초하여 해야 하는 일은 오염원의 성장을 자극하는 세속적인 유형의 느낌을 버리고, 대신에 해탈로 인도하는 비세속적인 유형의 느낌을 계발하는 것이다.

이 모든 것의 배후에는 중대한 관점의 변화가 존재한다. 그것은 정서적인 유인(誘因)에 기초하여 느낌에 반응하는 것으로부터 그 느낌의 유익하거나 해로운 영향에 중요성을 부여하는 것으로의 변화이다. 훈련되지 않은 마음의 자연스러운 경향성은 즐거움은 추구하고 괴로움은 피하는 것이다. 고행은 그 반대로 하려는 것이다. 즉 자신에게 괴로움을 가하는 것을 옹호하고 즐거움은 피한다. 미래 붓다는 이 두 가지를 직접 경험했다. 그가 젊었을 때 그랬듯이, 감각적인 탐닉에서 즐거움을 찾는 훈련되지 않은 마음의 경향성도 경험했고, 고통스럽다면 그것은 반드시 정화에 영향을 미친다고 믿는 고행적 태도의 경향성도 경험했다. 이제 그는 더 잘 알게 되었다. 두 가지 극단을 버리고, 괴로움 대신에 즐거움을 갈망하든 아니면 즐거움보다는 괴로움을 옹호하든, 느낌의 감정 상태보다는 그것의 전반적인 영향을 강조함으로써, 붓다는 느낌에 관한 중도를 발견했다.

그것은 「마음챙김의 확립 경」 및 그것과 같은 에피소드를 다룬 경전들이 느낌에 대한 명상의 가르침에서 설명하는 것과 똑같은 관점의 변화인 것으로 보인다.[13] 그 명상은 두 단계로 진행된다.

---

[13] 아날라요 2013b: 117-23.

첫 번째는 느낌의 정서적인 성질을 즐겁다, 괴롭다, 또는 그 중간쯤이다 등으로 구별하여 알아차리는 것이다. 이런 유형의 마음챙김 수행은 느낌에 즉각 반응하려는 뿌리 깊은 경향성으로부터 마음을 떼어놓는다. 이 주제에 대해서는 10장에서 다시 다룰 것이다.

일단 그 정도가 확립되고 나면, 두 번째 단계가 작용한다. 두 번째 단계에서는 각 유형의 느낌을 세속적인 것과 비세속적인 것으로 더 구별한다. 이것은 「끼따기리 경」 및 그것과 같은 에피소드를 다룬 경전의 해당 내용에 있는, 위 구절의 기저를 이루는 것과 같은 기본적인 구별, 즉 느낌과 해탈로의 진보 사이의 관계와 연결되는 것 같다. 느낌의 정서적인 성질이 어떠하든, 중요한 질문은 그것을 경험하는 순간 즐거운지 또는 괴로운지가 아니라, 그런 느낌의 경험이 유익한 것을 낳는지 해로운 것을 낳는지, 세속적인 것과 관련이 있는지 또는 비세속적인 것과 관련이 있는지이다. 그런 알아차림은 3장에서 논의된 「두 가지 사유 경」 및 그것과 같은 에피소드를 다룬 『중아함』의 해당 내용에서 생각을 기본적으로 두 가지 유형으로 구별하는 것과 유사하다.[14]

• **수 행** •

실제적인 수행으로서, 물질적인 즐거움의 끌림을 넘어서는 방법으

---

14 위 57쪽 참조.

로, 나는 만족과 관대함을 통해 내적인 기쁨을 얻는 방법을 계발하라고 추천하고 싶다. 특히 음식과 관련해서 말하자면, 그런 계발은 과다한 음식 섭취를 줄일 뿐만 아니라 특히 맛있는 음식을 다른 이들과 나누어 먹는 방식의 마음챙김 식사 형태를 취할 수 있다. 보다 일반적인 말로 표현하면, 물질을 축적하기보다는 나누어 주고, 자신을 위해 간직하기보다는 나누어 주는 데에서 기쁨을 찾는 것이 될 것이다. 그런 기쁨은 우리 자신의 관대함을 의도적으로 되새기고 그것을 기뻐함으로써 고무될 수 있는데, 그것이 바로 기억의 표준적인 형태 가운데 하나이다.

물질적인 선물을 넘어서는 것으로서, 관대함이 가진 또 하나의 측면은, 특히 다른 이들이 몸과 마음의 고통을 당하고 있을 때, 시간과 관심을 줄 수 있다는 것이다. 이 모든 사례는 후에 우리 자신의 관대함을 기억하고 그렇게 함으로써 물질적인 것에 의존하지 않는 기쁨의 유형을 추구하는 마음의 경향성을 강화시키는 계기가 될 수 있다. 이 경향성은 위에 번역되어 소개된 게송에서도 영감을 얻어서 강화시킬 수 있다. 게송에 따르면 붓다는 음식을 얻을 수 없을 때 '희열을 먹고 살 것이다.'라고 말했다.

행복은 어쨌든 정신적인 것이다. 따라서 감각적인 경험을 통한 행복 찾기는 지름길을 두고 돌아가는 것이다. 유익한 마음 상태를 확립함으로써 내부에서 행복을 찾는 것이 감각적인 만족을 통해 행복을 찾는 것보다 더 직접적이고 더 유의미하다.

9

길 찾기

이 장에서는 미래 붓다가 깨달음에 이르는 길을 발견하게 된 과정을 살펴볼 것이다. 구체적으로, 붓다가 자신의 고행 수행을 되돌아보고, 더 이상 할 수 없는 정도까지 고행들을 수행했지만, 고행들을 통해서는 깨달음에 이를 수 없음을 알아차린 이후의 일을 다룬다. 보기에, 보살이 그때까지 시도했던 것들을 되돌아본 것 가운데 일부로서, 어렸을 때 가졌던 첫 번째 몰입[初禪]의 경험을 기억했다.[1] 「삿짜까 긴 경」과 같은 에피소드를 다룬 산스크리트 단편의 관련 부분은 다음과 같이 그의 기억을 설명한다.[2]

> 그때 나는 생각했다. "아버지인 삭꺄의 숫도다나 왕을 수행하면서, 그분이 일을 하는 동안, 나는 잠부나무 그늘에 앉아서 감각적 욕망을 떨쳐버리고 사악하고 해로운 상태들을 떨쳐버린 뒤, 적용[尋]과 그것의 지속[伺]이 있고 떨쳐버림에서 생긴 희열[喜]과 행복[樂]이 있는 첫 번째 몰입[初禪]을 얻었던 것을 기억한다. 이것은 앎[知]에 적합한 길, 봄[見]에 적합한 길, 최상의 바른 깨달음[無上正等覺]에 적합한 길일지도 모른다."

「삿짜까 긴 경」도 비슷한 기억을 전하는데, 이 기억은 보살로 하여금 이것이 깨달음에 이르는 길이라는 명확한 결론에 이르도록 했

---

1   이 에피소드의 버전에 대해서는 위 31쪽 참조.

2   번역 구절은 단편 336v5-336v7, 리우 2010: 222f에 기초하고 그것은 『맛지마 니까야』 36 MN I 246,30(냐나몰리 번역 1995/2005: 340)과 같은 에피소드를 다룬 내용이다.

명상가 붓다의 삶

다.³ 다시 말해서, 그가 고행의 길을 선택한 근거가 되는 추론, 특히 행복은 반드시 피해야 하고 해탈에 이르는 진보는 자신을 괴롭히는 고통을 필요로 한다는 믿음은 오류로 판명되었다.

행복은 반드시 피할 필요가 있다는 그 잘못된 생각은 「삿짜까 긴 경」의 다음 구절에서 표면화된다. 「삿짜까 긴 경」의 해당 구절에 따르면 미래 붓다는 혼자 생각했다. "나는 왜 감각적 욕망과 해로운 상태들에서 떨어져 있는 행복을 두려워하는가?"⁴ 이것은 그가 이전에는 실제로 행복, 심지어 감각적 욕망이나 다른 해로운 상태들과 관련이 없는 행복조차도 두려워했다는 사실을 암시한다.

그런 이해의 배후에 있는 추론 유형은, 「괴로움의 무더기의 짧은 경(Cūḷadukkhakkhadha-sutta)」 및 그것과 같은 에피소드를 다룬 경전들에서 전하는, 자이나교 고행자들과의 논의에서 다시 나온다. 이 논의 과정에서 자이나교 고행자들은 행복은 행복을 통해서 얻어질 수 없고, 고통을 통과할 필요가 있다고 주장한다.⁵ 행복은 고통을 통해서 얻어질 수 있다는 믿음은 「보디왕자 경(Bodhirājakumāra-sutta)」 및 그것과 같은 에피소드를 다룬 산스크리

---

3   법장부(法藏部)의 『위나야』 T 1428 T XXII 781a7(바로(Bareau) 번역 1963: 48)에 있는 이 에피소드의 설명에는 "이 길을 따라" 해탈을 얻을 수 있다는 통찰이 있다.

4   번역은 『맛지마 니까야』 36 MN I 246,37-247,2에 기초한다. 그런데 산스크리트 단편 버전에는 그에 상당하는 내용이 없다. 나까무라(Nakamura) 2000: 183는 "그러므로 고따마는 행복을 두려워할 필요가 없다는 과감한 선언을 한다."라고 적고 있다.

5   『맛지마 니까야』 14 MN 193,36(냐나몰리 번역 1995/2005: 188), 그리고 그것과 같은 에피소드를 다룬 『중아함』 100 T I 587b28과 『증일아함』 41.1 T II 744b9. 또한 그런 진술의 또 다른 버전에 기초한 번역일 수 있는 것에 대해서는 T 55 T I 850c17을 참조하고, 같은 에피소드를 다룬 또 다른 내용을 다루는 비교 연구를 위해서는 T 54, 아날라요 2011: 123을 참조하라.

트 단편에서 어떤 왕자가 말했던 의견으로 다시 나오는데, 붓다는 그에 대한 대답으로 자신의 깨달음 전 추구에 대하여 이야기한다.[6] 빠알리 버전에서 붓다는 다음과 같은 말로 그의 이전 수행들에 대해 설명한다.[7]

> 내가 깨닫기 전, 아직 깨닫지 못한 보살이었을 때, 나는 또한 생각했다. "행복은 행복을 통해 얻어지지 않고 고통을 통해 얻어진다."

오직 빠알리 버전에서만 발견되는 위의 번역 구절은 특히 보살의 고행 기간과 관련이 있는 것으로 보인다. 그의 고행 기간 동안 미래 붓다에게 동기를 부여했던 것은 행복이 (자신에게 가하는) 고통을 통해서만 도달될 수 있다는 믿음이었음에 틀림없다. 이 방법으로 해탈에 이를 수 없었던 그는 믿음을 포기할 준비가 되었다. 또한 이러한 믿음의 포기가 그의 이전 몰입[禪] 경험에 대한 기억에서 은연중에 드러내고자 했던 핵심이었던 것 같다.

이러한 이전의 몰입 경험을 전하는 출처는 붓다가 삼매에 도달했던 때의 나이와 삼매의 깊이에 따라 다르다. 보살이 첫 번째 몰입을 얻었다는 「삿짜까 긴 경」 및 그것과 같은 에피소드를 다룬 산

---

6 『맛지마 니까야』 85 MN II 93,13(냐나몰리 번역 1995/2005: 706), 그리고 그것과 같은 에피소드를 다룬 내용은 단편 342r4, 실버록(Silverock) 2009: 77에 있다. 비교 연구를 위해서는 아날라요 2011: 481 참조.

7 번역 구절은 『맛지마 니까야』 85 MN II 93,15-93,18에서 발견된다.

명상가 붓다의 삶

스크리트 단편 해당 내용의 설명은 한문으로 보존된『중아함』,『디
뱌바다나(Divyāvadāna)』,『불소행찬(佛所行讚, Buddhacarita)』, 그리고
몇몇 붓다의 전기들로부터도 뒷받침된다.[8] 그러나『증일아함』의
한 법문과『방광대장엄경(Lalitavistara)』에 따르면, 보살이 첫 번째
몰입뿐만 아니라 네 가지 모든 몰입을 얻었다는 것이다.[9]『밀린다
빤하』와 한문으로 보존된 몇몇의 붓다의 전기에서도 같은 입장을
취한다.[10]

「오염원 경」 및 그것과 같은 에피소드를 다룬 경전에서 전하
는 몰입 숙달 전에 보살이 겪은 고투의 관점에서 볼 때, 그가 이전
으로 보이는 시기 동안에 이미 네 번째 몰입[四禪]을 경험했다는 것
은 사실일 것 같지 않다. 아마도『중아함』과『방광대장엄경』뿐만
아니라『밀린다빤하』와 몇몇 한문으로 된 붓다의 전기들에 나오는
설명은 붓다가 얻은 삼매의 깊이를 증가시킴으로써 그가 이전에
한 놀라운 경험들을 더욱 크게 보이게 하기 위한 시도에서 생겼을
것이다.[11]

---

8 『중아함』 32 T I 470c18(그리고 위에 번역한『중아함』 117 T I 608a2), 코웰(Cowell)과 닐
(Neal) 1886: 391,16, 존슨(Johnson) 1936/1995: 46(§5.10, 또한 T 192 T IV 8c16 참조), T
184 T III 467b23, T 186 T III 499b9, T 190 T III 706a20.

9 『증일아함』31.8 T II 671b11과 레프만(Lefmann) 1902: 263,17(또한 T 187 T III 560b17
참조). 또한 왈드쉬밋트 (Waldschmidt) 1929/1982: 10도 참조.

10 『밀린다빤하』290,1, T 189 T III 629a27, T 193 T IV 66b18. 또한 부스톤(Buston)의
『불교의 역사(History of Buddhism)』, 오버밀러(Obermiller) 1932/1986: 15 참조.

11 파우처(Foucher) 1949: 93는『방광대장엄경』의 설명이 과장하는 일반적인 경향성의
일부라고 생각하고, 호르쉬(Horsch) 1964: 117는『밀린다빤하』의 설명이 본래적인 것
에서 벗어났다고 간주한다. 더트(Durt) 1982:116는 네 번째 몰입 성취에 대한 언급을
부조리한 과장으로 간주한다.

이전의 몰입 경험을 할 때 보살의 나이에 대해 빠알리 주석서에서는 그가 아직 다소 어렸다고 한다. 주석서는 아버지가 그를 데리고 갔다는 것과 유모들이 그를 잠부나무 아래 홀로 남겨놓았다는 것을 언급한다.[12] 이것은 그가 어린 아이에 불과했다는 인상을 준다.[13] 꽤 어린 나이에 몰입을 증득했다면 그때는 인생에서 감각적 욕망에 탐닉하기 전의 기간이었을 것이다. 그 기억을 되살림으로써 미래 붓다는 이제 그런 행복과 즐거움은 감각적 욕망과는 간접적으로라도 전혀 관계가 없다는 것을 분명하게 알게 되었을 것이며, 그것은 그가 출가한 후에 경험했던 어떤 몰입에서도 분명하지 않았던 독특한 차이점이다. 물론 몰입 증득이 감각적 욕망으로부터 초연한 상태이기는 하지만, 그런 즐거움을 찾는다는 사실 자체가 즐거움, 심지어 감각적 유형의 즐거움을 추구하는 마음의 일반적 성향을 부추긴다는 의심을 여전히 받을 수 있다. 사실 그것이 고행을 추구하는 사람이 어떤 형태의 즐거움도 피하는 논리적 근거이기도 하다.

그러나 『대사(大事, Mahāvastu)』는 그가 잠부나무 아래 앉기 전에 아버지와 함께 산책했다고 전한다.[14] 더욱이 『대사(大事)』에 따르면 아버지는 아들이 이 명상 경험으로 인하여 출가하기를 원할지도 모른다고 걱정했다는 것이다. 그의 마음을 딴 데로 돌리기 위

---

12 『빠빤짜수다니(Papañcasūdanī)』 II 290,25.

13 밀(Mil) 289,26은 사실 그가 태어난 지 단지 한 달밖에 되지 않았다는 입장을 취한다. 그가 너무 어려서 명상 자세로 앉아 있을 수 없고 몰입을 얻을 수도 없었다는 것이다.

14 세나트(Senart) 1890: 45,4(존스 번역 1952/1976: 42).

명상가 붓다의 삶

해서, 그의 아버지는 아들에게 노래와 춤으로 즐겁게 해줄 여인들을 보냈다.[15] 『대사(大事)』의 관점에서 보면, 그때 그는 유아기를 훨씬 지나 있었음에 틀림없고, 감각적 욕망이 그에게 영향을 미치지 못하는 나이가 더 이상 아니었을 것이다. 설일체유부 『위나야』의 『상가베다와스뚜』와 『불소행찬』에는 그가 저 유명한 네 가지 조우, 즉 늙음으로 고통 받는 사람, 아픈 사람, 죽은 사람, 마지막에는 수행승과의 조우 이후에 첫 번째 몰입을 경험한 것으로 나온다.[16] 이 버전들에서는 그때 그는 이미 청년이었던 것으로 보인다.

「삿짜까 긴 경」의 이 부분과 같은 에피소드를 다룬 한 한역 경전에서는 그가 출가한 직후에 그 첫 번째 몰입을 경험했다고 한다. 고행은 깨달음에 이르는 길이 아니라는 자각이 있은 후의 그의 기억을 설명하는 그 관련 구절은 다음과 같이 진행된다.[17]

그때 나는 더 생각했다. "출가한 바로 후에 나는 삭까 숲으로 들어가 그림자가 움직이지 않아서 그늘지고 시원한 잠부나무 아래서 고요하게 앉았다. 그때 나는 어떤 감각적 욕망과 해로운 상태들에 의해 오염되는 것을 떨쳐버리고 적용[尋]과 지속[伺]이 있고 떨쳐버림에서 생긴 희열[喜]과 행복[樂]이 있는 첫 번째 삼매 몰입[初禪]을 깨달았다. 이것

---

15 세나트 1890: 144,6(존스 번역 1952/1976: 138f).

16 그놀리(Gnoli) 1977: 76,24와 존스톤(Johnston) 1936/1995: 46(§5.10).

17 번역은 T 757 T XVII 599a14-599a18에 기초한다.

은 있는 그대로 깨닫기 위한 바른 길이다."

그가 출가한 바로 후에 이 몰입 경험을 했다는 제안은 「오염원 경 (Upakkilesa-sutta)」 및 그것과 같은 에피소드를 다룬 경전의 설명이 이 경험을 되풀이하여 점차적으로 몰입을 숙달하려는 보살의 시 도에 관련되어 있음을 암시하는 것일 수 있다. 사실 두 버전은 그가 삼매를 성취했지만 다음에 그것을 다시 잃었다고 전하는 것으로 그 설명을 시작한다.

　그러나 그의 몰입 경험이 어린 시절에 자리하게 되면, 이 설명 은 전생들을 기억하는 어린이들에 대한 연구의 관점에서 읽힐 수 있다. 이런 유형의 사례에서는 흔히 두 살 또는 그보다 어린 아기 가 전생들의 경험에 대한 정보기억과 행동기억들을 드러내기 시작 한다고 한다.[18] 몇 년 후, 그들이 성장하면서, 그런 기억들과 관련된 행위들은 더 약해지거나 완전히 잊히기도 한다. 이런 경우를 잘 설 명하는 한 가지 예는 두 살 때 처음으로 사원으로 데려간 태국 소녀 에 관한 것이다. 그 소녀의 기억에 의하면, 그녀는 전생에 거기에서 살았다. 그녀는 전통적인 예불과 보시를 정확하게 실행했을 뿐만 아니라, 혼자서 반시간 동안 명상 자세로 가부좌를 틀고 앉아 있었 다고 한다. 누구도 그녀에게 그렇게 하라고 말하거나 그녀가 이전 에 집에서 다른 사람이 그렇게 하는 것을 본 적이 없었다고 한다.[19]

18 　그런 행동기억의 다양한 측면에 대한 조사를 위해서는 스티븐슨(Stevenson) 1987/2001: 115-20을 참조하라.

19 　스티븐슨 1983: 40.

붓다가 어린 시절에 몰입을 경험했다는 에피소드를 이렇게 독해하면, 보살이 경험했던 몰입은 전생과의 행동 연속성으로 간주될 수 있을 것이다. 「희유미증유법경(希有未曾有法經, Acchariyabbhutadhamma-sutta)」 및 그것과 같은 에피소드를 다룬 『중아함』의 해당 내용에서 그가 금생 전에 도솔천에서 마지막 삶을 보냈다고 한 것을 고려하면, 그의 어린 시절 몰입 경험은 아마도 좀 더 먼 전생과 관련이 있을 것이다.[20] 초기 불교 우주론에서 도솔천은 몰입을 숙달한 사람들이 다시 태어나는 천상들보다 낮은 천상이다. 그러므로 그는 붓다가 되기 전 마지막 두 삶에서 몰입을 숙달한 자로 죽지 않았을 것이다. 그렇지 않았더라면, 그는 도솔천에 다시 태어나지 않았을 것이며 그 후에 인간으로 다시 태어나지도 않았을 것이다.

그럼에도 불구하고, 이 에피소드를 전하는 텍스트들의 공통점은, 나중에 그가 목표에 이르는 데 충분하지 않다고 알게 된 무색계 증득들과 고행이라는 두 가지 형태의 수행 계발을 시작하기 전에 몰입 경험을 떠올렸다는 것이다. 결국 그를 깨달음으로 이끌지 못했던 수행을 시작하기 충분히 오래 전에, 이전 경험을 회상한 것이 보살로 하여금 관점을 바꾸도록 도와주었다. 유익한 유형의 행복은 그것이 깨달음에 이르는 진보를 도와줄 수 있기 때문에 피할 필요가 없다는 것이 그 결과로 생긴 관점의 변화이다. 이것이 바로,

---

20 『맛지마 니까야』 123 MN III 119,35(냐나몰리 번역 1995/2005: 980) 및 그것과 같은 에피소드를 다룬 『중아함』 32 T I 470a14(빈겐하이머(Bingenheimer) 등 번역 2013: 248). 비교 연구를 위해서는 아날라요 2011: 702 참조.

이전 장에서 다룬,「끼따기리 경」및 그것과 같은 에피소드를 다룬
『중아함』의 해당 내용에서 표면화되는 통찰이다. 두 버전에서는
붓다가 어떤 유형의 즐거움은 장애가 되지만 다른 유형의 즐거움
은 장애가 되지 않는다는 자신의 자각을 분명하게 밝혔다고 전한
다. 그러므로 결정적인 기준은 어떤 특정 경험의 정서적인 성격이
아니라, 그 경험이 유익한 결과를 가져오느냐 해로운 결과를 가져
오느냐이다.

붓다로 하여금 깨달음에 이르는 길을 찾도록 했던 이해의 기
본적인 전환은 고행 포기에 대해 마라가 붓다에게 도전하는 내용
을 전하는『상윳따 니까야』의 한 법문에 다시 나온다. 그것과 같은
에피소드를 다룬『잡아함』의 해당 내용을 번역하면 다음과 같다.[21]

어느 때 붓다는 완전한 깨달음을 성취하고 나서 우루웰라
의 네란자라 강 옆에 있는 보리수 아래에 머물렀다. 그때
세존은 조용한 곳에서 홀로 있으면서 마음을 모아 명상하
는 중에 이와 같이 생각했다.
"나는 이제 고행으로부터 벗어났다. 그것은 좋은 일이다.
나는 이제 고행에서 잘 벗어났다. 전에 나는 바른 열망을
계발했다. 이제 그것이 이미 결실을 맺어 나는 위없는 깨
달음을 얻었다."

---

21 번역 법문은『잡아함』1094 T II 287c21-288a8이고 그것은『상윳따 니까야』4.1 SN
    I 103,1(보디 번역 2000: 195f)과 같은 에피소드를 다룬 내용이다.

그때 악마 마라는 생각했다. "지금 사문 고따마는 막 깨달음을 성취하고 우루웰라의 강 옆에 있는 보리수 아래서 머물고 있다. 나는 지금 그에게 가서 애를 먹여야겠다." 그는 젊은이 모습으로 붓다 앞에 서서 게송으로 말했다.

"극도의 고행을 계발하여 머무는 것이
청정을 성취하게 한다.
이제 그대는 고행에서 일탈하여 그것을 포기하고
여기서 무엇을 찾고 있는가?
그대는 여기서 청정을 찾고 싶지만
그대가 청정을 성취할 방법은 없다."

그때 세존은 생각했다. "이것은 나를 애먹이고 싶어하는 악마 마라구나." 그리고 세존은 게송으로 말했다.

"나는 모든 고행의 계발이
전적으로 무의미하다는 것을 이해했다.
단지 소리만 나는 활처럼[22]
결국은 이익을 얻지 못한다.

계, 삼매, 배움, 지혜가 도이다.

---

22 번역은 이문을 채택한 것에 기초한다.

그 모든 것을 나는 이미 계발했다.
나는 위없는 청정,
궁극적인 청정을 성취했다."

『상윳따 니까야』 버전은 위의 내용과 조금 다른데, 그것에 따르면 마라가 실제로 붓다의 마음을 읽어서 붓다의 생각을 알게 되었다고 한다. 또 다른 차이점은 고행의 무익함을 (화살이 없는) 활로 설명하는 대신에 『상윳따 니까야』에서는 맨땅 위에 있는 노와 방향타를 비유로 들었다는 것이다. 더욱이 『상윳따 니까야』에서는 붓다가 계발했다고 공표한 능력으로 계, 삼매, 지혜만이 언급된다. 사실 위에서 번역된 법문의 '배움'은 이 맥락에는 덜 어울린다.

그러나 그런 차이점들에도 불구하고, 두 버전은 고행의 무익함에 대한 붓다의 깨달음을 부각시키는 데에서는 일치를 보인다. 그 버전들은, 삼매의 계발 외에도 계와 지혜의 필요성을 언급함으로써, 그의 몰입 경험의 기억을 맥락에 맞게 설명하는 데 기여한다. 이것들은 불교의 깨달음에 이르는 길의 기반을 형성하고 성스러운 팔정도의 기저를 이루는 세 가지 공부이다. 붓다가 발견한 길은 단지 몰입 증득만이 아니라는 점에서, 이것은 이전 논의에서 이미 분명해졌던 것을 다시 한번 확인시켜 준다.

사실 4장에서 언급했듯이,[23] 초기 법문들로 판단하건데, 몰입 증득은 붓다가 오기 전에 고대 인도 환경에서 이미 알려져 있었다.

---

23 위 80쪽 참조.

그 능력은 알라라 깔라마와 웃다까의 아버지 라마가 세 번째 무색계와 네 번째 무색계에 이르기 위해서도 필요했을 것이다.

이 에피소드는, 깨달음에 이르는 전체 길을 첫 번째 몰입의 성취와 동일시하지 않고, 이전의 몰입 경험 기억이 보살로 하여금 유익한 유형의 행복은 피할 필요가 없다는 자각으로 인도했다는 것을 암시하는 것처럼 보인다. 이 자각을 통해 붓다는 깨달음으로 가는 진보, 즉 세 가지 공부를 필요로 하고 그럼으로써 삼매를 계와 지혜의 계발과 결합시키는 진보로 나아갈 수 있었다.

········· **수 행** ·········

붓다가 깨달음에 이르는 길을 발견하는 데 중추적인 역할을 했던 것으로 보이는 자각을 수행하는 방법으로, 나는 의식적인 노력을 통해 유익한 유형의 희열을 계발하라고 제안하고 싶다. 이를 위해 나는 「마음챙김의 확립 경」에서 설명되고 3장에서 이미 언급했던 마음에 대한 명상, 그리고 4장에서 언급한 장애들의 부재에 대한 알아차림을 추천한다. 3장에서는 탐욕, 성냄 등의 존재 여부를 분명하게 알아차릴 수 있도록 계발하는 것이 과제였던 반면에, 이제 이 알아차림에 기초하여 우리는 우리의 마음이 강한 오염원들에 의해서 압도되지 않는 일상생활의 모든 순간들에 특별히 주의를 기울일 수 있다. 이 정도만 해도 기뻐하기에 충분하다. 그런 유익한 희열을 계발하는 것은 붓다를 존경하는 방법이 될 수 있다. 유익한 유형의 행복은 권장하고 해로운 유형의 행복은 버리는 식으로 붓다가 발견한 길을 걸음으로써 그를 기리는 것이다.

이 제안을 뒷받침하는 방안으로 한 가지 언급하고 싶은 것이 있다. 비록 일시적으로라도 오염원들의 부재를 알아차리는 것이 마음챙김 확립 수행에서 마음 명상의 필수적인 측면이라는 것이다. 우리 마음에 있는, 예를 들면 탐욕과 성냄 같은 것들의 존재뿐만 아니라 그것들의 부재를 알아차리는 것도 가르침의 내용이다. 그런 부재는 희열이 일어날 수 있는 기회가 될 수 있다. 그런 기쁨은 정식으로 명상하는 동안 장애들의 부재 시에만 일어난다고 한정할 필요가 없고, 일상생활에서 어느 때라도 우리 마음 상태를 조사하자마자 일어날 수 있다.

말할 필요 없이, 여기서 나의 제안은 우리 자신의 오염원들을 못 본 척하라는 것이 아니다. 요점은 우리의 잘못에만 주의를 기울이는 데에서 벗어나 우리의 긍정적인 면들에도 비슷한 주의를 기울이고, 그것을 원천으로 활용하여 기쁨을 일으키도록 의식적인 노력을 하라는 것뿐이다. 그런 식으로 기쁨을 계발한다면 다음에 오염원들이 일어날 경우에 그것들에 굴복하지 않는 마음의 능력을 강화시키는 데 오래도록 좋은 영향을 미칠 것이다.

10

결심

이전 장에서 붓다가 깨달음에 이르는 길을 발견한 이야기를 다루었고, 이제는 마지막 목표에 이르기까지 이 길을 줄곧 가겠다는 그의 강한 결심으로 진행된다. 이 강한 결심은 「마하고싱가 경 (Mahāgosiṅga-sutta)」 및 그것과 같은 에피소드를 다룬 경전들에 나오는 한 구절에서 볼 수 있다. 그 법문은 일종의 유쾌한 경연을 벌이는 듯한 몇몇 저명한 수행승들의 이야기가 중심을 이룬다. 이 경연 과정에서, 각자는 그들이 만나고 있는 달 밝은 숲의 아름다움에 필적할 수 있는 것으로서 뛰어난 수행자라면 가질 만한 특별한 자질, 즉 자신이 특별히 성취한 자질을 칭송했다. 수행승들이 그들 중 어떤 사람이 잘 말했는지에 대해 붓다의 의견을 듣기 위해 갔을 때, 붓다는 그들 모두가 잘 말했다고 대답함으로써 그들 모두의 말을 지지했다. 그러고 나서 붓다는, 문맥상 붓다 자신의 특성으로 간주되는, 또 다른 자질을 추가했다. 「마하고싱가 경」과 같은 에피소드를 다룬 『중아함』의 해당 내용에는 이 특성이 다음과 같이 설명된다.[1]

밤이 끝나고 새벽에 읍이나 마을에 의지하여 머물면서 수행승은 가사를 입고 발우를 들고 탁발하러 마을에 들어간다. 그때 몸을 잘 지키고 모든 기능들을 잘 챙기며 마음챙김을 잘 확립한다. 탁발을 하고 나서 정오가 지나 가사와 발우를 내려놓고 손발을 닦은 후에 어깨 위에 방석을 올

1 번역은 『중아함』 184 T I 729b16-729b23에 기초하고, 같은 에피소드를 다룬 것으로 『맛지마 니까야』 32 MN I 219,28(냐나몰리 번역 1995/2005: 312), 『증일아함』 37.3 T II 711c16, T 154.16 T III 82b8이 있다. 또한 아날라요 2011: 215f 참조.

려놓고 수행승은 숲으로 들어가서 나무 아래나 조용한 빈 자리로 간다. [수행승은] 방석을 펴고 [다음과 같은 결심을 가지고] 가부좌를 틀고 앉는다. "나는 번뇌가 제거될 때까지 가부좌를 풀지 않을 것이다." 이제 [수행승은] 번뇌가 제거될 때까지 가부좌를 풀지 않는다.

「마하고싱가 경」에서는 앉기 전에 해야 할 일에 대해서 자세하게 설명하지 않고, (번뇌로부터의 해탈을 성취할 때까지 자세를 풀지 않겠다는) 강한 결심이 실제로 성공적으로 완성되었다는 사실을 분명하게 말하지도 않는다. 그럼에도 불구하고 이 같은 내용이 그 설명에 내포되어 있는 것으로 보인다.

　『중아함』의 다른 두 법문은 이 강한 결심을 보살이 깨달음의 자리로 다가갔을 때와 연관시킨다.[2] 설일체유부『위나야』의 「방광대장엄경」과 「상가베다와스뚜경」뿐만 아니라『자따까』모음집 도입부의 서술은 이 태도가 바로 깨달음으로 이어졌던 명상을 위해 앉았을 때 보살의 단호한 태도라는 사실을 확인해준다.[3] 이 에피소드는 붓다가 보리수 아래에 앉았을 때 마라와 그의 무리들이 도발했으나 끝내 붓다를 그 자리에서 움직이게 할 수 없었다는 깨달음의 장면으로 발전한 핵심적인 요소로 보인다.

　위에서 말한 굳은 결심이 함축하는 바를 평가할 때, 붓다가 오

2　　『중아함』 157 T I 679c11과 『중아함』 204 T I 777a12; 또한 T 212 T IV 644c14 참조.

3　　레프만(Lefmann) 1902: 262,3, 그놀리(Gnoli) 1977: 113,23, 『자따까』 I 71,24.

랫동안 앉아 있는 것이 반드시 벅찬 도전은 아니었다는 것을 염두에 둘 필요가 있다. 이러한 사실은「괴로움의 무더기의 짧은 경 (Cūladukkhakkhandha-sutta)」및 그것과 같은 에피소드를 다룬 경전들에서 전하고 있고, 이전 장에서 이미 언급된 바 있는 붓다와 자이나교 고행자들 사이의 논의에서 잘 드러난다. 이 논의 과정에서 자이나 교도들은 행복을 통해서는 행복을 얻을 수 없고, 괴로움을 겪어야만 얻을 수 있다고 주장한다. 이런 확언을 뒷받침하는 것으로 빔비사라 왕이라는 대조적인 사례가 제시되었다. 감각적 욕망에 자유롭게 접근할 수 있는 사람의 예로 아마 자이나 교도들이 제시했을 것으로 짐작된다. 다시 말해서, 진정한 해탈의 행복이 고통 경험에 의존하지 않는다면, 그 나라의 왕처럼 사치스럽고 감각적 욕망에 둘러싸여 사는 사람도 해탈에의 진보가 가능할 것이라는 주장이다.

(니간타로 언급되는) 자이나 교도들에게 한 대답으로,「괴로움의 무더기의 짧은 경」에서 붓다는 왕의 행복과 몰입의 행복을 비교하여 자신의 관점 전환을 전달한다.「괴로움의 무더기의 짧은 경」과 같은 에피소드를 다룬『중아함』의 관련 구절은 다음과 같다.[4]

> 나는 그들에게 다시 물었다. "니간타들이여, 나는 원하면
> 고요하게 말을 하지 않고 하루 밤낮 동안 기분 좋은 희열

---

4 번역 구절은『맛지마 니까야』14 MN I 94,29(냐나몰리 번역 1995/2005: 189), T 54 T I 849a28, T 55 T I 851a3,『증일아함』41.1 T II 744b14(여기서는 왕이 그렇게 할 수 없다는 것을 언급한다. 대신 붓다의 능력에 대한 묘사는 축약된 것처럼 보이고 더 이상 기간을 언급하지 않는다)와 같은 에피소드를 다룬『중아함』100 T I 587c15-587c22에서 가져왔다. 비교 연구를 위해서는 아날라요 2011: 123 참조.

과 깊은 행복을 즐길 수 있는가?" 니간타들은 대답했다. "실로 그렇습니다. 고따마여."

나는 그들에게 다시 물었다. "니간타들이여, 나는 원하면 고요하게 말을 하지 않고 이틀 동안, 사흘 동안, 나흘 동안, 닷새 동안, 엿새 동안, [심지어] 이레 동안 기분 좋은 희열과 깊은 행복을 즐길 수 있는가?" 니간타들은 대답했다. "실로 그렇습니다. 고따마여."

나는 그들에게 다시 물었다. "니간타들이여, 그대들은 어떻게 생각하는가? 빔비사라 왕의 행복과 나의 행복 가운데 누구의 행복이 더 나은가?" 니간타들은 대답했다. "고따마여, 사문 고따마가 말한 것을 이해하게 되었으므로, 고따마의 행복이 더 낫습니다. 빔비사라 왕의 행복은 그것에 비길 수 없습니다."

「괴로움의 무더기의 짧은 경」에서는 붓다가, 자이나 교도들에게 확인하기 위해 묻지 않고, 자신이 행복을 이레 밤낮 동안 경험할 수 있다고 단언하는 점이 위의 『중아함』 구절과 차이가 있다. 「괴로움의 무더기의 짧은 경」에서 붓다는 그런 지속적인 행복의 경험이 '몸을 움직이지 않고' 일어난다는 사실을 명시하고 있는 것도 또다른 차이이다. 이 명시는 같은 에피소드를 다룬 『증일아함』의 해당 내용에서도 발견된다. 똑같은 것이 다른 버전들에도 내포되어 있을 것이다. 그 버전들의 설명은 몰입 증득 동안 경험되는 똑같은 유형의 깊은 행복을 언급하고 있음에 틀림없다.

깊은 집중의 지복을 경험하면서 칠일 낮과 밤 동안 앉아 있을 수 있는 능력은 깨달음에 이를 때까지 자세를 풀지 않겠다는 굳은 결심에 대한 내용이 나오는 「마하고싱가 경(Mahāgosiṅga-sutta)」 및 그것과 같은 에피소드를 다룬 다른 경전들의 구절을 이해하는 데 도움이 되는 배경 지식이 된다. 이것이 약해지지 않는 결심을 묘사하는 것은 분명하지만, 그것은 미래 붓다가 고문과 같은 고통을 통하거나 강압적인 정신적 태도로 앉아 있었다는 것은 아니다. 마음을 강요해서 자신이 원하는 대로 하게 하는 것은, 자신을 괴롭히는 고통만큼이나 무익하다는 것은 그로 하여금 고행을 버리도록 인도했던 현재의 사건이 있기 훨씬 전에 보살에게 이미 분명해졌다.

이렇게 본다면, 이 장 초두에 번역된 구절은 이 책 1장에서 논의된 기본적 동기, 즉 늙음, 질병, 죽음으로부터 자유로운 니르바나라는 최고의 행복을 찾는 보살의 추구라는 기본적 동기의 강화를 의미한다고 이해하는 것이 최선일 것이다. 이 동기는 출가로부터 현재 순간에 이르기까지 그의 경험들의 전체 궤적을 관통했던 지속적인 주제였다. 그가 알라라 깔라마와 웃다까 라마뿟따의 지도 하에서 도달한 고귀한 명상 경험들을 포기하고 또한 고행 추구를 내려놓았던 것도 이 흔들리지 않는 동기 때문이었다. 분명한 실패들을 통해서 그의 결심은 약해지기는커녕 오히려 더 강해졌고 이윽고 현재의 마지막 정점에 이르렀다.

이것은 자신의 동기를 분명하게 명심하는 것이 명상 수행을 이끄는 힘으로서 얼마나 중요하고 잠재력이 큰지 보여주는 아주 좋은 예라고 할 수 있다. (3장에서 다루었던 「두 가지 사유 경」 및 그것과 같

명상가 붓다의 삶

은 에피소드를 다룬 경전들에 따라) 어떤 생각이든 반복했을 때 나타나는 현상처럼, 해탈을 향해 진보하겠다는 자신의 목표를 반복해서 되새기면 마음이 그쪽으로 기울 것이다. 그렇게 기울어진 마음은 실제로 자신이 열망하는 목표를 실현할 때까지 진보를 지속시키는 주된 힘이 될 수 있다.

어떤 면에서 이것은 성스러운 팔정도의 바른 견해[正見]와 나머지와의 관계에서 바른 견해[正見]의 역할과 닮아 있다. 「위대한 마흔 가지 경(Mahācattārīsaka-sutta)」및 그것과 같은 에피소드를 다룬 경전들에 따르면, 팔정도의 여덟 요소들은 서로 보완적으로 작용하는데, 각자는 바른 견해를 기반으로 한다.[5] 「위대한 마흔 가지 경」및 그것과 같은 에피소드를 다룬 경전들은 바른 견해가 하는 일은 의도[思惟], 말[語], 행위[業], 생계[命]와 같은 다른 요소들이 바른 방향으로 인도되는지 알아차리는 것이라는 데 일치한다. 의도[思惟]의 경우를 보면, 바른 견해는 생각을 기본적으로 유익한 유형과 해로운 유형으로 구별하도록 요구한다. 그리고 「두 가지 사유 경」및 그것과 같은 에피소드를 다룬 『중아함』의 해당 내용에 따르면, 그러한 기본적인 구별이 보살 자신의 수행의 중심적인 측면이었다. 해로운 생각과 의도는 자신과 다른 이들에게 유해하고, 니르바나에 이르지 못하게 한다. 유익한 생각과 의도는 유해하지 않고 니르바나에 이르게 하는 행위의 일부가 된다. 해롭거나 유익한 말,

---

5　『맛지마 니까야』117 MN III 76,1 (냐나몰리 번역 1995/2005: 938f) 및 그것과 같은 에피소드를 다룬 『중아함』189 T I 735c8 (아날라요 번역 2012b: 295)과 D 4094 nyu 46b2 또는 Q 5595 thu 86a6. 비교 연구를 위해서는 아날라요 2011: 658 참조.

행위, 생계에도 똑같은 원리가 적용된다. 이런 방식으로 「위대한 마흔 가지 경」 및 그것과 같은 에피소드를 다룬 경전들은 바른 견해에 의해 유익한 것으로 판단된 태도의 영향을 구체화하기 위해 사용될 수 있다. 그리고 그것은 다시 니르바나를 추구하여 떠나려는 미래 붓다의 기본적인 동기에 그대로 나타난다.

「삿짜까 긴 경」 및 그것과 같은 에피소드를 다룬 산스크리트 경전의 해당 내용은 보살을 니르바나에 이어지는 돌파구로 이끌었던 굳은 결심의 좌선을 자세하게 서술하고 있다. 그 경전들은, 보살이 힘을 되찾기 위해 몸에 영양을 공급한 후에, 네 가지 몰입을 계발했다고 전한다. 산스크리트 단편 버전의 관련 부분은 다음과 같이 진행된다.[6]

감각적 욕망을 떨쳐버리고 사악하고 해로운 상태들을 떨쳐버린 뒤에, 적용[尋]과 그것의 지속[伺]이 있고 떨쳐버림에서 생긴 희열[喜]과 행복[樂]이 있는 첫 번째 몰입[初禪]에 들어 머물렀다.

산스크리트 단편은 이어서 이런 증득 경험이 그가 이전에 고행할 때 의지했던 것과 똑같은 자질들과 함께 일어났다고 전한다.

---

6 번역 구절은 산스크리트 단편 337r4-337r6, 리우 2010: 228에 기초하며, 그것은 『맛지마 니까야』 36 MN I 247,18(냐나몰리 번역 1995/2005: 340f)과 같은 에피소드를 다룬 내용이다.

몸 안에서 지칠 줄 모르는 에너지가 생성되었고, 몸은 고
요하고 동요가 없었으며, 마음챙김은 확립되어 혼란이 없
었고, 마음은 삼매에 들어 통일되었다.

이전 고행과 이어진 또 다른 측면은 일어난 느낌들이 자신의 마음
을 압도하지 못했다는 보살의 술회이다. 일어난 느낌이 마음을 압
도하지 못하는 것은 보살이 여러 가지 고행에 의해 고통스러운 느
낌들을 겪을 때에도 계속되었다. 그러나 몰입의 즐거움을 누릴 때
그것은 다음과 같이 다른 형태를 띤다.

그런 전반적으로 평화롭고 고귀한 느낌들은 마음을 계속
사로잡지 못했다. 나는 이미 그렇게 몸을 개발하고 마음
을 개발했기 때문이다.

산스크리트 단편 버전에서 이 느낌들에 평화롭고 고귀하다는 자격
을 부여하는 반면에, 「삿짜까 긴 경」에서는 그의 마음을 계속 압도
하지 않은 느낌들이 즐거운 유형의 느낌들이라고 하는 점에서 차
이가 있다. 두 버전은 다른 세 가지 몰입에 대해 같은 설명을 계속
한다. 네 번째 몰입의 경우에, 「삿짜까 긴 경」은 그런 즐거운 느낌
들이 보살의 마음을 계속 압도하지 못했다는 사실을 한층 구체적
으로 설명한다. 이 점에서는 산스크리트 단편 버전이 더 정확하게
표현을 하고 있다는 것을 보여준다. 평화롭고 고귀한 느낌들에 대
해 말하는 것은 네 가지 모든 몰입에 해당되는 반면 즐겁거나 행복

한 느낌들인 수카 웨다나(sukha vedanā, 樂受)를 언급하는 것은 네 번째 몰입[四禪]에는 잘 맞지 않기 때문이다.[7] 즐겁거나 행복한 느낌을 버리는 것이 이 증득을 얻기 위한 전제 조건이다.

그러나 이 사소한 표현의 차이가 있음에도 불구하고, 그 두 버전은 마음에 미치는 느낌들의 영향을 관찰하는 것이 보살의 고행 시작부터 그가 깨달음을 얻기 전날 밤에 들었던 네 번째 몰입까지 기본적으로 이어져 왔다는 것에는 일치를 보인다. 그 버전들은 매우 고통스러운 느낌도 매우 즐거운 느낌도 보살의 마음을 압도할 수 없었다는 사실에 일치를 보인다. 말할 필요 없이, 이 경험들을 겪고 있을 때 그는 아직 깨달음을 얻지 못했다. 그래서 느낌에 의해 압도당하지 않는 마음을 유지하는 능력을 계발하는 것이 깨달은 자들만의 영역은 아니라는 것이 분명하다.

『상윳따 니까야』 및 그것과 같은 에피소드를 다룬 『잡아함』의 해당 내용에 있는 한 법문에 따르면, 느낌에 대한 통찰이 붓다의 깨달음의 한 가지 측면이 되었다.[8] 이것은, 그가 열망하는 목표에 이르는 붓다의 진보와 그것의 궁극적인 성취를 위한, 느낌에 대한 통찰적인 명상의 중요성을 확인해준다.

느낌의 경험이 갖는 중요성은 이런 면에서 마음챙김 확립 명상 체계가 느낌에 대한 명상에 명확한 자리를 할애한 이유를 설명

7　이것은 베터(Vetter) 1996: 62에 의해 이미 지적되었다.

8　『상윳따 니까야』 36.24 SN IV 233,12(보디 번역 2000: 1281f는 텍스트를 두 가지 분리된 법문으로 나눈다) 및 그것과 같은 에피소드를 다룬 『잡아함』 475 T II 121c12(설명이 생략되어 있다).

　명상가 붓다의 삶

할 수 있다. 첫 번째와 세 번째 마음챙김 확립의 경우에서처럼, 마음챙김을 몸과 마음으로 향하게 하는 것은 어떤 면에서는 자연스럽지만, 두 번째 마음챙김 확립을 통해 느낌에 대한 추가적인 자리를 만들어내는 것은 언뜻 보기에는 덜 분명하게 보인다. 자신이 하고 있는 것과 그것이 자신의 마음 상태에 어떻게 영향을 미치는지 마음챙겨 관찰하는 것의 중요성과 더불어, 그로 하여금 느낌에 특별한 중요성을 부여할 필요성을 갖게 만든 것은 분명히 깨달음을 추구하는 동안 겪었던 보살 자신의 경험이었을 것이다.[9]

그가 시도했던 그 두 가지 길이 목표로 인도할 수 없다는 것을 깨닫도록 한 것은 바로 그런 마음챙김 관찰이다. 그가 실제로 정진하는 동안 괴로움과 즐거움을, 그것에 압도당하지 않고, 경험할 수 있게 해준 것도 바로 그 마음챙김 관찰이었다. 이것이 바로 느낌에 대한 명상의 기저를 이루고 있는 일이다. 8장에서 간단하게 언급했듯이, 느낌에 대한 명상은 느낌을 즐거운, 괴로운, 또는 중립적인 것으로 알아차리도록 요구한다. 여기에서 해내야 할 중요한 일은 현재 경험하는 느낌의 성질(feeling tone)을 무시하는 것도 아니고 그것에 즉시 반응하는 것도 아니다. 단지 알아차림을 유지함으로써, 호오에 따른 즉각적인 반응으로 이어지는 것으로서의 감정 경험과 흔히 긴밀하게 얽혀 있는 감정 표출을 충분히 경험하도록 배우

---

9   캐리더스 1983: 51는 고행을 하는 동안 "붓다는 행동 또는 반응에서 일반적으로 생기는 그 감각들과 충동들을 무시하도록 자신을 계속 훈련시켰다. … 몸의 고통들을 무시했던 것처럼, 그는 절식으로 야기된 배고픔과 갈증이 일으키는 요구들을 무시했다. 그런 오랜 훈련의 영향으로 느낌에 반응하는 뿌리 깊고, 자동적이며, 무의식적인 습관들을 부술 수 있었다."고 추리한다.

는 것이 바로 해내야 할 일이다. 여기서 기운을 북돋아주는 사례로 서 보살 자신의 수행이 있다. 죽음 직전의 극단까지 몰고 갔던 고행 의 격심한 고통 속에서도, 붓다는 깊은 몰입의 고귀한 즐거움을 느 낄 때와 마찬가지로, 반응하지 않은 채 알아차리고 있는 마음챙김 의 유리한 위치를 유지하고, 그럼으로써 그의 마음이 어떤 느낌을 경험하더라도 압도되지 않도록 할 수 있었다.

· **수 행** ·

이 장에서 논의된 것으로, 괴롭거나 즐거운 느낌에 영향 받지 않은 상태를 유지하는 붓다의 깨달음 전 능력으로 초래된 사례를 보면, 느낌에 대한 명상은 반드시 필요한 것으로 보인다. 굳은 결심을 하 고 앉는다는 생각을 바탕에 깔고 있으면 단지 느낌을 알아차리고 그것의 정서적인 성질을 아는 기본적인 과업에 더하여, 또 다른 측 면을 개발할 수 있다. 그렇다고 해서 힘겨운 고통을 통한 괴로움의 극한까지 가져가면 안 된다는 것은 분명하다. 사실 그렇게 하는 것 은 우리의 건강에 영향을 미치고 그것은 도닦음의 진보에 해로울 것이다. 그러나 괴로운 느낌이 마음에 어떤 영향을 미치는지 마음 챙겨 조사하는 방법으로서 좌선 상황을 이용하는 것은 가능하다. 이를테면 가려움이나 어떤 불편함을 느꼈을 때 즉시 없애기보다는 그것을 알아차린 상태를 잠시 유지하는 것이다. 괴로운 감각과 조 치를 취하려는 마음의 추동을 분명하게 알아차린 후에야 비로소

명상가 붓다의 삶

우리는 자세를 바꾸거나 긁는다.

이런 식으로 어느 정도 훈련하다 보면 다양한 육체적인 행위를 하는 동안 온몸에서 미세하게 괴로운 느낌을 좀 더 잘 알아차리게 된다. 너무 춥거나 더워서 느껴지는 불편함을 피하기 위해 옷을 입거나 벗는 것, 배고픔과 갈증의 고통을 피하기 위해 먹거나 마시는 것, 몸이 부대끼는 고통을 피하기 위해 대변이나 소변을 보는 것 등, 괴로운 느낌을 유발하는 우리 몸 고유의 경향에 대처하기 위해 계속 해야 할 행위들에는 끝이 없다. 몸이 경험하는 이런 측면들에 단지 알아차림을 향하게 하는 것만으로, 우리의 태도와 우선순위에 대한 놀라운 변화 잠재력을 가질 수 있다.

위에서 설명한 방법으로 괴로운 느낌을 탐구하는 것 외에도, 그런 수행의 균형을 맞추는 방법으로, 보통 알아차려지지 않는 또 다른 느낌이 우리의 주의 대상이 될 수 있다. 이것은 현재 존재하는 것 자체로부터 생기는 미묘하게 즐거운 느낌이다. 몸을 갖고 있는 한 당연히 수반되는 고통의 경우와는 대조적으로, 지금 여기에 존재하는 기쁨을 온전히 알아차리는 데에는 시간과 노력이 필요하다. 기쁨을 인식한다는 것은 상당한 힘을 갖고 있는데, 특히 우리가 진정으로 살 수 있는 유일한 시간대, 즉 과거도 미래도 아닌 오로지 현재 순간에 마음이 닻을 내리도록 돕기 때문이다. 현재 순간의 기쁨으로 되돌아오는 것은 우리 내면의 경향에 의해 생긴 것이든 어떤 외부의 사건에 의해서 생긴 것이든 부정적인 마음에서 빠져나오는 데 상당한 도움이 될 수 있다. 부정적인 마음에서 순간적인 기쁨을 찾기는, 있는 그대로 현재 순간에 주의를 기울이는 것만으로도 가능한데, 그런 기쁨은 어떤 문제가 나타나든 그것을 효과적으로 다룰 수 있도록 함으로써 마음을 유익한 영역에 머물도록 하는 데 많은 도움을 줄 수 있다.

내가 제안하고 싶은 또 다른 수행은 붓다의 흔들리지 않는 동기에서 영감을 가져오는 것이다. 우리는 수행에 힘을 불어넣는 동기를 일정한 형태로 만들 수 있다. 이 형태는 1장에서 제안된 생각에서 나왔고 우리의 정규 명상 수행의 일부이기도 하다. 이런 형태는 그 동기에 잠시 동안 정신적으로 주의를 기울이는 것만으로 실현이 가능하다. 구체적으로 말하자면 우리가 시작하려는 것에 의미와 맥락을 부여하고 그럼으로써 우리의 명상 계발이 자연스럽게 진행되어도 삶과 수행의 주된 방향으로 선택한 것에서 이탈하지 않게 하기 위해 좌선을 시작할 때 다시 한번 동기를 되새겨 보는 것이다.

11

전생 기억

이 장에서부터는 붓다가 깨달은 밤으로 이동한다. 네 번째 몰입 증득을 통해 도달한 정제된 수준의 정신적인 안정에 기초하여, 깨달음의 밤 동안에 대사건은 붓다가 세 가지 보다 높은 지혜(tevijjā)를 계발하면서 펼쳐졌다. 이 세 가지 지혜들은 각각 이 장과 다음 두 장에서 다루어진다.

이 세 가지 보다 높은 지혜 가운데 첫 번째는 자신의 전생들을 기억하는 능력이다. 이 능력은 미래 붓다가 금생에서 이전 사건들을 떠올리는 것과 자연스럽게 연속성을 이룬다. 9장에서 다룬 그 회상 과정에서 미래 붓다는 어린 시절에 경험했던 몰입을 떠올렸다. 이 기억을 계기로 그는 깨달음에 이르는 길에서 진보하는 데 유익한 기쁨이 어떤 역할을 하는지 꿰뚫어 볼 수 있는 중요한 통찰을 갖게 되었다. 이런 관점에서 볼 때 그가 똑같은 방식의 기억을 전생들에까지 연장시키려 한 것은 어쩌면 자연스러운 일이다.

특히 전생들의 어떤 기억도 이전 위빳시 붓다의 깨달음을 앞서지 않는다.[1] 위빳시 붓다와 고따마 붓다의 자질이나 활동에 대한 기술에서 많은 유사점이 있다는 것에 비추어볼 때, 이 차이점은 전생 기억이 고따마 붓다의 깨달음에 대한 개인적인 접근법, 즉 기억한 사건들을 이번 생 어린 시절로부터의 자연스러운 확장으로 간주되어야 한다는 것을 타당하게 한다. 「두려움과 공포 경 (Bhayabherava-sutta)」과 같은 에피소드를 다룬 『증일아함』의 해당 법

---

1 『디가 니까야』 14 DN II 35,22(월쉬(Walshe) 번역 1987: 213) 및 같은 에피소드를 다룬 산스크리트 단편들, 왈드쉬밋트(Waldschmidt) 1956: 147(§9d4), 『장아함』 1 T I 7c7, T 3 T I 156b21.

명상가 붓다의 삶

문은 다음과 같은 방식으로 세 가지 보다 높은 지혜 가운데 첫 번째를 전한다.[2]

> 그때 한거하여 이 네 가지 보다 높은 마음의 상태(즉, 네 가지 몰입)를 유지하는 동안, 그 집중되고, 흠 없이 청정하고, 얽어매는 경향들로부터 자유로운 마음에 의지하여 두려움 없음을 얻어 수많은 겁 동안의 내 전생들을 인식하였다.
>
> 그때 나는 한 생, 두 생, 세 생, 네 생, 다섯 생, 열 생, 스무 생, 서른 생, 마흔 생, 쉰 생, 백 생, 천 생, 일어나고 소멸하는 여러 겁들의 생과 그 생에서의 자세한 사항까지 내 전생의 경험들을 기억했다. "나는 전에 거기에서 그런 이름과 그런 성(姓)을 가지고 태어나서 이와 같은 음식을 먹고 이와 같은 즐거움과 괴로움을 경험했으며, 그곳에서 죽어 이곳에 환생하고 이곳에서 죽어 거기에 환생했다."[는 것을 기억했다.] 나는 처음부터 끝까지 그것의 원인과 조건을 완전하게 이해했다.

「두려움과 공포 경」에서는 '원인과 조건'에 대해서는 말하지 않고, 대신에 그 전생들의 '양상과 특색'을 기억했다고 서술한다는 점에

---

2 번역 구절은 『증일아함』 31.1 T II 666b22-666b29(아날라요 번역 2016a: 20f)에서 가져왔고, 이것은 『맛지마 니까야』 4 MN I 22,9(냐나몰리 번역 1995/2005: 105)와 같은 에피소드를 다룬 내용이다. 또한 아날라요 2011:41 참조.

서 『증일아함』과는 조금 차이를 보인다. 하지만 두 버전은 공통적으로 기억한 전생들 각각에서 자신의 정체성과 관련된 중심적인 측면들을 강조하여 서술하고 있다. 무엇보다도 자신의 이름과 자신이 속한 가족 또는 종족의 성(姓)이다. 다음에는 자신의 먹은 음식이 나오는데, 그것은 자신이 누렸던 생활양식의 종류를 나타낸다. 회상한 또 다른 측면은 경험했던 즐거움과 괴로움이다.

이 전생들 가운데 어떤 삶에서든, 어떤 특정 이름이 '나'였을 것이고, 성은 '나의' 가족이었을 것이며, 음식뿐만 아니라 즐거움과 괴로움은 '나의' 생활양식과 경험들이었을 것이다. 그러나 거기서 죽어 여기에 재생하면 전혀 다른 이름이 이제 '나'일 것이고, 다른 가족이 '나의' 가족이 될 것이며, 다른 유형의 음식뿐만 아니라 즐거움과 괴로움은 '나의' 생활양식과 경험들이 되었을 것이다. 이런 식으로 그 전생들의 다양한 '양상과 특색'을 알아차리는 것은 동시에 그 각각의 삶과 관련된 정체성의 바탕이 되는 '원인과 조건'을 알아차리는 것이다.

다시 말해서, 아마도 보살은 전생들을 떠올림으로써 정체성의 구축성(構築性)을 형성하는 본질, 즉 정체성이란 다시 태어남을 반복하는 동안 삶과 삶으로 이어지면서 계속 변하는 조건들이 특정 조합을 이루어 나타난 결과물이라는 것을 꿰뚫어보는 통찰력을 얻을 수 있었을 것이다. 다시 태어나는 과정의 배후에 실체적인 자아가 없다는 것을 꿰뚫어 보자 이번에는 필연적으로 연속성을 담보하는 '원인과 조건'에 주목하게 되었을 것이다. 간단하게 말해서, 그것은 연기(paṭicca samuppāda)에 대한 통찰력, 특히 갈애의 역할에

명상가 붓다의 삶

관한 통찰력이 점점 깊어져 가는 미래의 문을 열었을 것이다.

갈애는 사실 다시 태어남이 반복되는 동안 자신의 자아 관념을 '짓는 자'이다. 짓는 자는 『담마빠다(Dhammapada, 法句經)』 및 그것과 같은 에피소드를 다룬 『우다나품(Udānavarga)』의 해당 내용에 나오는 게송에서 언급된다. 『우다나품』에는 다음과 같이 쓰여 있다.[3]

> 집을 짓는 자여, 그대는 알려졌다.
> 그대는 이제 다시는 집을 짓지 못할 것이다.
> 그대의 모든 서까래들은 부서졌고
> 지붕은 파괴되었다.
> 마음은 형성되지 않은 것[涅槃]에 이르렀고
> 바로 여기에서 궁극을 성취했다.

『담마빠다』의 해당 게송에 대한 주석은 이 게송에서 '집을 지음'이 나타내는 것은 자신의 자아 관념의 형성(attabhāva)이라고 이해한다.[4] 다양하고 상세하게 전생들을 기억함으로써 보살은 짓는 자가 끊임없이 건설하고 있으며, 그런 모든 시도들이 헛될 뿐이고, 그 결과 둑카(dukkha, 괴로움)만이 계속된다는 것을 알게 되었다.

---

3 번역은 게송 31.6f, 번하드(Bernhard) 1965: 409f에 기초하는데, 이것은 『담마빠다』 153f(노만(Norman) 번역 1997/2004: 22)와 같은 에피소드를 다룬 내용이다.

4 『담마빠다 주석서』 III 128,7. 쿠마라스와미(Coomaraswamy) 1916: 35 주해 3는 "집은, 물론 각 존재의 집-더 정확히는 감옥이다. 집을 짓는 자는 갈애(taṇhā)-즐기고 소유하려는 의지-이다."라고 주석한다.

기억한 전생들 하나하나의 자세한 내용을 강조하는 것 외에
도, 「두려움과 공포 경」 및 그것과 같은 에피소드를 다룬 『증일아
함』의 해당 내용은 보살이 먼 과거, 심지어 여러 겁 전의 삶들에까
지 그의 반조를 확장시켰다는 사실에도 주의를 환기시킨다. 초기
불교 우주론에서 한 겁은 매우 긴 기간을 의미한다. 그 기간은 거대
한 돌산이 백년에 한 번씩 스치는 옷깃에 의해 닳아 없어지는 기간
보다 더 길다고 한다.[5] 『상윳따 니까야』 및 그것과 같은 에피소드를
다룬 경전의 한 법문은 붓다가 결국에는 그런 겁을 91개까지 기억
했다고 한다.[6] 그러나 그렇게 먼 과거까지의 전생들을 기억했음에
도 불구하고, 그는 삼사라(saṃsāra, 輪迴)에서 계속 살아가는 삶의 시
작점은 발견할 수 없었다. 다른 곳에서 말했듯이, 그런 시작점은 전
혀 식별될 수 없다.[7]

　　「사자후의 긴 경」 및 그것과 같은 에피소드를 다룬 한문 경전
의 해당 내용에 따르면, 정거천에 다시 태어나는 것을 제외하고, 붓
다가 이미 경험하지 않은 유형의 재생을 발견하기는 어려울 것이

5　『상윳따 니까야』 15.5 SN II 181,24(보디 번역 2000: 654) 및 그것과 같은 에피소드
　　를 다룬 『잡아함』 949 T II 242c7, 『잡아함²』 342 T II 487c26, 『증일아함』 52.4 T II
　　825c12.

6　『상윳따 니까야』 42.9 SN IV 324,18(보디 번역 2000: 1346) 및 그것과 같은 에피소드를
　　다룬 『잡아함』 941 T II 230c1, 『잡아함²』 129 T II 423c11, D 4094 ju 250a6 또는 Q
　　5595 tu 285b1.

7　예를 들어 『상윳따 니까야』 15.3 SN II 179,23(보디 번역 2000: 652) 및 그것과 같은 에
　　피소드를 다룬 『잡아함』 938 T II 240c26과 『잡아함²』 331 T II 486a19 참조. 해당
　　진술의 일부는 산스크리트 단편 SHT I 167 R3, 발드쉬밋트 등 1965: 95에 보존되어
　　있다. 같은 에피소드를 다룬 또 다른 내용인 『증일아함』 51.1 T II 814a28에는 이 도
　　입문에 상응하는 구절이 없지만, 그 법문의 나머지는 똑같은 기본 원리가 적용되고
　　있다는 것을 분명히 하고 있다.

다.[8] 초기 불교 우주론에서, 정거천은 세 번째 깨달음의 경지를 성취한 불환자만이 재생하는 천상들이다. 이 영역에 있는 자는 지상의 존재로 다시 오지 않는다. 보살이 이 영역에 다시 태어났더라면, 그 후에 그가 인간으로 다시 태어나는 것은 불가능했을 것이다.

이런 방식으로 전생들을 기억하는 능력을 통해서, 보살은 (정거천을 제외하고) 삼사라에 대한 전반적인 전망을 얻었을 것이다. 그리고 그것을 통해 그는 아득한 과거까지 거슬러 올라가는 극히 긴 기간 동안 가능한 모든 종류의 삶들을 경험했지만 그 시작점은 알 수 없다는 것을 확인했을 것이다.

「정신경(Pāsādika-sutta)」 및 그것과 같은 에피소드를 다룬 『장아함』의 해당 내용은 붓다의 전생들에 대한 기억에서부터 그의 미래에 대한 지혜로까지 서술하고,[9] 붓다가 과거에 대한 방해받지 않는 지혜를 가졌다고 명시하였다. 미래에 대해서는, 깨달음에서 생긴 지혜를 가졌다고 하였는데, 「정신경」은 그 지혜를 그가 다시 태어나지 않을 것을 아는 지혜라고 설명한다. 이것은 사실 초기 불교 사상에서 가장 중요한 형태의 지혜, 즉 완전한 깨달음을 통해 다시 태어남의 반복을 끝내는 지혜이다.

초기 법문들은 전생을 기억할 수 있는 능력을 불교 고유의 것으로 제시하지 않는다. 아마도 붓다가 계발한 이 능력이 다른 사례와 구별되는 결정적인 차이는 그런 기억이 그의 과거 행위들에 대

---

8 『맛지마 니까야』 12 MN I 82,1(냐나몰리 번역 1995/2005: 176) 및 그것과 같은 에피소드를 다룬 내용들인 『증일아함』 31.8 T II 672a18과 T 757 T XVII 596b19.

9 『디가 니까야』 29 DN III 134,9(왈쉬 번역 1987: 436)와 『장아함』 17 T I 75b28.

한 전반적인 조사의 일부를 형성했다는 것이다. 처음에 고행으로 시작하여 점차 더 과거로 이동하면서 깨달음에 이르도록 한다는 관점에서 모든 것을 반조한 것이다. 사실 「사자후의 긴 경」 및 그것과 같은 에피소드를 다룬 한문 경전의 해당 내용에서 보여주는 요점은 정확하게 말해서 단지 다시 태어나는 것을 반복하는 것만으로는 청정을 얻을 수 없다는 것이다.

해탈 추구는 다양한 전생들을 기억할 때 보살이 가장 관심을 둔 사안이었다고 보아도 무방할 것이다. 그리고 그런 기억을, 통찰력을 일으키는 또 다른 수단으로 전환시키고 그 통찰력이 마침내 깨달음으로 정점을 이루는 것이 바로 이 특별한 관점일 것이다.

전생 기억 계발과 관련하여 내가 다루고 싶은 또 다른 측면은 그런 기억과 마음챙김의 관계이다. 다른 곳에서 나는 초기 불교 사상의 마음챙김과 기억은 긴밀하게 서로 연관되어 있지만 동일한 것은 아니라고 주장한 적이 있다.[10] 사실 마음챙김의 확립 수행은 과거의 어떤 것을 기억하기보다는 현재 순간에 존재할 것을 요구한다. 그러므로 기억과 마음챙김 수행의 관계는, 현재 순간에 마음챙김을 하면 나중에 자신이 했던 것을 기억하는 것이 더 쉬울 것이라는 사실에서 찾아볼 수 있다. 더욱이 마음챙김을 통해 계발될 수 있는 개방적 수용 태도는 실제 회상에 도움이 된다.

마음챙김의 이와 같은 속성을 염두에 두면 깨달음에 이르는 붓다의 진보, 그리고 나중에 그가 사념처(네 가지 마음챙김 확립)를 가

---

10 아날라요 2003a: 47f, 2013b: 30-8, 2017b: 26-34.

르친 것에 대하여 하나의 관점을 얻을 수 있을 것이다. 마음에서 두려움이 일어나는 것을 알아차리는 것과 결합된 몸에 대한 마음챙김은 「두려움과 공포 경」 및 그것과 같은 에피소드를 다룬 경전과 관련하여 2장에서 나왔다. 마음에 대한 마음챙김 관찰의 연속성은 해로운 생각과 유익한 생각을 분명하게 구분한 붓다의 판단에서 볼 수 있는데, 그에 대해서는 「두 가지 사유 경」 및 그것과 같은 에피소드를 다룬 경전과 관련하여 3장에서 언급되었다. 느낌에 대한 마음챙김은 고행들과 연관되어 6장에서 8장까지에서 나왔다. 여기에서는 미래 붓다가 자신이 경험한 고통에 압도당하지 않으면서 그것에 대한 마음챙김을 유지할 수 있었다는 내용을 다루었다. 그러고 나서 그는 몰입의 즐거운 느낌에 대해서도 똑같은 마음챙김의 평정을 유지했다. 보다 깊은 명상 수행의 장애를 마음챙겨 알아차리는 주제는 몰입 증득을 방해하는 다양한 장애들을 극복하는 과정에서 그가 실시한 마음 관찰과 관련이 있다. 이 문제에 대해서는 「오염원 경」 및 그것과 같은 에피소드를 다룬 경전에 기초하여 4장에서 다룬 바 있다. 마지막으로 9장에서 다룬 유익한 기쁨의 중요성에 대한 그의 통찰은 기쁨[喜]을 깨달음에 필요한 요소들 가운데 하나로 마땅한 위치에 할당할 수 있는 길을 열었다. 깨달음에 필요한 요소가 현존하고 있음을 마음챙겨 알아차리는 것과 그것의 계발은 법에 대한 명상의 핵심적인 측면이다.[11] 이런 식으로 선택된 사념처의 측면들은 붓다의 깨달음 추구에 대한 다른 에피소드

---

11 아날라요 2013b: 176.

들과 관련이 있다.[12]

　마음챙김으로 자신의 수행을 계속 관찰하여 그때까지의 고행이 헛되었음을 자각한 뒤에, 붓다는 마음챙겨 관찰하는 똑같은 과정을 금생과 전생들을 마음챙겨 기억하는 데 투여했다. 붓다는 금생의 경험들, 특히 자신의 추구와 관련된 경험들을 기억함으로써 깨달음에 이르는 도닦음으로 간주되는 것을 꿰뚫어보는 데 매우 필요한 통찰을 만들어냈다. 그리고 과거 경험들을 확장하여 전생의 경험들을 기억함으로써 삼사라라는 곤경에 대해서도 그에 못지 않게 중요한 통찰을 이끌어냈다. 그 통찰은 자신의 경험에 기반을 두고 있는데, 아마도 자아감의 구축성을 꿰뚫어 보는, 막 싹트기 시작한, 통찰도 한몫 했을 것이다.

　『상윳따 니까야』 및 그것과 같은 에피소드를 다룬 다른 『잡아함』들의 해당 내용에 있는 한 법문은 사념처가 깨달음에 이르는 직접적인 길로 간주된다는 붓다의 생각을 그가 마지막 목표를 성취한 때 바로 다음에 배치함으로써, 그의 가르침 가운데 이 특정 측면이 그의 깨달음 추구의 직접적인 결과로 간주되어야 한다는 인상을 준다. 여기에 이른바 '다른' 『잡아함』(T 100)에서 가져온 관련 부

12　캐리더스(Carrithers) 1983: 50는 붓다의 깨달음 전 수행에 대해 다음과 같이 언급했다. 이것은 "집중력뿐만 아니라 일종의 마음챙김과 바른 알아차림(sati-sampajañña)을 요구한다. 붓다는 그런 마음챙김과 바른 알아차림을 통해 사실 자기 마음과 몸에서 무엇이 일어나고 있는지 볼 수 있었다. 실제로 붓다가 사려 깊은 법문들을 통해 내내 가르쳤던 … 지금 여기서 온전히 명료하게 자신의 내외에 쌓인 것들(그리고 확장시켜 다른 이들의 유사한 경험들)을 볼 수 있는 능력이 바로 이러한 자질들, 즉 마음챙김과 바른 알아차림이었다."

분이 있다.[13]

어느 때에 붓다는 우루웰라의 네란자라 강 옆에 있는 보리수 아래서 막 보리의 경지에 이르렀다. 나무 아래 홀로 앉아서 명상적인 반조로 다음과 같이 생각했다.

"중생을 정화하고, 고통과 괴로움으로부터 자유롭게 만들며, 그들로 하여금 해롭고 사악한 행위를 제거하게 하고, 법을 배울 때 바른 법의 이익을 얻게 하는, 오직 하나의 길, 즉 네 가지 마음챙김 확립이 있다.

무엇을 네 가지 마음챙김 확립이라고 하는가? 몸에 대해 명상하는 마음챙김 확립, 느낌에 대해 명상하는 마음챙김 확립, 마음에 대해 명상하는 마음챙김 확립, 법에 대해 명상하는 마음챙김 확립이 그것이다.

만일 수행자가 네 가지 마음챙김 확립을 계발하지 않으면, 그는 성자들의 법에서 멀리 떨어져 있고, 성자들의 도에서 멀리 떨어져 있다. 만일 수행자가 성자들의 도에서 분리되어 있으면, 그는 불사(不死)에서 멀리 떨어져 있다. 만일 수행자가 불사에서 멀리 떨어져 있으면, 그는 태어남, 늙음, 질병, 죽음, 걱정, 슬픔, 고통, 괴로움에서 피할 수 없다. 이런 사람은 틀림없이 모든 둑카에서 벗어날 수 없

---

13 번역은 『잡아함²』 102 T II 410b10-410b23에 기초하는데, 이것은 『상윳따 니까야』 47.18 SN V 167,4 (보디 번역 2000: 1647), 『잡아함』 1189 T II 322a28, 『잡아함³』 4 T II 494a18 등과 같은 에피소드를 다룬 내용들이다.

을 것이라고 나는 말한다.

만일 수행자가 네 가지 마음챙김 확립을 계발하면, 그는 성자들의 법에 가까이 있다. 만일 수행자가 성자들의 법에 가까이 있으면, 그는 성자들의 도에 가까이 있다. 만일 수행자가 성자들의 도에 가까이 있다면, 그는 불사의 원리에 가까이 있다. 만일 수행자가 불사의 원리에 가까이 있으면, 그는 태어남, 늙음, 질병, 죽음, 걱정, 슬픔, 고통, 괴로움에서 피할 수 있다. 만일 수행자가 태어남, 늙음, 질병, 죽음, 걱정, 슬픔, 고통, 괴로움에서 피할 수 있으면, 이런 사람은 모든 둑카에서 벗어난다고 나는 말한다."

『상윳따 니까야』 버전은 추가적으로 네 가지 마음챙김 확립이 근면하게 수행되어, 분명하게 이해하고, 마음챙기면, 세상에 대한 욕심과 불만족으로부터 자유롭게 머문다는 것을 명시하고 있다. 빠알리 법문은 태어남, 늙음, 죽음에서 벗어나는 것에 대해서는 명확하게 언급하지는 않고, 다만 네 가지 마음챙김 확립 수행을 니르바나의 실현과 관련지으면서 그런 의미를 은연중에 비치고 있다.

같은 에피소드를 다룬 여러 버전들은 모두 이 시점에서 범천이 끼어들어 붓다의 생각의 적합성을 확인했다는 사실을 지적한다. 천상의 승인을 끼워 넣은 위치나 비유적 표현을 고려하면 그 구절이 붓다의 네 가지 마음챙김 확립에 대한 가르침을 그의 깨달음의 결과로, 그리고 암시적으로는 그를 깨달음으로 인도했던 경험들의 결과로 묘사하기 위한 것이라고 결론 내려도 무방할 듯하다.

명상가 붓다의 삶

「희유미증유법경(希有未曾有法經, Acchariyabbhutadhamma-sutta)」에 따르면, 보살은 이미 어머니의 자궁 속으로 내려올 때 마음챙김을 갖고 있었다고 한다.[14] 『중아함』의 해당 내용은 붓다가 '알면서' 그렇게 했다고 설명한다. 그 경전은 비록 마음챙김이라는 단어를 사용하지는 않지만 알고 있다는 것과 유사한 정신적인 상태를 내포하는 낱말을 사용한 것이다. 두 버전의 공통된 설명은 그가 그때 이미 '마음챙겨 알아차린다'는 그 기본적인 자질에 익숙했다는 것을 암시하는 것일 수 있다.

네 가지 마음챙김 확립에 대한 가르침은 마음챙김이라는 기본적인 자질에 바탕을 두고 있다. 그런데 보살은 깨닫기 전에 분명히 그것에 익숙했다. 그래서 붓다의 깨달음의 결과로서의 네 가지 마음챙김 확립 체계는 그 자신의 깨달음 전 경험들을 반영하고 있는 것으로 간주될 수 있다. 깨달음 전의 경험으로 말미암아 그는 이들 네 가지 영역의 경험과 관련하여 마음챙김을 계발하는 것이 해탈을 위한 잠재력이 된다는 것을 알게 되었을 것이다. 그리고 이런 이유로 인하여 네 가지 마음챙김 확립을 만드는 데 마음챙김을 쏟아붓도록 동기를 부여했을 것이다.

---

14 위 155쪽의 20번 각주와 아날라요 2010: 28-46의 두 버전에 대한 이런 유형의 설명과 논의 참조.

실제적인 수행으로 나는 네 가지 마음챙김 확립 계발을 추천한다. 이것은 먼저 우리 몸 전체를 알아차리는 것으로 수행될 수 있을 것이다. 이 고유수용성 감각 자각에는 몸을 느끼는 것, 즉 현재 순간 우리가 하는 경험의 정서적인 측면을 보는 것을 포함하는데, 그것은 마음의 전반적인 상태를 알아차리기 쉽게 한다. 이런 방식으로 정규 명상 시간이든 바깥 세상에 관여하고 있을 때이든, 어떤 상황에서라도 몸 전체를 알아차릴 수 있도록 유지하고, 이렇게 확립된 마음챙김이 이 경험의 정서적인 측면과 그것이 마음에 미치는 영향을 잘 받아들이게 함으로써 원칙적으로 마음챙김 확립의 계발을 시도할 수 있다. 그 다음에 법에 대한 명상은 깨달음으로의 진보, 다시 말해서 우리가 삶과 수행, 특히 그런 진보를 방해하는 정신적인 상태들은 피하는 한편 그런 진보를 용이하게 하는 정신적인 상태들을 계발하는 수행에 부여해 왔던 깨달음에 이르는 진보를 향한 전반적인 경향성으로 나타난다. 우리가 경험하는 어떤 상황도 이런저런 면에서 이 경향성과 관련될 수 있다. 마음챙김의 확립을 유지함으로써, 우리는 일어나는 모든 일에 법의 관점을 유지할 수 있고, 그렇게 함으로써 어떤 경험도 해탈에 이르는 진보를 위한 수단이 되도록 할 수 있다.

12

신성한 눈 [天眼]

이 장에서는 말하자면 정신적인 눈으로 다른 중생들이 죽고 다시 태어나는 것을 아는 능력을 의미하는 신성한 눈이라는 보다 높은 지혜를 다룬다. 「상가베다와스뚜(Saṅghabhedavastu)」에 따르면, 보살이 그의 전생들을 기억했을 때, 그는 이 과정의 기저에 깔린 원인을 확인하고 싶었다. 그것이 그로 하여금 신성한 눈을 계발하도록 인도했다.[1] 이것은 미래 붓다가 전생들을 기억하는 지혜를 늙음, 질병, 죽음으로부터 벗어나려는 그의 주된 추구와 관련된 관점에서 접근했을 것이라는 이전 장의 관찰과 일치한다.

동시에 이 진보는 안으로의 명상에서 밖으로의 명상으로 진행하는 마음챙김 확립 명상의 기본적인 패턴을 보여주는 좋은 예이기도 하다. 나는 그 사례가 일단 자신 안에서 어떤 것을 관찰하면 그것이 다른 사람들에게는 어떻게 발현되는지 알아차리는 것으로 진행된다는 사실을 암시한다고 생각한다.[2] 그런 안에서 밖으로의 전환은 첫 번째 지혜에서 더 수준 높은 두 번째 지혜로의 진전도 불러일으키는 것 같다. 그런 진전은 자신의 반복되는 죽음과 다시 태어남을 명상하는 것으로부터 다른 사람들은 어떻게 죽고 다시 태어나는지 관찰하는 것으로 진행된다.[3] 비록 나는 마음챙김 확립 명

---

1 그놀리(Gnoli) 1977: 188,11.

2 아날라요 2003a: 94-102와 2013b: 15-19; 또한 2017b: 37f 각주 39 참조. 다른 사람들의 정신적인 상태를 알아차리게 되는 가능성에 관해서는 또한 크루거(Krueger) 2012 참조.

3 스토롱(Strong) 2001: 74은 첫 번째 지혜가 "붓다의 깨달음에 시간적인 측면을 부여한다."고 설명한다. 그것은 그때까지 그에게 죽음과 다시 태어남이 존재하지 않았던 때가 결코 없었다는 것을 보여준다. 두 번째 지혜와 그것의 결과로 나타나는 "재생의 다양한 영역에 있는 다른 존재를 보는 것은 붓다의 깨달음에 공간적인 측면을 부여

상의 안과 밖의 측면이 깨달음의 전날 밤에 붓다가 깨달았던 두 가지 보다 높은 지혜와 관련 있다는 어떤 확실한 표시도 알지 못하지만, 그런 유사성을 감안하면 그렇게 생각하기에 충분해 보인다.

두 가지의 연관성 여부는 별개로 하고, 「두려움과 공포 경」과 같은 에피소드를 다룬 『증일아함』의 해당 내용은 두 번째 보다 높은 지혜에 대한 붓다의 깨달음을 다음과 같이 설명한다.[4]

다시 이 삼매에 든 마음, 흠이 없으며 속박하는 경향들로부터 자유로운 마음, 삼매가 확립되어 두려움 없음을 얻은 마음에 의지하여, 나는 또한 중생들의 태어남과 죽음을 알게 되었다. 신성한 눈으로 나는 또한 다양한 유형의 중생들이 그들의 유익하거나 악한 행위에 따라 태어나고 죽으며, 잘생긴 외모와 못생긴 외모를 가지며, 좋은 운명과 나쁜 운명을 받으며, 매력적이거나 추하게 된다는 것을 보았다. 나는 완전하게 그 모든 것을 분별했다.
사악한 몸의 행위와 사악한 말의 행위와 사악한 마음의 행위를 하고, 성자들을 비방하며, 끊임없이 그릇된 견해를 지니고 그릇된 견해와 관련되는 중생은 누구든지 몸이 무너져 죽으면 지옥에 태어난다.

한다. 그것은 이 우주에서 죽음과 다시 태어남을 피할 수 있는 피난처나 존재 양상이 없다는 것을 보여준다."

4 번역은 『증일아함』 31.1 T II 666c2-666c12(아날라요 번역 2016a: 21f)에 기초하며, 그 부분은 『맛지마 니까야』 4 MN I 22,27(냐나몰리 번역 1995/2005: 105f)과 같은 에피소드를 다룬 내용이다. 또한 아날라요 2011: 41 참조.

유익한 몸의 행위와 유익한 말의 행위와 유익한 마음의 행위를 하고, 성자들을 비방하지 않으며, 끊임없이 바른 견해를 지니고 바른 견해와 관련되는 중생은 누구든지 몸이 무너져 죽으면 천상의 좋은 영역에 태어난다.

그렇게 청정하고 흠 없는 신성한 눈으로, 나는 다양한 유형의 중생들이 그들의 유익하거나 악한 행위에 따라 태어나고 죽으며, 잘생긴 외모와 못생긴 외모를 가지며, 좋은 운명과 나쁜 운명을 받으며, 매력적이거나 추하게 된다는 것을 보았다. 나는 완전하게 [그 모든 것을] 분별했다.

위 서술의 중심 주제는 업의 작용 메커니즘에 대한 미래 붓다의 통찰이다. 업의 작용 메커니즘을 통해 그는 좋은 행위와 나쁜 행위가 어떻게 다시 태어나는 환경에 영향을 미치는지 직접 알게 되었다.[5] 위 구절에서 한 간단한 설명은 「업 분석의 긴 경(Mahākammavibhaṅga-sutta)」 및 그것과 같은 에피소드를 다룬 경전들에서 좀 더 구체화된다.[6] 이 경들은 신성한 눈으로 다음 네 가지 경우를 목격한 것에 기초하여 다른 수행자들이 내린 잘못된 결론들

---

5 블롬필드(Blomfield) 2011: 93는 붓다가 "마음이 어떻게 그것이 경험하는 현실의 조건을 좌우하는지 보았고, 그가 이해한 변화의 우주는 매우 도덕적이다. 이기적이고 잔인한 행위는 괴로움을 초래하는 반면 친절하고 관대한 행위는 행복을 가져온다. 그것이 업의 진정한 의미이다."라고 적절하게 요약했다.

6 『맛지마 니까야』 136 MN III 209,12(냐나몰리 번역 1995/2005: 1060) 및 그것과 같은 에피소드를 다룬 『중아함』의 해당 내용인 171 T I 707a19와 D 4094 ju 264a4 또는 Q 5595 thu 6b8. 또한 아날라요 2011: 778f 참조.

을 살펴본다.

- 악한 행위를 하고 지옥에 다시 태어난다.
- 악한 행위를 하고 천상에 다시 태어난다.
- 선한 행위를 하고 지옥에 다시 태어난다.
- 선한 행위를 하고 천상에 다시 태어난다.

이것은 선한 행위와 천상 또는 악한 행위와 지옥 사이의 상관관계가 필연적으로 다음 삶에 직접적으로 영향을 미치지는 않는다는 것을 보여준다. 그 이유는 다음 생의 조건들이 죽기 직전에 한 행위뿐만 아니라 같은 생이나 다른 생에서 전에 한 행위에도 영향을 받기 때문이다.

예컨대 악한 행위를 한 사람이 천상에 다시 태어나는 것을 본다고 해서 악한 행위가 괴로운 결과로 이어지지 않음을 의미하는 것은 아니다. 이 특정한 사람의 과거 행위들을 좀 더 넓은 관점에서 보면, 그가 천상으로 다시 태어난 것은 다른 선한 행위들 때문이었다는 것이 분명해진다. 게다가 악한 행위는 여전히 결실을 맺게 되겠지만 다른 때에 그럴 것이다.

다시 말해서, 선한 행위와 천상, 또는 악한 행위와 지옥 사이의 상관관계는 원리상 맞지만, 이것이 실제 경험으로 산출되는 방식은 다소 복잡하다. 왜냐하면 먼 과거의 조건들이 최근 조건들보다 우선시될 수 있기 때문이다. 이것은 이전 장에서 언급한, 붓다가 기억한 과거를 아득히 먼 기간까지 확장하여 서술한 의미를 이해하는 데 도움이 된다. 기억한 전생의 범위가 매우 넓었기 때문에, 첫 번째 보다 높은 지혜는 그에게 사물을 적절한 관점에서 보게 하는 종합적인 시각을 제공했다.

업 작용의 복잡성은 삼사라에서 계속 살아가는 것에 대한 환멸을 불러일으킨다. 왜냐하면 좋은 행위를 한 사람도 언젠가 먼 과거의 어떤 악한 행위의 과보를 경험할 것이기 때문이다. 이런 관점에서 고려해 볼 때, 이런저런 방식으로 자기 자신을 위한 쾌적한 생활 조건을 만들려고 하기보다는, 중생들의 가차 없는 죽음과 재생에 대한 전체적인 조망에서 윤회의 모든 곤경에서 빠져나올 수 있는 길을 찾을 필요성을 알게 된다.

이 관점은 『상윳따 니까야』 및 그것과 같은 에피소드를 다룬 경전들에 있는 법문에서 표면화된다. 여기에 『잡아함』 버전이 있다.[7]

내가 전생들을 기억하고 있었을 때, 아직 완전한 깨달음을 성취하지 못했을 그때, 조용한 곳에서 혼자 있으면서 마음을 모아 명상적인 사유를 하고 있었을 때, 다음과 같은 생각이 떠올랐다. "세상은 재앙 속에 들어왔다. 즉 태어나고 늙고 아프고 죽고 변하고 다시 태어나게 된다. 그

---

7 번역 구절은 『잡아함』 285 T II 79c28-80a3에서 가져왔고, 그것은 『상윳따 니까야』 12,10 SN II 10,2(보디 번역 2000: 537)와 산스크리트 단편들, 뜨리빠티(Tripāthī) 1962: 89f, SHT X 3865R, 빌레(Wille) 2008: 200과 같은 에피소드를 다룬 내용이다.

러나 중생들은 탄생, 늙음, 질병,[8] 죽음이 무엇에 의존하고
있는지, 그것들 너머에 있는 것이 무엇인지 있는 그대로
이해하지 못한다."

이 구절과 같은 에피소드를 다룬 빠알리와 산스크리트 단편의 해당
부분들은 이 통찰을 보살의 전생 기억에 분명하게 관련시키지 않
고, 그의 깨달음 전에 일어났다고만 한다. 빠알리와 산스크리트 단
편의 해당 내용들과 마찬가지로, 위 법문은 계속해서 미래 붓다가
연기(緣起, paṭicca samuppāda)의 고리들을 탐구하는 모습을 설명한다.

붓다의 깨달음 전 통찰은 『증일아함』의 한 법문에서 다음과
같이 구체화된다.[9]

전에 내가 보살이었고 아직 붓다의 깨달음을 성취하지 못
했을 때, 나는 이런 생각을 가졌다. "이 세상은 매우 괴롭
다. 탄생이 있고 늙음이 있으며 질병이 있고 죽음이 있다.
그러나 취착의 대상이 되는 다섯 가지 무더기[五取蘊]의
기원에 대한 끝을 얻지 못한다."

『상윳따 니까야』의 해당 내용에는 취착의 대상이 되는 다섯 가지

---

8 '질병'은 오직 이문에만 언급되어 있다.

9 『증일아함』 38.4 T II 718a14~718a17이며, 같은 에피소드를 다룬 내용이 『상윳따 니
까야』 12.65 SN II 104,6(보디 번역 2000: 601)에 있다. 같은 에피소드를 다룬 다른 출처
들에 대해서는 아래 각주 13 참조.

무더기가 명확하게 언급되지 않지만, 『증일아함』 법문과 마찬가지로 이 다섯 가지 무더기를 붓다의 깨달음 전 통찰과 관련시키는 내용은 다른 『상윳따 니까야』 법문에도 나온다. 이 법문은 보살이 다섯 가지 무더기와 관련된 달콤함과 위험함과 벗어남을 조사했으며 그 통찰이 그의 깨달음의 한 측면이었다고 전한다. [10]

취착의 대상이 되는 다섯 가지 무더기를 분석하면 우리가 으레 하나라고 여기는 경험의 측면이 사실은 여럿임이 드러난다. 보살은 전생들을 기억하는 동안 분명하게 느꼈을 것이다. 전생 기억을 통해 보살은 하나의 경험에서 자아 관념이 어떻게 특정한 몸, 느낌, 인식, 의도적 형성들, 의식 등을 기반으로 하여 형성되는지 보았을 것이다. 다른 삶에서는 그런 몸, 느낌 등이 다른 몸, 느낌 등으로 대체되고 똑같은 역할을 한다. 더욱이 그 기억을 통해 붓다는 또한 이 무더기들[五蘊] 각각을 '나' 또는 '나의 것'으로 경험한다고 해도 그것들 가운데 어떤 것도 계속 그렇게 되기를 원하는 방식대로 되지는 않는다는 것, 다시 말해서 이 무더기들 각각은 진정으로 통제되지 않는다는 것을 보았을 것이다. [11] 이런 식으로 다섯 가지 무더기와 그것들의 연기(緣起)에 대한 통찰은 붓다로 하여금 깨

---

10 『상윳따 니까야』 22,26 SN III 27,31 (보디 번역 2000: 873). 같은 에피소드를 다룬 『잡아함』 14 T II 2c12 (아날라요 번역 2012c: 23)는 해당 설명을 붓다의 깨달음 전과 분명하게 관련시키지 않는다. 그러나 그 의미는 설명에 내포되어 있다. 왜냐하면 두 버전이 붓다가 오취온의 이 측면들을 완전하게 이해하고 나서 깨달음에 도달했음을 선언했다고 결론 내리기 때문이다.

11 전하는 이야기에 따르면 이것은 정확하게 붓다가 깨달음을 얻은 후에 했던 두 번째 법문의 주제이다. 『상윳따 니까야』 22.59 SN III 66,27 (보디 번역 2000: 901) 참고. 같은 에피소드를 다룬 『잡아함』 34 등을 보려면 아날라요 2014a: 5-8 참조.

명상가 붓다의 삶

달음에 이르게 했던 해탈 지혜의 중심적인 측면이었을 것이다. 위
『증일아함』 법문과 같은 에피소드를 다룬 내용이 『잡아함』에도 있
다.[12] 해당 부분은 다음과 같다.

> 전생들을 기억하고 있었을 때, 내가 아직 완전한 깨달음
> 을 성취하지 못했을 그때, 조용한 곳에서 혼자 있으면서
> 마음을 모아 명상적인 사유를 하고 있었는데, 다음과 같
> 은 생각이 떠올랐다. "어떤 상태가 존재하기 때문에 늙음
> 과 죽음이 존재하는가? 늙음과 죽음의 존재 조건은 어떤
> 상태인가?"
> 그때 바른 마음챙김과 있는 그대로에 대한 온전한 알아차
> 림으로 인해 "태어남의 존재 때문에 늙음과 죽음이 존재
> 한다. 태어남을 조건으로 늙음과 죽음이 존재한다."라는
> 생각이 일어났다.

법문은 계속해서 존재[有], 취착[取], 갈애[愛], 느낌[受], 접촉[觸], 여
섯 가지 감각 영역[六入]을 말하고 나서, 정신·물질[名色]을 다음과
같이 다룬다.

> "어떤 상태가 존재하기 때문에 정신·물질이 존재하는가?
> 정신·물질이 존재하기 위한 조건은 무엇인가?"

12　번역들은 『잡아함』 287 T II 80b25-80b28과 80b29-80c3에서 가져왔다.

그때 바른 마음챙김과 있는 그대로에 대한 온전한 알아차림으로 인해 "식(識)의 존재 때문에 정신·물질이 존재한다. 식의 존재를 조건으로 정신·물질이 존재한다."라는 생각이 일어났다.

그때 나는 이렇게 생각했다. "정신·물질[名色]은 그것의 한계로 식에서 되돌아온다. 그것은 식 너머로 가지 않는다."

『상윳따 니까야』, 산스크리트 단편들, 그리고 같은 에피소드를 다룬 한역 경전들의 해당 내용들은 위 통찰을 붓다의 전생 기억과 명시적으로 관련시키지 않는다. 그럼에도 불구하고, 깨달음 전 사건들의 관점에서 볼 때, 이 에피소드를 깨달음 전의 일로 두는 것은 의미심장해 보인다.

같은 에피소드를 다룬 몇몇 경전들에서는 또한 식이 명색의 조건이듯이 명색은 식의 조건이라는 것을 보다 분명하게 말한다. [13] 다시 말해서, 이 두 가지 연결고리는 서로에게 조건 짓는 관계에 있다. [14] 이것이 이 시점에서 붓다가 조사를 통해 인식한 '한계'이다.

그러한 제시 방식은 12가지 연결고리의 표준적인 설명과 상충하지 않는다. 사실 12가지 연결고리는 그 법문이 연기의 소멸 방

---

13 같은 에피소드를 다룬 것으로는 『상윳따 니까야』 12.65 SN II 104,29, 산스크리트 단편들, 봉가드-레빈(Bongard-Levin) 등 1996: 77(§I.12) (또한 오르(Or) 15009/85r4, 나가셔마(Nagashima) 2009: 154, 오르 15009/175g, 멜저(Melzer) 2009: 216, 그리고 오르 15009/661r1, 쿠도(Kudo)와 쇼노(Shono) 2015: 459) 등이 있고, 같은 에피소드를 다룬 한역 경전으로, T 713 T XVI 826c6, T 714 T XVI 828a4, T 715 T XVI 829b17 등이 있다.

14 보다 상세한 내용은 아날라요 2015a: 106-110 참조.

식을 다룰 때 자세하게 언급된다.[15] 그러나 연기에 대한 조사에서, 미래 붓다는 일련의 진행 과정 가운데 이 시점에서 분명하게 처음으로 식과 명색의 상호 조건 짓기에 이르렀다.

이것은 알라라 깔라마와 웃다까 라마뿟따 밑에서 도달한 그 정제된 명상 증득으로도 붓다가 넘을 수 없었던 것, 즉 식의 조건 지어진 성품이다. 이 두 스승 밑에서 수행하는 동안 미래 붓다는 이미 무색계의 심오한 명상 증득들을 통해서 삼사라의 곤경을 해결할 수 있는 방법을 찾을 수 없다는 것을 알았다. 그 시점에서 그는 이것이 왜 그런지를 알게 되었을 것이다. 이 경험들이 아무리 정제되어도 식과 명색 사이의 상호 조건 짓기를 넘어설 수 없다. 색(色)이 뒤로 남겨지고 명(名)이 크게 약화되어도, 명의 나머지가 남는다. 이것은 식과 조건 짓는 관계가 계속되기에 충분하다.

무명이 형성들[行]을 통해 조건 짓는 힘으로 작용하면서, 식과 명색 사이의 상호 조건 짓기는 삼사라의 바퀴가 돌아가는 중심축이 된다. 만일 붓다가 이것을 보다 일찍 깨달았더라면, 아마도 고행을 시작할 어떤 필요성도 느끼지 않았을 것이다.

연기의 표준적인 정형화에 대해, 몇몇 개개의 연결고리들은 베다의 창조 신화 패턴을 따르는 것처럼 보이고, 그렇게 함으로써 그 신화에 대한 암묵적인 비판도 수반될 수 있을 것처럼 보인다.[16] 고대 인도 환경에서 분명하게 알려져 있었던 그런 개념을 채용한

---

15 냐나난다(Ñāṇananda) 2015: 77은 "식(識)과 명색(名色) 사이의 상호관계를 이해하지 못하는 것이 '아윗자(avijjā, 無明)'이다."라고 설명한다.

16 주레위쯔(Jurewicz) 2000 참조.

또 다른 예는 네 가지 진리[四聖諦]에 관한 것이다. (16장과 17장에서 논의될) 의학적인 분석 체계의 도움으로, 사성제는 깨달음과의 연관성을 전달한다. 두 경우에 붓다는 분명히 이미 존재하는 개념들에 의지했지만, 친근감을 만들어내고 그럼으로써 이해를 용이하게 하여 이 개념들이 자신이 발견한 새로운 것들을 전달할 수 있는 방식으로 그 개념들을 재창조했다. 말할 필요 없이, 그렇다고 해서 붓다의 실제 깨달음의 중요성이나 연기(paṭicca samuppāda) 교리의 중요성이 조금이라도 감소되는 것은 아니다. 그것은 단지 12가지 전체 연결고리가 고대 인도 환경에서 통용되던 사고방식과 영향을 주고받았을 수 있었다는 것을 의미할 뿐이다. 이 점을 이해하면 지엽적인 사소한 일로 인해 옆길로 새지 않고 이 정형화로 만들어지는 요점들을 쉽게 분별할 수 있다.

- 삼사라의 지배를 받게 만드는 주범은 갈애임을 확인
- 식(識)이 명색(名色)과의 조건 지어진 상호관계를 넘어
  서지 못한다는 통찰
- 삼사라의 곤경에 대한 해결책은 무명의 소멸을 필요
  로 한다는 자각

이 점에서 붓다의 발견은, 위에 번역한 법문에서, 버려지고 잊힌 옛 도시로 이어지는 숲속 길로 우연히 들어선 사람의 예로 설명된다. 이 길을 발견한 사람은 다시 그 길을 다른 사람들에게 알리고, 마침내 그 도시는 새롭게 다시 사용된다.

연기에 대한 통찰의 중요성은 또한 붓다가 깨달음을 얻은 후에 일어남[集]과 소멸[滅]의 방식으로 연기의 고리들을 반조하는 데 며칠을 보냈다고 전해지는 데에서도 표면화된다. 다음에 『우다나(Udāna)』 모음집과 같은 에피소드를 다룬 한역 경전에서 가져온 관련 구절이 있다.[17]

　　바르게 깨달아 붓다가 되었을 때, 칠일 동안의 명상에서 삼매의 증득에 들어 여래는 12가지 조건에 주의를 기울였다. 붓다는 그 조건들의 일어남과 소멸을 각각 분명하게 이해했다.

깨달음을 얻은 후에 붓다가 연기(緣起)와 연멸(緣滅)을 계속 반조한 것은 이 특정한 교리에 내재하는 명상적인 측면을 가리킨다. 그것은 단순히 지적인 사유의 문제가 아니라 완전한 깨달음을 통해 무명 소멸을 명상적으로 이해했다는 중요한 문제를 포함한다. 다음 장에서 그 주제를 다시 다룰 것이다.

17　번역 부분은 T 212 T Ⅳ 775c19f에서 가져왔으며, 이것은 『우다나』 1.3 Ud 2,21(아일랜드(Ireland) 번역 1990: 13) 또는 『위나야(Vinaya)』 I 1,4(호너(Horner) 번역 1951/1982: 1)와 같은 에피소드를 다룬 내용이다. 또한 예를 들어 『상가베다와스뚜(Saṅghabhedavastu)』, 그놀리(Gnoli) 1977:127,5 참조.

수행으로 나는 명상적인 사유와 사색의 주제로 연기를 채택하라고 제안한다. 이 목적을 위해 나는 특별히 식과 명색의 상호 조건 짓기를 사용하고, 그럼으로써 연기에 대한 붓다 자신의 통찰에서 중요한 역할을 했던 것으로 보이는 조사 방식을 따르라고 제안한다.

이것을 수행하기 위해서는 무엇보다도 경험 전반에 걸쳐 의식[識]의 흐름이 있다는 것을 분명하게 알아차릴 필요가 있다. 이것은 물질적인 현상들의 과정 및 그 물질적인 현상을 접촉하고, 느끼고, 인식하고, 주의를 기울이고 이런저런 방식으로 반응하여 진행되는 정신적인 과정 등 좀 더 활동적인 측면과는 구별될 수 있다.[18] 알아차림은 아는 마음의 그 부분, 즉 그런 정신적인 처리를 아는 것에 주의를 기울여서 일어날 수 있다.

일단 명상 수행이 경험의 이 두 가지 측면, 즉 식과 명색을 알아차리는 것으로 이어지면, 똑같은 통찰이 일상의 상황들과 관련될 수 있다. 마음챙김과 평정이 충분히 확립되어 있으면, 어떤 상황에서도 그 상황에 적극적으로 관여하기보다는 잠시 내면적으로 뒤로 물러나서 알게 되는 것만 받아들이는 마음으로 전망 좋은 지점에서 현재 우리 경험의 연기 과정이 펼쳐지는 것을 관찰하는 것이

---

18 『상윳따 니까야』 12.2 SN II 3,34(보디 번역 2000: 535) 및 그것과 같은 에피소드를 다룬 『증일아함』 49.5 T II 797b28에 따르면, 명(名)은 (식과는 다른) 느낌, 인식, 의도, 감각 접촉, 주의 등의 정신적인 기능들을 의미한다. 보다 상세한 것은 아날라요 2015a: 106ff 참조.

원칙적으로 가능하다.

지속적으로 수행한다면, 이 명상 방법은 무명의 소멸, 즉 12연기의 첫 번째 고리의 소멸에 대한 직접적인 깨달음에 이르는 통찰을 얻는 수행을 위한 강력한 지원이 될 수 있다. 이것은 연기의 소멸을 꿰뚫어본 붓다 자신의 해탈 통찰에 의해 확립된 예를 따른다. 붓다의 통찰에 의하면 첫 번째 고리의 소멸과 함께 둑카[苦]에 이르는 전체 시리즈가 기반을 잃는다.

13

깨
달
음

이전 장들에서 살펴본 긴 궤적은 이 장에서 논의되는 붓다의 완전한 깨달음 성취로 정점에 이른다. 이 궤적은 도덕적 기반의 확립, 집중 장애들의 극복, 무색계 증득들의 계발, 강압적인 마음 통제와 호흡 제어와 단식이라는 고행의 우회로를 지나왔다. 이런 방식으로 도달한 막다른 길에서 전생 기억과 신성한 눈이라는 두 가지 보다 높은 지혜를 얻음으로써 마침내 도닦음의 발견 및 그것의 계발로 이어졌다. 그리고 이 두 가지 지혜는 자아 개념의 구축성에 대한 통찰과 둑카[苦] 발생의 원인이 되는 일련의 조건들에 대한 통찰로 이어졌을 것이다. 붓다가 깨달음으로 가는 이 연결 지점에서 여전히 성취해야 할 일은 무명의 소멸에 도달하는 것이다. 무명의 소멸과 더불어 연기는 완전하게 이해되고 둑카로부터의 해탈은 실현된다.

『상가베다와스뚜(Saṅghabhedavastu)』에 따르면, 보살이 전생들을 기억하고 신성한 눈의 도움으로 죽고 다시 태어나는 과정에서 업이 미치는 영향을 목격하게 되었을 때, 그는 삼사라의 순환 배후에 있는 작용 메카니즘을 세 가지 번뇌(āsava)에서 찾을 수 있다는 것을 깨달았다.[1] 이 번뇌들은 완전한 해탈이라는 최종 목표에 이르기 위해 제거될 필요가 있다. 「두려움과 공포 경(Bhayabherava-sutta)」과 같은 에피소드를 다룬 『증일아함』의 해당 내용에 있는 붓다의 실제 깨달음 성취에 대한 이야기에 나오는 관련 부분은 그의 추구의 정점에 대해 다음과 같이 설명한다.[2]

---

1 그놀리(Gnoli) 1977: 118,27.

2 번역 구절은 「증일아함」 31.1 T II 666c14-666c20(아날라요 번역 2016a: 22)에서 가져왔으며, 그것은 『맛지마 니까야』 4 MN I 23,11(냐나몰리 번역 1995/2005: 106f)과 같은

다시 이 집중된 마음에 의지하고, 마음의 흠 없는 청정함, 속박하는 경향으로부터의 자유, 삼매를 얻고 두려움이 없는 마음 상태로, 나는 마음에 있는 번뇌들의 파괴를 성취했다. 나는 "이것은 둑카[苦]이다."임을 그대로 거짓 없이 알았다.

내가 이와 같은 정신적인 상태를 성취했을 때, 나는 감각적 욕망의 번뇌, 존재의 번뇌, 무명의 번뇌로부터 마음의 해탈을 얻었다.

해탈을 얻음으로써 나는 이어서 해탈의 지혜를 얻고, 태어남과 죽음이 다했고 성스러운 삶이 확립되었으며 해야 할 일을 다 했고 다시는 더 이상 모태로 들어가지 않을 것임을 있는 그대로 알았다.

브라만이여, 이것이 내가 밤의 마지막 기간[三更]에 얻은 세 번째 [보다 높은] 지혜라고 간주된다. 무명은 더 이상 없다.

「두려움과 공포 경」의 해당 부분은 전반적으로 더 상세하다. 그 부분에서는 사성제 체계의 도움으로 둑카에 대한 통찰을 설명한다. 그 주제들에 대해서는 이어지는 몇 개 장에서 다룬다. 이 빠알리 버전도 완전한 깨달음의 실현은 성스러운 삶을 살았고 해야 할 일을 했으며 더 이상 어떤 상태로도 존재하지 않을 것이라는 등의 인식이 수반된다고 말한다. 세 번째 보다 높은 지혜를 성취한 것에 대한

에피소드를 다룬 내용이다.

마지막 진술과 관련하여, 「두려움과 공포 경」은 무명이 떨쳐지고 지혜[明]가 일어났으며 어둠이 떨쳐지고 빛이 일어났으며 이것은 수행자가 근면하게 머물 때 일어나는 것이라고 부연하였다. 『증일 아함』 버전은 붓다의 깨달음의 함축성을 다음과 같은 방법으로 끌어낸다.[3]

> 어떤가? 브라만이여, 그대는 이와 같이 생각하는가? "여래는 [아직도] 마음속에 감각적 욕망과 악의와 무명을 갖고 있어서 그 오염원들을 근절하지 못하고 외딴 거주 장소에서 머무는가? 브라만이여, 그대는 그렇게 보아서는 안 된다. 여래는 이제 모든 번뇌들을 영원히 버리고 외딴 곳에서 머무는 것을 기뻐하고 사람들과 함께하는 것을 기뻐하지 않기 때문이다.
> 내가 이제 이 두 가지 이익을 보았기 때문에,[4] 나는 외딴 곳과 [고독한] 장소에 머물기를 기뻐한다. 그 두 가지는 무엇인가? 나 자신에게 적합한 외딴 장소에 거주하는 것 외에도, [모범을 보임으로써] 동시에 헤아릴 수 없이 많은 중생들을 제도하는 [데 도움을 주는] 것이다.

「두려움과 공포 경」에서는 헤아릴 수 없이 많은 중생들이라는 말

---

3 번역 구절은 『증일아함』 31.1 T II 666c20-666c25에서 가져왔으며, 『맛지마 니까야』 4 MN I 23,29와 같은 에피소드를 다룬 내용이다.

4 번역은 '두 가지'를 추가하는 이문을 채택한 것에 기초한다.

명상가 붓다의 삶

대신에 자손들에 대한 연민을 말한다. 그런 사소한 차이들도 있지만, 그 두 버전은 오염원들의 완전한 제거, 다시 말해서, 세 가지 번뇌(āsava)의 근절이라는 관점에서 깨달음의 실현을 설명하는 데에는 일치를 보인다.[5]

실제적인 관점에서 아사와(āsava)라는 용어의 함축성에 대한 정보는 『앙굿따라 니까야』 및 그것과 같은 에피소드를 다룬 경전들에 있는 한 법문에서 수집할 수 있다. 그 법문은 번뇌들뿐만 아니라 감각적 욕망과 둑카 같은 다양한 중요 용어들을 거론하는데, 그것은 각각의 경우마다 그것들이 생기는 원인, 그것들이 나타내는 다양성, 그것들이 가져오는 결과, 그것들이 맞는 소멸 등의 원인이 무엇인지, 그리고 그런 소멸로 인도하는 도닦음은 무엇인지를 분명하게 설명하기 위해서이다. 번뇌들의 경우에 『중아함』의 해당 부분은 다음과 같다.[6]

어떻게 번뇌들을 아는가? 세 가지 번뇌가 있다고 간주된다. 감각적 욕망의 번뇌, 존재의 번뇌, 무명의 번뇌 등이다. 이것이 '번뇌들을 아는 것'이라고 간주된다.
어떻게 번뇌들의 일어남의 원인을 아는가? [그 원인은] 무명이라고 간주된다. 무명 때문에 번뇌들이 존재한다. 이것

---

5 세 가지 번뇌에 대한 간단한 조사를 위해서는 아날라요 2016b: 88을 참조하고 아사와(āsava)라는 용어의 의미에 대해서는 아날라요 2017e: 325ff를 참조하라.

6 『중아함』 111 T I 599b25-599c9. 이것은 『앙굿따라 니까야』 6.63 AN III 414,8(보디번역 2012: 962f)과 같은 에피소드를 다룬 내용이다. 또한 T 57 T I 851c28도 참조.

이 '번뇌들의 일어남의 원인을 아는 것'이라고 간주된다.

어떻게 번뇌의 결과를 아는가? [그 결과는] 무명의 굴레라고 간주된다. 번뇌들에 의해서 더러워지기 때문에 그 결과로 좋은 존재 영역을 얻는 경험을 하거나 나쁜 존재 영역을 얻는 경험을 하게 된다. 이것이 '번뇌들의 결과를 아는 것'으로 간주된다.

어떻게 번뇌들의 다양성을 아는가? [그 다양성은] 지옥에 다시 태어남으로 [인도하는] 번뇌들, 축생으로 다시 태어남으로 [인도하는] 번뇌들, 아귀로 다시 태어남으로 [인도하는] 번뇌들, 천상에 다시 태어남으로 [인도하는] 번뇌들, 또는 인간으로 다시 태어남으로 [인도하는] 번뇌들이 있는 것으로 간주된다. 이것이 '번뇌들의 다양성을 아는 것'이라고 추정된다.

어떻게 번뇌들의 소멸을 아는가? [그 소멸은] 무명이 근절되면 번뇌들이 근절되는 것이라고 간주된다. 이것이 '번뇌들의 소멸을 아는 것'이라고 간주된다.

어떻게 번뇌들의 소멸로 인도하는 도닦음을 아는가? [그 도닦음은] 바른 견해[正見], **바른 의도[正思惟], 바른 말[正語], 바른 행위[正業], 바른 생계[正命], 바른 노력[正精進], 바른 마음챙김[正念], 바른 삼매[正定]** 등 성스러운 팔정도이다. 이것이 '번뇌들의 소멸로 인도하는 도닦음을 아는 것'이라고 간주된다.

만일 수행승이 번뇌들을 이런 방식으로 알고, 번뇌들의

일어남의 원인을 알며, 번뇌들의 결과를 경험하는 것을 알고, 번뇌들의 다양성을 알며, 번뇌들의 소멸을 알고, 번뇌들의 소멸로 이끄는 도닦음을 안다면, 이것이 성스러운 삶을 완성하고 모든 번뇌들을 끝낼 수 있다고 간주된다.

번뇌들의 결과에 대해 『앙굿따라 니까야』의 해당 부분에서는 공덕과 비공덕의 결과로 개개의 존재 형태를 얻게 된다고 설명한다.[7] 이것은 『중아함』 버전에서 좋거나 나쁜 존재 영역을 얻는다고 한 말의 의미를 구체적으로 설명하는 것이다. 그 외에 두 버전은 세 가지 번뇌가 무명으로부터 일어나고 삼사라에 계속 있게 하는 원인이라는 것을 보여주는 데 긴밀한 일치를 보여준다. 그러므로 삼사라에 계속 있어야 하는 이 곤경에서 자유롭게 되기 위해서는 세 가지 번뇌들을 근절할 필요가 있다. 그 목적을 위해 성스러운 팔정도가 계발될 필요가 있다.

번뇌들을 제거하는 방법에 대해 「모든 번뇌 경(Sabbāsava-sutta)」은 통틀어 일곱 가지 수행을 제시한다. 이 일곱 가지 수행들이 실질적으로 의미하는 주된 요소들은 다음과 같다.

- 쓸데없는 사색 대신 네 가지 성스러운 진리를 보는 것
- 감각의 문들을 억제하는 것

---

7 『앙굿따라 니까야』 6.63 AN III 414,21. 또 다른 사소한 차이는 순서 문제이다. 『앙굿따라 니까야』 6.63에서는 결과로 넘어가기 전에 다양성을 다룬다.

- 자신의 필수품들을 적절하게 사용하는 것
- 여러 역경들을 견디는 것
- 위험하고 부적절한 것을 피하는 것
- 해로운 것을 제거하는 것
- 깨달음의 요소들을 계발하는 것

이 활동들 각각은 번뇌들의 제거와 분명하게 관계있다. 여기에서 는 아사와(āsava)라는 용어가 붓다의 깨달음에 대한 설명에서, 그리고 번뇌들을 아는 것에 관한 위의 번역 구절에서 세 가지 번뇌가 열거된 경우보다 더 일반적인 의미에서 분명하게 기능한다. 여기에서 제안된 관점은 세 가지 번뇌로부터의 해탈에 이르는 진보에 이런저런 식으로 공헌할 다양한 수행 측면들을 드러낸다. 「모든 번뇌경」과 같은 에피소드를 다룬 『중아함』의 해당 내용은 다음과 같은 방식으로 이 일곱 가지 방법 가운데 마지막 방법에 대한 가르침을 제시한다.[8]

> 주의 기울임을 통해 어떻게 번뇌들이 제거되는가? 수행 승은 떨쳐버림에 의지하고 탐욕의 빛바램에 의지하고 소 멸에 의지하여 해탈로 인도하는 마음챙김[念]이라는 첫 번째 깨달음 요소에 주의를 기울인다. **수행승은 떨쳐버림**

---

8 『중아함』 10 T I 432c16-432c21 (빈겐하이머(Bingenheimer) 외 번역 2013: 61), 이것은 『맛 지마 니까야』 2 MN I 11,21 (냐나몰리 번역 1995/2005: 95f)과 같은 에피소드를 다룬 내 용이다.

에 의지하고 탐욕의 빛바램에 의지하고 소멸에 의지하여 해탈로 인도하는 법의 조사[擇法]라는 두 번째 깨달음의 요소에 주의를 기울인다. 수행승은 떨쳐버림에 의지하고 탐욕의 빛바램에 의지하고 소멸에 의지하여 해탈로 인도하는 에너지[精進]라는 세 번째 깨달음의 요소에 주의를 기울인다. 수행승은 떨쳐버림에 의지하고 탐욕의 빛바램에 의지하고 소멸에 의지하여 해탈로 인도하는 희열[喜]이라는 네 번째 깨달음 요소에 주의를 기울인다. 수행승은 떨쳐버림에 의지하고 탐욕의 빛바램에 의지하고 소멸에 의지하여 해탈로 인도하는 평안[輕安]이라는 다섯 번째 깨달음 요소에 주의를 기울인다. 수행승은 떨쳐버림에 의지하고 탐욕의 빛바램에 의지하고 소멸에 의지하여 해탈로 인도하는 삼매[定]라는 여섯 번째 깨달음 요소에 주의를 기울인다. 수행승은 떨쳐버림에 의지하고 탐욕의 빛바램에 의지하고 소멸에 의지하여 해탈로 인도하는 평정[捨]이라는 일곱 번째 깨달음 요소에 주의를 기울인다.

그런 주의를 기울이지 않는 자에게 고뇌와 슬픔이 일어날 것이다. 그런 주의를 기울이는 자에게 고뇌와 슬픔이 일어나지 않을 것이다. 이것이 주의 기울임을 통한 번뇌들의 제거라고 간주된다.

「모든 번뇌 경」에서는 깨달음 요소들에 주의를 기울인다는 말 대신 깨달음 요소들을 '계발(bhāvanā)한다'고 말한다. 두 표현은 같은 기본적인 의미를 전달한다고 해도 무방해 보인다. 또 다른 차이는 '해탈'로 인도한다는 개념에 해당하는 것이 빠알리 버전에서는 그런 수행이 '내려놓음'으로 발전해야 한다는 것이다. 용어의 차이들에도 불구하고, 여기에서도 기본적인 의미는 같은 것으로 보인다.

동일한 에피소드를 다루는 다양한 버전이 존재하는 『상윳따 니까야』의 한 법문은 깨달음 요소들의 계발에 대한 가르침들이 어떤 면에서는 붓다의 깨달음의 결과라는 것을 강조한다. 전륜성왕의 전 세계 통치권이 일곱 가지 멋진 보배와 함께 발현되는 것처럼, 붓다 또는 여래는 일곱 가지 깨달음 요소와 함께 모습을 드러낸다. 여기에는 스스로 깨달음에 이른 붓다만이 이 일곱 가지가 깨달음에 필요하다는 것을 알 수 있고 그럼으로써 다른 이들에게 그것들을 계발하라고 가르칠 수 있다는 내용이 내포된 것으로 보인다.[9] 전륜성왕과 여래의 비유 후속 부분은 『증일아함』의 해당 내용에서는 다음과 같이 진행된다.[10]

여래가 세상에 출현할 때는 일곱 가지 깨달음 요소라는 보배들이 세상에 출현한다. 무엇이 일곱 가지인가? 그것

---

9 해당 내용을 다루는 버전들 대부분이 보배들과 깨달음 요소들의 나타남을 표현하기 위해 같은 용어를 사용하는 반면, T 38 T I 824b4에서는 보배들의 '나타남'에 해당하는 표현으로 일곱 가지 깨달음 요소들에 대한 여래의 '가르침'이라고 쓰고 있다.

10 『증일아함』 39,7 T II 731b19-731b24. 이 내용은 『상윳따 니까야』 46.42 SN V 99,9(보디 번역 2000: 1595), 『중아함』 58 T I 493a16(빈겐하이머 외 번역 2013: 359), T 38 T I 822a29, 『잡아함』 721 T II 194a19에서도 다루어진다. 또한 아날라요 2013b: 218 참조.

들은 마음챙김[念]의 깨달음 요소, 법의 조사[擇法]의 깨달음 요소, 에너지[精進]의 깨달음 요소, 희열[喜]의 깨달음 요소, 평안[輕安]의 깨달음 요소, 삼매[定]의 깨달음 요소, 평정[捨]의 깨달음 요소라고 간주된다.

그러므로 수행승들이여, 그대들은 이 일곱 가지 깨달음 요소를 계발하기 위해 노력해야 한다. 수행승들이여, 그대들은 이와 같이 수행해야 한다.

『상윳따 니까야』에서는 붓다가 청중인 수행승들에게 깨달음 요소들을 계발하기 위해 노력해야 한다는 것을 명확하게 말하지는 않았다는 사소한 차가 있다. 그렇지만 그 같은 내용이 내포되어 있다고 해도 무방할 것이다.

그런 계발을 위해서 「모든 번뇌 경」 및 그것과 같은 에피소드를 다룬 경전 해당 내용의 가르침은 깨달음으로 발전하기 위해 이 일곱 가지 깨달음 요소를 계발하여야 한다고 반복해서 말한다. 「마음챙김의 확립에 대한 관점들(Perspectives on Satipaṭṭhāna)」이라는 연구에서, 나는 이것을 실제적인 관점에서 보다 상세하게 논의했다.[11] 떨쳐버림, 탐욕의 빛바램, 소멸, 내려놓음/해탈의 이 네 가지 측면이 붓다가 깨달았던 밤에 일어났던 일로 전해지는 주요 요소들과 어느 정도 일치하는 것으로 보이기 때문에, 붓다의 깨달음에 이르는 진보에 대한 설명은 이 가르침에 깊이를 더한다.

---

11 아날라요 2013b: 219-26.

깨달음에 이르는 붓다의 진보의 경우에, 세 가지 보다 높은 지혜를 얻기 위한 전제조건은, 지극히 확고한 정도의 떨쳐버림을 확립하는 네 번째 몰입[四禪]의 증득이었다. 사실 떨쳐버림의 개념은 첫 번째 몰입[初禪]에 대한 일반적인 설명에서 이미 언급된 바 있다. 떨쳐버림이란 감각적 욕망과 해로운 상태들을 떨쳐버리는 것이고 그 결과 그런 떨쳐버림에서 생긴 희열과 행복을 경험하게 된다.

전생들을 기억하는 첫 번째 보다 높은 지혜는 탐욕의 빛바램을 위한 촉매 역할을 했을 것이다. 물론 삼사라에 대한 탐욕의 빛바램은 붓다의 전체 추구 여정에서 지속적인 주제였지만, 그의 여정은 그가 다양한 이전 존재들을 회상하고 과거에 경험했던 다양한 흥망성쇠를 보았을 때 비로소 정점에 이른 것일 수도 있다.

두 번째 보다 높은 지혜인 신성한 눈은 그에게 업의 작용 메커니즘을 꿰뚫어보는 직접적인 통찰을 완성시켜 주고, 그 메커니즘이 중생들에게 적용되는 일반적인 원리라는 것을 보여주었다. 이 지혜는 연기의 원리와 긴밀한 관계가 있는데, 그 원리는 연기 고리들의 소멸과 함께 완전하게 이해된다. 미래 붓다가 연기의 소멸 상태를 성취하기 위해 기울인 관심은 그가 깨달음을 성취한 밤의 이 부분과 의미 있는 연관성을 보이는 듯하다.

그런 관심은 식과 명색 사이의 상호 조건 짓기를 꿰뚫어본, 첫 번째와 두 번째 보다 높은 지혜로 얻었을 그의 통찰에 기초했을 것이다. 이 통찰을 통해 그는 한 삶에서 다음 삶으로 이어가면서 식과 명색이 계속 상호작용하도록 연료를 공급하는 무명을 소멸시키기 위해서 식과 명색 둘 다를 넘어서는 방법을 찾아야 한다는 것을 분명하게 인식했을 것이다. 다시 말해서, 그는 식과 명색 사이의 상호 조건 짓는 관계를 벗어나기 위해서 경험의 전 영역을 넘어서는 방법을 찾아야 했다.

분명히 그의 두 스승인 알라라 깔라마와 웃다까 라마뿟따 밑에서 수행할 때 그가 했던 것에 필적할 만한 인식 정제나 억제로는 해결할 수 없었다. 그런 어떤 접근법도 식과 명색 간 조건 제한의 한계를 넘어설 수 없었다. 대신에 그는 이제 인식을 완전히 내려놓아야만 했고, 완전한 해탈을 이루기 위해 인식이 소멸하도록 했으며, 그렇게 함으로써 취착, 갈애, 번뇌, 무명을 완전히 내려놓게 되어 그것들이 영원히 소멸하게 되었다.

그리고 나서 그는 세 번째 지혜와 더불어 가능한 가장 완전한 방법으로 모든 것을 완전하게 내려놓음으로써 수행의 정점에 도달했다. 그렇게 함으로써 그는 마침내 해탈을 실현하고 완전히 깨달은 자, 즉 붓다가 되었다.

요약 방식으로 제시된, 내가 제안하고 싶은 상응 관계들은 다음과 같다.

붓다의 깨달음에 이르는 진보	깨달음 요소들의 계발
몰입 증득	떨쳐버림 확립
전생들의 기억	탐욕의 빛바램을 일으키기
신성한 눈	소멸을 향한 관심
번뇌들의 제거	해탈을 위한 내려놓기

이 상관관계들을 아는 것은 붓다 자신의 진보 및 그 다음의 가르침에 관련해서 흥미롭기만 한 것은 아니다. 그것은 (내려놓음과 해탈에 이름으로 정점에 이르는 떨쳐버림, 탐욕의 빛바램, 소멸에 의지하여) 깨달음 요소들의 계발이 붓다의 깨달음에 이르는 진보의 발자국을 따라가는 방법이 되도록 한다.

· **수 행** ·

실제적인 수행으로 나는 내려놓음과 해탈로 인도하는 떨쳐버림, 탐욕의 빛바램, 소멸에 기초하여 깨달음 요소들을 계발하기를 제안한다. 이 제안은 15장에서 살펴볼 수행과 밀접한 관련이 있다. 그것은 깨달음 요소들 사이의 균형 맞춤에 관한 것이다.

이 장의 수행법은 장애들을 떨쳐버리는 것을 전제로 한다. 일단 장애들을 떨쳐버리면, 우리는 잘 확립된 마음챙김에 기초하여 현재 순간 현상들의 무상한 흐름을 알아차린 상태로 유지할 수 있다. 그런 마음챙김을 지속하기 위해서는 바로 지금 무슨 일이 일어나고 있는지 정말로 알고자 하는 호기심이 많고 탐구심이 많은 정신적인 태도를 일으켜 수행에 활기를 불어넣을 필요가 있다. 그런 태도는 에너지에 의존하고 그 결과 에너지를 일어나게 한다. 그리고 그것은 현재 순간에 온전하게 존재하는 것에서 비롯된 미묘한 희열로 인도한다. 이 미묘한 희열은 몸과 마음의 고요함과 결합하여, 삼매를 경유하여 어떤 산란함도 없다는 의미에서 정신적인 최

명상가 붓다의 삶

고의 평정 상태에 이른다.

이 상태에 기초하여, 우리는 탐욕의 빛바램, 즉 언제나 무상한 본성을 가진 것에 거리를 두는 태도를 계발할 수 있다. 그러면 이제 탐욕의 빛바램은, 무상한 것의 소멸 측면, 즉 현상들의 사라짐에 주의를 기울일 때, 사물의 소멸을 기꺼이 허용하게 된다. 수행은 진행되어 내려놓음과 현상들에 대한 어떤 집착이나 갈애로부터 해탈하게 되는 깊은 경지가 된다. 마침내 수행이 무르익고 내려놓음이라는 최고의 행위와 결합되면 니르바나의 해탈 경험을 하게 된다.[12]

이 장이 제공하는 추가적인 정보는, 깨달음 요소들의 계발에 있는 이 네 가지 측면과 깨달음에 이르는 그의 비약적인 도약이 있었던 날 밤 붓다 자신의 수행 궤적 사이의 분명한 유사성으로부터 그런 형태의 수행을 위한 영감을 얻는 것이다.

---

12 보다 상세한 가르침을 위해서는 아날라요 2013b: 219f, 2016b:22f와 234f를 참조하라.

14

가르칠 결심

이 장에서부터 붓다의 깨달음으로 이어졌던 행적에서 전환되어, 그가 깨달음을 얻은 직후부터 명상 상태에서 죽을 때까지 그의 행위와 수행의 측면들을 다룬다. 이 장의 주제는 최근에 깨달음을 얻은 붓다의 가르칠 결심이다.[1] 「성스러운 구함 경(Ariyapariyesanā-sutta)」과 같은 에피소드를 다룬 『중아함』의 해당 내용에서 이 결정은 붓다의 깨달음에 대한 묘사에 이어서 나온다. 그 부분은 다음과 같이 진행된다.[2]

> 지혜[知]가 일어나고 봄[見]이 일어났으며 나는 깨달음의 필수 요소[菩提分法]들에 집중하였다.[3] 나는 태어남은 다하고 성스러운 삶은 확립되었으며 해야 할 일은 다 해서 더이상의 존재를 경험하지 않을 것이라는 사실을 있는 그대로 알았다.
> 최고의 바르고 완전한 깨달음을 막 성취하고 나서 나는 "법(法, Dharma)을 누구에게 먼저 가르쳐야 하나?"라는 생각을 했다. 나는 "지금 먼저 알라라 깔라마에게 법을 가르쳐야 하나?"라는 생각을 더 했다.

---

1 깨달음을 얻은 후 처음 일곱 주 동안 붓다의 활동들에 대한 문헌 또는 예술상의 묘사에 대해서는, 예를 들어, 보피어라취치(Bopearachchi) 2016을 참조하라.

2 번역 부분은 『중아함』 204 T I 777a17-777a25에서 가져왔고, 『맛지마 니까야』 26 MN I 169,31(냐나몰리 번역 1995/2005: 262)과 같은 에피소드를 다룬 내용이다. 아날라요 2011: 178-82와 2012b: 31f도 참조.

3 깨달음의 필수 요소들(bodhipakkhiyā dhammā, 菩提分法)에 대한 언급은 『맛지마 니까야』 26에서는 발견되지 않는다.

그때 하늘에 있던 한 천신이 나에게 "위대한 현자여, 알라라 깔라마가 칠일 전에 죽은 것을 아시옵소서."라고 말했다. 나 또한 스스로 알라라 깔라마가 칠일 전에 죽은 것을 알게 되었다.

나는 "그가 법을 듣지 못하게 된 것은 큰 손실이다. 만일 그가 법을 들었더라면, 그는 법에 따라 법을 빠르게 이해했을 것이다."라고 더 생각했다.

같은 형식의 표현이 웃다까 라마뿟따에 대해서도 반복된다. 붓다는 그가 법을 이해할 수 있는 사람으로 생각했지만, 그도 최근에 죽었다는 사실을 알게 되었다.[4]

이 두 사람에게 가르치고 싶은 붓다의 바람은 먼저 그의 이전 스승들에 대한 감사의 의미를 반영할 뿐만 아니라, 위의 번역 구절에서 그들은 '빠르게 이해했을 것이다'라고 언급되듯이, 그들의 잠재력에 대한 그의 평가를 반영하는 것으로 보인다. 웃다까는 그의 아버지 라마가 실현한 증득에 이르지 못했기 때문에, 스스로 세 번째 무색계 증득을 마스터하여 두 스승들 가운데 보다 높이 성취한 수행자였을 알라라 깔라마를 붓다가 먼저 떠올린 것은 당연하다. 이런 방식으로, 비록 무색계 증득이 자신이 찾던 완전한 해탈이라

---

4   『맛지마 니까야』 26 MN I 170,15에서는 그가 전날 밤에 죽었다고 하지만, 『중아함』 204 T I 777a29에 따르면 이미 보름 전에 죽었다. 『증일아함』의 한 법문, EĀ 24.5 T II 618b10(바로(Bareau) 번역 1988: 79)에서는 그가 그 전날 밤에 죽었다고 전한다. 그렇게 함으로써 『증일아함』 24.5는 『맛지마 니까야』 26과 일치한다.

는 마지막 목표로 인도하기에는 부족하다는 것을 알고 있었지만, 현시점에서는 그것이 보살이 깨달았던 것을 빠르게 이해하기 위한 좋은 기반을 제공할 수 있다고 보살은 생각했다.

먼저 누구를 가르칠 것인가에 대한 붓다의 결심 전 상황에 관하여, 「성스러운 구함 경」 및 그것과 같은 에피소드를 다룬 『중아함』의 해당 내용은 꽤 실질적인 차이를 보여준다. 「성스러운 구함 경」에서는 붓다가 깨닫고 나서 바로 누구에게 가르칠지 고민하지 않았는데, 처음에는 가르치는 것을 망설였다고 전한다. 범천이 이를 알고 지상에 내려와서 붓다가 망설이는 상황에 개입하여 가르치라고 권청했다. 이 개입이 있은 후에야 비로소 붓다는 자신이 찾은 것을 나누기로 결심했다. 『증일아함』의 한 법문에 비슷한 내용이 나온다. 그 법문이 전하는 내용은 다음과 같다.[5]

세존께서 막 깨달음을 얻었을 때, 이런 생각이 떠올랐다. "나의 이 법은 심오해서 이해하기도 힘들고 알기도 힘들며 깨닫기도 힘들고 [단순한] 사유로 성취될 수 없다. 그것은 평화롭고 고귀하며 그것의 의미를 분별할 수 있고 지치지 않고 수행하여 기쁨을 얻을 수 있는 현자만이 깨달을 수 있다.

만일 내가 다른 이들에게 이 고귀한 법을 가르쳤는데, 그

---

5 번역 구절은 『증일아함』 19.1 T II 593a24-593b1 (바로(Bareau) 번역 1988: 78)에 있고, 그것은 『상윳따 니까야』 6.1 SN I 136,1 (보디 번역 2000: 231)과 같은 에피소드를 다룬 내용이다.

들이 그것을 확신을 가지고 받아들이지 않고 존경심을 가
지고 그것을 받아들이지 않는다면, 그것은 헛되고 매우
피곤한 일이 될 것이고, 해로운 결과들을 갖게 될 것이다.
지금은 침묵을 지키는 것이 최선이다. 내가 법을 가르쳐
야 할 이유가 있는가?"

이『증일아함』법문과 같은 에피소드를 다룬『상윳따 니까야』의 해
당 내용에 따르면, 붓다는 특히 특정 조건(idappaccayatā)과 니르바나
의 깨달음은 보기 어렵다고 생각했다. 빠알리 버전에는 가르칠 필
요성과 관련한 수사적 질문은 나오지 않는다. 그러나 게송에 그러
한 내용이 내포되어 있는데, 게송에서 붓다는 그런 어려움 때문에
자신이 발견한 것을 가르치지 않겠다고 말한다. 오염원들의 영향
을 받고 있는 사람들은 그것을 쉽게 이해하지 못할 것이기 때문이
라는 것이다. 여기에는 그가 가르치는 것은 그의 깨달음에 따른 필
연적인 결과가 아니며 오히려 그의 가르침을 받을 대상의 수용성
과 능력에 달려 있다는 것이 내포되어 있다.

　　『증일아함』의 설명에 따르면, 적절한 때에 개입한 범천은, 어
떤 연꽃은 물에 완전히 잠겨 있고 어떤 연꽃은 수면까지만 올라와
있으며 어떤 연꽃은 수면 위로 올라와 있다는 다양한 연꽃들을 예
로 들어, 중생들의 다양한 능력들을 설명했다. 반면에『상윳따 니
까야』의 해당 내용은 이 비유를 범천의 초대를 받은 후에 세상을
살펴보고 중생들의 다양한 능력들을 알게 된 붓다가 말한 것으로
서술하고 있다. 두 버전에서 그 비유는, 비록 어떤 이들은 오염원들

에 너무 빠져 있어서 이해할 수 없지만, 다른 이들은 이해할 수 있고 그들의 능력은 깨달음으로 인도될 수 있을 만큼 충분히 무르익어 있다는 것을 예를 들어 설명하고 있다. 그러나 그런 이들에게는 길을 보여줄 수 있는 사람이 필요하다. 그들은 깨달음을 추구하기 위해 출가했을 때의 붓다와 어느 정도 비슷한 곤경에 처해 있다. 그때에는 붓다도 어떤 도닦음과 행위가 해탈로 이어질 수 있는지 확신할 수 없었다.

범천의 개입이 있은 후에,『증일아함』버전은 다음과 같이 진행된다.[6]

그때 세존께서는 범천의 생각을 이해하고 모든 중생들의
처지에 공감하고 그들에 대한 연민에서 게송으로 말했다.

"이제 범천이 와서 여래를 설득하여
법의 문을 열도록 했노라.
법을 듣는 자들은 신실한 믿음을 얻으리[얻게 하리].
그리고 심오한 법의 필수 요소들을 분별하라."[7]

『증일아함』의 이 법문 외에도, 「성스러운 구함 경」에 전하는 범

---

6   번역은『증일아함』19.1 T II 593b15-593b20에 기초한다.

7   『증일아함』19.1 T II 593b19에서는 계속해서 두 번째 게송이 이어지지만,『상윳따
니까야』6.1에는 두 번째 게송이 없다. 두 번째 게송에서는 법에 대한 붓다의 생각을 묘
사하는 것으로, 높은 산에 서서 주위에 있는 다양한 중생들을 볼 수 있음을 표현한다.

천의 개입은, 비록 같은 에피소드를 다룬『중아함』의 해당 내용에는 없지만, 붓다의 깨달음 후 사건들을 묘사한 몇 가지『위나야(Vinaya)』와 붓다 전기[8]에도 유사한 내용이 있으며, 그 광경은 예술적 표현들의 소재가 되어 왔다.[9]

붓다로 하여금 가르침에 나서도록 동기를 부여하기 위해 과연 개입이 필요한가에 대한 그런 기본적인 차이는 과거 위빳시(Vipassin) 붓다에 관련해서도 반복된다. 「대전기경(Mahāpadāna-sutta)」및 그것과 같은 에피소드를 다룬『장아함』의 해당 내용에서는 막 깨달은 위빳시 붓다가 가르침에 나서도록 설득하기 위해 범천이 개입했다고 전한다.[10] 반면에 산스크리트 단편 버전 및 부분적으로 같은 에피소드를 다룬 한역 버전에서는 범천에 대한 어떤 언급도 존재하지 않는다.[11] 이런 식으로 범천의 개입이라는 그 유명한 에피소드가 위빳시 붓다와 고따마 붓다의 경우 모든 법문 버전들에서 전해지는 것은 아니다. 이러한 차이는 그 에피소드가 일부 전승에서 손실되었거나 아니면 일부 전승에서 추가되었을 가능성을 시사한다. 요컨대 이 특정 에피소드는 전승에서 다른 에피소드

8　예를 들면, 다르마굽따까(Dharmaguptaka)의『위나야』, T 1428 T XXII 786c20(바로(Bareau) 번역 1963: 138), 마히샤사까(Mahīśāsaka)의『위나야』, T 1421 T XXII 103c19(바로(Bareau) 번역 1963: 137), 근본설일체유부(Mūlasarvāstivāda)의『위나야』, 그놀리(Gnoli) 1977: 128,29(그것의 한문 및 티베트어 버전이 T 1450 T XXIV 126b16과 왈드쉬밋트(Waldschmidt) 1957: 111,11에 있음),『마하와스뚜(Mahāvastu)』, 세나트(Senart) 1897: 315,1(존스(Jones) 번역 1956/1978: 304),『방광대장엄경(Lalitavistara)』, 레프만(Lefmann) 1902: 394,8 등이 있다.

9　조사를 위해서는 아날라요 2011: 178 각주 175를 참조하라.

10　『디가 니까야』14 DN 36,21(왈쉬(Walshe) 번역 1987: 213) 그리고『장아함』1 T I 8b22.

11　왈드쉬밋트 1956: 148 각주 2 그리고 T 3 T I 156c14.

들, 이를테면 붓다가 자신이 깨달은 것을 제일 먼저 옛 스승들에게 전하겠다는 깨달음 직후의 결심 에피소드보다 덜 정립된 것이다.

그 에피소드 자체는 그것이 붓다가 가르침을 시작하도록 고무받을 필요가 있었다는 인상을 전달함에 있어서 중요하다. 그런 고무가 없었더라면, 그는 아마도 법을 가르치지 않았을 것이다. 범천이 시기적절하게 개입할 필요성은 위에서 번역한 『증일아함』 구절에서 특히 두드러진다. 거기서 붓다는 "내가 법을 가르쳐야 할 이유가 있는가?"라고 생각한다. 다시 말해서, 스스로 깨달음에 이른 이들은 자신이 발견한 것을 다른 이들에게 정말로 전해야 하는가? 어떤 이가 스승의 지도 없이 깨달음을 실현했지만 그것을 다른 이들에게 널리 가르치지 않을 가능성은 불교 전통에서 벽지불이라고 표현된다. 벽지불들은 스스로 깨닫지만 그들의 가르침을 따르는 제자들이 없다.[12]

붓다가 수많은 전생 동안에 다른 이들을 깨달음으로 인도하는 스승으로서의 과업을 준비했던 것으로 여겨지게 되는 것은 오직 뒤이은 전개 상황을 통해서일 뿐이다. 보살사상 발전의 초기 단계에서는, 현재 이용 가능한 문서를 통해 재구성해 볼 수 있는 한에서는, 아직 연민을 중요한 위치에 두지 않았다.[13] 그럼에도 불구하고 초기 법문들은 실제로 붓다가 전생들 가운데 한 삶에서 멧따(mettā, 慈)를 계발했다고 보고 있다. 멧따와 연민의 긴밀한 관계 때문에 적

---

12 초기 불교사상에 나오는 벽지불에 대해서는 아날라요 2016a: 215-38과 249-65 참조.

13 보다 상세한 연구를 위해서는 아날라요 2010과 2017a 참조.

어도 초기 불교 사상에서, 이것은 마음 열림 명상 계발이 붓다가 이미 전생에서 했던 것임을 암시한다. 여기에 관련 구절의 『중아함』 버전이 있다.[14]

> 나는 전생에 오랫동안 공덕을 지었고 오랫동안 그 과보를 경험한 것을 기억한다. 그것은 마음으로 기억하기에 기쁜 것이었다. 나는 전생에 멧따를 칠 년 동안 수행하고, 생성과 소멸의 칠 [겁] 동안 이 세상에 [돌아]오지 않았다.

같은 에피소드를 다룬 다른 경전들도 붓다가 전생에서 지속적으로 멧따 수행을 했다는 점에서 일치를 보인다. 그러나 그런 멧따 수행이 다른 존재들에게 이익을 준다거나 붓다에 이르는 진보와는 아무런 관련이 없다. 다만 그것은 매우 오랫동안 천상에 다시 태어나도록 했던 공덕의 원천으로 제시되기는 한다. 다시 말해서, 그런 전생의 멧따 수행을 언급하는 요점은 미래에 행복을 경험하기 위해 공덕을 짓는 것이 중요함을 강조하는 것이다.

　『상윳따 니까야』 및 그것과 같은 에피소드를 다룬 경전들에 있는 한 법문에서는 다르마[法]의 발견과 가르침이 붓다 또는 여래와 그의 아라한 제자들 사이의 결정적인 차이를 나타낸다는 사실

14　번역 구절은 『중아함』 138 T I 645c20f에 나오는데, 『앙굿따라 니까야』 7.58b AN IV 89,1(보디 번역 2012: 1062, 법문 62라고 지칭됨)과 『본사경(Itivuttaka)』 15,5(아일랜드 번역 1991: 15), 그리고 산스크리트 단편들, 뜨리빠티(Tripāṭhī) 1995: 168, SHT 412,32, 샌더(Sander)와 왈드쉬밋트 1980: 65와 같은 에피소드를 다룬 내용이다.

을 강조한다. 그 법문은 여래와 어떤 아라한이 둘 다 취착의 대상이 되는 다섯 가지 무더기[五取蘊]에 대한 통찰적인 지혜를 계발해서 해탈하였다고 설명하는 것으로 시작한다. 『잡아함』 버전은 다음과 같이 계속된다.[15]

완전히 깨우친 아라한인 여래는 전에 들어보지 못한 다르마를 스스로 깨닫고 최고의 깨달음을 통찰할 수 있었다. 그는 미래 세대에게 다르마를 가르쳐 그의 제자들을 깨우친다. 즉 네 가지 마음챙김의 확립[四念處], 네 가지 바른 노력[四正勤], 네 가지 신통력을 위한 기반[四如意足], 다섯 가지 기능[五根], 다섯 가지 힘[五力], 일곱 가지 깨달음 요소[七覺支], 팔정도(八正道)가 그것이다.

수행승들이여, 이 분을 여래라고 하며 완전히 깨우친 아라한이고 성취하지 못한 것을 성취했고 얻지 못한 것을 얻었으며 도를 알고 도를 분별하며 도를 가르치고 도를 꿰뚫어 보며 게다가 성공적으로 제자들을 가르치고 훈계할 수 있으며 이렇게 그들을 바르게 가르쳐서 그들이 정법을 기쁘게 받아들이게 한다. 이것이 여래와 아라한의 차이이다.

---

15 번역은 『잡아함』 75 T II 19c3-19c10(아날라요 번역 2013a: 39)에 기초하였는데, 이는 『상윳따 니까야』 22.58 SN III 65,21(보디 번역 2000: 901)과 산스크리트 단편 버전, SHT IV 30b R, 샌더와 발드쉬밋트 1980: 80과 같은 에피소드를 다룬 내용이다.

『상윳따 니까야』 버전은 이 전체를 보다 간결하게 제시하여 여래가 도를 일으키고 생기게 했으며 선포하였고, 도를 알고 그것을 발견했으며 그것에 능숙하다고 설명한다. 이제 제자들은 이 도를 따라 살면 후에 그 도를 간직하게 된다. 이와 같이 『상윳따 니까야』와 『잡아함』 사이에는 사소한 차이점도 있지만, 두 버전의 요점은 여전히 다르마를 발견하고 가르치는 것이 붓다의 특징이라는 것이다. 실제로 6장에서 언급된 붓다의 용맹성 가운데 하나에 따르면, 그는 다른 이들에게 실제로 둑카[苦]로부터의 해탈에 이르는 것을 가르칠 수 있다고 확신했다.

　　그러나 위 내용은 아라한들이 연민의 마음으로 가르치는 것이 아니라는 점을 내포하는 것은 아니다. 아라한들의 가르침은 그들이 붓다에게 배우고 나서 깨달은 것에 기초를 두고 있는 반면 붓다는 스스로 깨달은 것을 가르친다는 것이 여기에서의 요점이다. 또 다른 법문은 붓다가 막 아라한을 성취한 그의 첫 제자들에게 중생들의 이익을 위해서 널리 유행하라고 권유하는 내용을 담고 있다. 『잡아함』에 있는 관련 구절은 다음과 같다.[16]

　　그때 세존께서는 수행승들에게 말씀하셨다. "나는 이미 인간과 신의 속박에서 해탈했고 그대들도 인간과 신의 속

16　번역 부분은 『잡아함』 1096 T II 288b1–288b4에서 가져왔는데, 『상윳따 니까야』 4.5 SN I 105,24(보디 번역 2000: 198)와 『위나야』 I 20,36(호너(Horner) 번역 1951/1982: 28)과 같은 에피소드를 다룬 내용이다. 또한 『마하와스뚜(Mahāvastu)』, 세나트(Senart) 1897: 415,8(존스 번역 1956/1978: 416), 그리고 『상가베다와스뚜(Saṅghabhedavastu)』, 그놀리(Gnoli) 1977: 148,21 참조.

박에서 해탈을 얻었다. 그대들은 많은 사람들을 만나기
위해, 많은 사람들의 안녕을 위해, 인간과 신들의 평화와
행복을 위해, 사람들 사이로 유행을 떠나라. 그대들 각자
는 홀로 떠나고 도반과 함께 유행하지 말라."

두 버전은 붓다가 제자들에게 각자 따로 가라고 강조해서 말했다
는 점에서 일치를 보인다. 그것은 아마도 이런 방식으로 그들이 다
양한 지역으로 갈 수 있고, 그럼으로써 이해할 준비가 되어 있는 사
람이 붓다의 제자를 만나서 해탈을 위한 가르침을 받을 가능성을
최대화하기 위함이었을 것이다. 이런 식으로, 여기에서 붓다는 자
신에게 부과했던 과업을 제자들에게 물려주었다. 「성스러운 구함
경」 및 그것과 같은 에피소드를 다룬 경전에 따르면, 붓다는, 범천
의 성공적인 개입으로, 이해할 사람들이 있을 것이라는 확신이 선
후에야 비로소 그 과업을 맡았다. 이렇게 범천의 개입은, 적어도 이
에피소드를 전하는 자료들의 관점에서 볼 때, 주된 영향을 미쳤고
결국은 오늘날에도 다르마를 접할 수 있게 된 데 공헌했다고 간주
되어야 할 것이다.

초기 불교 사상에서, 범천에 사는 천인의 유형 가운데 하나가
되기 위해서는 브라흐마위하라(brahmavihāra, 梵住)를 명상적으로 계
발해야 한다. 이 브라흐마위하라(brahmavihāra)들 가운데 하나가 연
민이고, 이것이 바로 범천의 시기적절한 개입과 관련이 있는 연민
이다. 사실 붓다의 가르칠 결심과 완전히 깨달은 제자들에게 똑같
은 의무를 전달한 사례가 가리키는 것은, 붓다의 결심에 애초부터

명상가 붓다의 삶

범천의 권청이 필요했는지 여부에 상관없이, 분명히 연민이다.[17]

•••••••••••••••••••• 수 행 ••••••••••••••••••••

실제 수행법으로서의 연민의 계발은 이타적인 동기에서 다른 이들을 가르치는 붓다의 모범에 따르는 방법을 추천한다. 연민의 태도를 계발하는 것은 우리가 다르마를 만나게 되어 경험한 이익들에 대한 감사를 일으키는 것으로 시작할 수 있다. 그런 감사를 통해 기쁜 영감을 일으키는 것은 우리에게 가능한 어떤 방법으로든 다른 이들과 다르마를 기꺼이 공유하려는 태도를 계발하기 위한 편리한 출발점을 제공한다.

정규 명상을 위해 나는 출발점으로서의 연민을 자극하기 위해 유용하다고 생각되는 어떤 이미지나 어구를 사용하되, 점차 전진하여 그런 보조 수단을 내려놓고 단지 연민의 정신적인 태도를 유지하라고 제안한다. 이렇게 시작점으로서의 연민을 '수행하는 것'으로부터 단지 연민의 정신적인 상태로 '존재하는 것'으로 이동하고 점차 그 범위를 무한대로 확장하는 것이다. 경계 없음의 상태는 그저 연민을 발휘하는 데 제한을 가져오는 어떤 경계도 허용하지

---

17 초기 불교 사상에서, 연민은 서로 밀접하게 연관된 두 가지 양태가 있다. 하나는 전형적으로 다르마를 가르치는 행태를 띠는 적극적인 연민(anukampā)이고, 다른 하나는 명상 수행의 한 가지 자질로서의 연민(karuṇā)이다. 말할 필요도 없이, 각각은 상호보완적이다.

않음으로써 성취된다. [18]

　이렇게 정규 명상을 수행하면 그것은 자연스럽게 일상의 상황에서 이타적인 관점으로 반응하도록 도움을 줄 것이다. 우리의 능력을 최대로 발휘하여 다른 이들에게 해를 입히지 않도록 하고 심지어 우리의 연민에 보답하지 않는 사람들에게도 연민의 태도를 유지하려는 의도적인 노력은 명상 수행을 위한 기반을 만들어준다. 두 가지는 함께 우리 자신을 점차적으로 변화시키고 그렇게 하여 깨달음에 이르는 도닦음을 위한 실질적인 도움을 제공한다. 이렇게 붓다를 가르침에 나서도록 결심하게 했고, 그럼으로써 우리가 다르마를 배우고 수행할 수 있는 능력을 갖추는 원인인 연민의 발휘를 재현하는 것이다.

18　보다 상세하게는 아날라요 2015a: 151-62 참조.

15

두 가지 극단

이 장에서 나는, 전하는 바에 따르면, 붓다가 다르마[法]의 바퀴를 돌렸던 그 가르침의 첫 부분을 다룬다. 고행 기간 동안 동료였던 다섯 사람에게 설했던 문제의 그 법문은 깨달음에 도달할 수 있기 위해 피해야 하는 두 가지 극단으로 시작된다. 그러나 두 가지 극단을 실제적으로 알아보기 전에, 먼저 붓다의 이 첫 번째 법문으로 이어지기까지의 이야기에 주의를 기울일 필요가 있다.

「성스러운 구함 경」및 그것과 같은 에피소드를 다룬 『중아함』의 해당 내용은, 알라라 깔라마와 웃다까 라마뿟따가 죽었다는 것을 붓다가 알게 되었을 때, 그는 고행 기간 동안 그의 동료였던 다섯 사람을 가르치기로 결심했다고 전한다. 『중아함』 버전은 다음과 같이 진행된다.[1]

최고의 바른 완전한 깨달음을 막 성취하고 나서 나는 생각했다. "나는 누구에게 이 다르마를 먼저 가르쳐야 하는가?" 나는 또 생각했다. "이전의 다섯 수행자는 내가 정진하는 것을 지원하여 많은 이익이 되었다. 내가 고행할 때 그 다섯 수행자는 나를 받들었다. 이제 나는 그 다섯 수행자에게 다르마를 가르쳐야 하는가?"

나는 또 생각했다. "이전의 다섯 수행자는 지금 어디에 있는가?" 나는 인간의 시력을 넘어선 청정하고 신성한 눈으

1 번역 부분은 『중아함』 204 T I 777b3-777b11에서 가져왔는데, 『맛지마 니까야』 26 MN I 170,20(냐나몰리 번역 1995/2005: 263)과 같은 에피소드를 다룬 내용이다. 또한 아날라요 2011: 182와 2012b: 32f 참조.

로 그 다섯 수행자가 베나레스 근처의 선각자들이 머무는 장소에 있는 녹야원에 있다는 것을 알게 되었다. 내가 [원하는 대로] 보리수 아래에서 머문 후에, 나는 가사를 걸치고 발우를 들고 깟시라는 도시에 있는 베나레스로 갔다.

화지부(化地部, Mahīśāsaka)와 근본설일체유부(Mūlasarvāstivāda)의『위나야(Vinaya)』에 따르면, 이 다섯 명의 이전 동료는 보살을 돌보기 위해 붓다의 아버지가 보냈다는 것이다.[2]『증일아함』의 한 법문은 그들이 보살이 태어난 후부터 그를 따라다녔다고 전한다.[3] 다른 관점은『방광대장엄경(Lalitavistara)』에 나온다. 그것에 따르면 웃다까라마뿟따의 이전 제자였던 그 다섯 사람은 자신들이 많은 수행을 한 후에도 도달하지 못했던 것을 보살이 매우 빠르게 성취하는 것을 목격했다.[4] 그가 성취한 것에 만족하지 못했다는 사실은 그들로 하여금 웃다까를 떠나 그를 따르도록 동기부여 한 것이다.

붓다가 고행을 포기했을 때 이 다섯 사람이 보살을 떠났다는 사실을 고려하면,『방광대장엄경』의 설명이 서사 맥락에 잘 맞는다. 이 다섯 사람이 보살이 어렸을 때부터 친구였거나 그를 돌보라고 그의 아버지가 보낸 사람들이었다면, 그가 수행법을 바꾸기로 결심했다는 사실은 그들이 그를 떠나려는 충분한 이유를 제공하지

---

2   T 1421 T XXII 104a19와 그놀리(Gnoli) 1977: 99,4.

3   『증일아함』24.5 T II 618b14(바로(Bareau) 번역 1988: 79).

4   레프만(Lefmann) 1902: 245,17.

못할 것이다. 만일 그들이 그의 깨달음에서 이익을 얻으려는 희망으로 그를 따랐다면, 그런 결심은 더 이치에 닿는다. 그런 경우에, 그가 고행, 즉 그들이 생각하기에 깨달음에 이르기 위해 필요한 것을 포기했을 때, 그들이 그를 떠나 그들 스스로의 힘으로 나아가기로 결정했다면 그것은 당연한 일이 될 것이다.

「성스러운 구함 경」 및 그것과 같은 에피소드를 다룬 『중아함』의 해당 내용은, 그가 다섯 사람을 가르치러 가는 길에, 붓다가 우빠까라는 유행승을 만났다는 이야기로 이어진다. 『중아함』은 이 만남을 다음과 같이 전한다.[5]

> 그때 이교 수행자인 우빠까는 멀리서 오는 나를 보고 말했다. "도반 고따마 존자여, 그대의 감각들은 깨끗하고 그대의 외모는 매우 고귀하며 그대의 얼굴은 빛이 납니다. 도반 고따마 존자여, 누가 그대의 스승입니까? 누구 밑에서 그대는 도를 닦습니까? 누구의 가르침을 그대는 믿습니까?"
>
> 그때 나는 우빠까에게 게송으로 대답했다.

---

5   번역은 『중아함』 204 T I 777b11-777b17에 기초한다. 그렇지만 그것은 우빠까와의 만남이 어디에서 있었는지에 대해서는 정확한 언급을 하고 있지 않다. 『맛지마 니까야』 26 MN I 170,33에 따르면, 그것은 가야와 깨달음을 얻은 장소 사이에서 있었다. 『중아함』 204와 유사하게, 『증일아함』 24.5 T II 618c1, T 211 T IV 594b10, T 212 T IV 717b18, 『상가베다와스뚜(Saṅghabhedavastu)』, 그놀리 1977: 131,23에 있는 이 에 피소드 관련 서술들은 그 만남이 베나레스로 가는 도중에 일어났다는 것을 보여주는 것 외에, 이 만남의 장소에 관해서는 더 이상의 설명을 하지 않는다.

"나는 견줄 이가 없는 최고의 승자이며

어떤 것에도 집착하지 않고

모든 갈애를 파괴하여 해탈했다.

스스로 깨달았으니 누구를 스승이라고 부르겠는가?"

그들의 대화는 결국 우빠까가 "그렇게 되기를"이라고 말하고 떠나는 것으로 끝난다.[6] 그의 반응은 그의 이전 영감과 대조를 이룬다. 붓다를 보자마자 그는 붓다가 어느 스승 밑에서 어떤 수행을 하여 그런 인상적인 태도와 외모를 성취했는지 알고 싶어 했다. 분명히 이 에피소드는 영감을 받아 거의 개종할 준비가 된 사람과 함께 시작된다. 그러나 자신이 최고이며 스승이 없다는 붓다의 주장은 분명히 우빠까를 설득할 수 없었다. 아마도 이 에피소드는 붓다가 최고의 승리자라고 단순하게 주장하는 것을 넘어서 다른 사람들을 설득하기 위해 그의 깨달음을 전하는 방법을 찾을 필요가 있다는 것을 가리키는 것으로 읽힐 수 있다.[7]

적어도 처음에는 많은 영감을 받았던 우빠까와는 달리, 다섯 명의 이전 동료들은 붓다가 정진을 팽개쳤다고 믿었다. 이것은 붓다가 제공해야 하는 것에 신뢰를 가질 수 있도록 그들을 설득하기

---

6 우빠까와 붓다 사이의 완전한 게송으로 된 대화의 기록들 사이의 차이를 비교 조사하기 위해서는 아날라요 2011: 183f를 참조하라.

7 블롬필드(Blomfielf) 2011: 105는 "고따마의 선언에 대한 우빠까의 무관심은 … 만일 그가 다른 사람들을 설득하길 원한다면 그의 깨달음을 단순하게 선언하는 것 이상의 일을 해야 할 필요가 있다는 것을 보여주었다."고 하였다.

위해서 능숙하게 처리될 필요가 있는 상황이었다.[8] 「성스러운 구함 경」과 같은 에피소드를 다룬 『중아함』의 해당 내용은 다음과 같은 방법으로 그들의 태도를 묘사한다.[9]

> 그때 오비구는 멀리서 내가 오는 것을 보았다. 그들은 서로에게 굳게 합의하여 말했다. "도반들이여, 그대들은 사문 고따마가 오고 있는 것을 알아야 합니다. 그는 욕망이 많고 원하는 것이 많으며, 그는 맛있는 음료와 좋은 곡물과 쌀과 밀가루와 버터와 꿀을 먹습니다. 그리고 그는 참깨 기름을 몸에 바릅니다. 지금 그가 오고 있어도 그대들은 계속 앉아 있고 인사하기 위해 일어나지 말아야 하고 그에게 경의를 표하지 맙시다. 그를 위해 자리를 비워두기는 하지만 그 위에 앉으라고 권하지는 맙시다."

「성스러운 구함 경」 및 그것과 같은 에피소드의 일부를 다룬 『증일아함』의 해당 내용은 다섯 비구 사이에서 이루어진 비슷한 합의를 전한다.[10] 이 에피소드는 그들에게, 붓다가 호화로운 삶으로 되돌

---

8 붓다의 깨달음 전반에 대한 믿음을 그렇게 처음에 일으켜야 하는 중요성에 대해서는 아래 381-382쪽을 참조하라.

9 번역 부분은 『중아함』 204 T I 777c1-777c5에서 가져왔다.

10 『방광대장엄경』, 레프만 1902: 408,5에 따르면, 다섯 비구 가운데 한 명, 빠알리어로 꼰단냐(Koṇḍañña)로 알려진 그 비구는 비록 말하지는 않았지만 붓다를 영접하는 방식에 대해 나머지 네 명과 의견이 달랐다. 상대적으로 덜 냉담했던 그의 태도는 아마도 다른 네 비구와는 다르게 붓다의 사성제 가르침을 듣자마자 예류에 도달할 수 있었던 이유일 수 있을 것이다.

아간 것이 아니라, 마지막 목표에 이르렀다고 설득하는 것이 쉽지 않을 것임을 보여준다. 비록 다섯 비구가 결국에는 당초의 합의를 지키지 못하고 계획보다 붓다를 더 환영하기는 했어도, 그가 깨달음에 이르렀다고 주장했을 때 그들은 설득되지 않았다. 『중아함』 버전은 그들의 반응을 다음과 같이 서술하고 있다.[11]

> 도반 고따마여, 전에 그대는 매우 [단호하게] 행동했고 그대는 매우 [단호하게] 도닦음을 따랐으며 그대는 매우 [단호하게] 고행을 수행했지만, 그대는 인간을 넘어선 상태, 즉 성스러운 지(知)와 견(見)의 탁월함을 성취할 수 없었다. 그대는 욕망이 많고 원하는 것이 많으며, 그대는 맛있는 음료와 좋은 곡물과 쌀과 밀가루와 버터와 꿀을 먹고 참깨 기름을 몸에 바르면서, 지금 그것이 어떻게 사실일 수 있는가?

「성스러운 구함 경」에서 그들은 세 번이나 거부했다. 붓다가 이전 행동을 포기한 까닭은 해탈의 탐구를 계속하려는 영감을 잃어버렸기 때문이 아니라 고행은 깨달음을 가져올 수 없었기 때문이다. 이를 해명하기 위해서는 분명히 고행의 무효능에 대한 주제는 다루어져야만 했다. 동시에 붓다는 자신의 접근법의 변화가 감각적 욕망과 호화스러운 삶으로의 회귀를 암시하는 것이 아니라는 점을 분명히 해야 했다. 다시 말해서, 그는 고행이나 감각적 욕망의 탐닉

---

11   번역 부분은 『중아함』 204 T I 777c19-777c22에서 가져왔다.

이라는 이 두 가지 선택지보다 더 중요한 것이 있다는 사실을 분명
히 보여주어야 했다. 즉 그는 중도(中道)를 보여주어야 했다. 중도
에 대한 이 근본적인 설명, 즉 전승에 따르면 붓다가 법륜(法輪)을
출발시켰던 가르침의 첫 부분은『증일아함』에 독립된 법문으로 보
존되어 왔다. 관련 부분을 번역하면 다음과 같다.[12]

> 그때 세존께서는 [다섯] 비구들에게 말했다. "도를 닦는 사
> 람이 연루되지 말아야 하는 두 가지 양태가 있다. 그 두 가
> 지 양태는 무엇인가? 하나는 감각적 욕망들과 그것들을
> 즐기는 것에 대한 집착 상태이다. 그것은 저열하며 범속
> 상태이다. 또 하나는 여러 가지 번민이 수반되는 [자기 학
> 대] 고통에 대한 집착 상태이다. 이것들은 도를 닦는 사람
> 이 연루되지 말아야 하는 두 가지 양태라고 간주된다.
> 이렇게 그 두 가지 양태를 뒤로 하고, 나는 스스로 완전한
> 깨달음을 성취하고 안목[見]이 일어나고 지혜[知]가 일어
> 나서 [그럼으로써] 마음은 진정(鎮靜)되어 통찰지[慧]를 얻고
> 사문의 결실을 성취하여 열반에 드는 데 필요한 도닦음에
> 이르렀다.
> 완전한 깨달음을 성취하는 길로 인도하고 안목[見]이 일
> 어나고 지혜[知]가 일어나서 [그럼으로써] 마음은 진정(鎮

---

12 번역 부분은『증일아함』19.2 T II 593b25−593c5에 기초한다. 아날라요 2016a: 268f
참조.

靜)되어 통찰지[慧]를 얻고 사문의 결실을 성취하여 열반
에 이르는 데 필요한 도닦음은 무엇인가? 그것은 바로 성
스러운 팔정도이니, 즉 바른 견해[正見], 바른 의도[正思惟],
바른 말[正語], 바른 행위[正業], 바른 생계[正命], 바른 노력
[正精進], 바른 마음챙김[正念], 바른 삼매[正定]이다."

「초전법륜경」의 첫 부분도 유사하게 진행된다.[13] 그래서 빠알리 버
전은 바로 사성제에 대한 가르침의 전달로 이어지지만『증일아함』
에서는 그것이 별도의 법문에서 다루어진다는 점에서 차이가 있
다.「성스러운 구함 경」과 같은 에피소드를 다룬『중아함』의 해당
내용도 사성제로 나아가지 않고 단지 두 가지 극단에 대한 가르침
을 전할 뿐이다. 이 차이가 암시하는 것은, 붓다가 처음 두 가지 극
단에 대한 가르침을 전달한 후에, 오비구에게는 꽤 새로운 관점인
이것을 숙고하고 소화할 시간을 주는 휴지 기간이 있었다는 것이
다. 그 후에야 붓다는 그들에게 사성제를 드러내 보였다. 한역으로
보존되어 온 붓다 일대기 두 가지는 사실 붓다가 두 가지 극단을 설
명한 후에 오비구가 다음에 전할 가르침을 받아들일 준비가 되어
있는지 보기 위해 그들의 마음을 살펴보았다고 전한다.[14]
　오비구가 이전에 보인 저항적인 태도를 고려해볼 때, 붓다가

13　『상윳따 니까야』 56.11 SN V 421.2(보디 번역 2000: 1844).『상윳따 니까야』 56.11과 같
　　은 에피소드를 다룬 버전들에 대한 비교 연구와 사성제의 가르침은 초기 불교 사상
　　에서 늦게 발전된 요소라는 가정에 대한 비판적 검토에 대해서는 아날라요 2015b:
　　347–88과 2016a: 267–99를 참조하라.
14　T 189 T III 644b18과 T 191 T III 954a10.

그들에게 더 많은 가르침을 주기 전에 중도 개념을 완전히 이해하도록 가르쳐야 할 내용을 나누어 제시했다면 그것은 꽤 의미가 있을 것이다. 이런 생각이 두 가지 극단에 대한 설명과 사성제 가르침 사이에 휴지 기간이 있었다는 것을 명확하게 표시하지 않고 단순하게 전체 가르침을 함께 제시한「초전법륜경」과 서로 어긋난다고 간주될 필요는 없다.

감각적 욕망의 탐닉과 자기 학대의 두 극단에서 떨어진 중도의 차별성은 현재의 경우에 잘 맞는 것처럼 보이고, 오비구로 하여금 그들의 의심을 해소하고 고행 포기가 해탈에 이르는 길을 포기하는 것과 같지 않다는 것을 자각하게 해주었다.

그러나 동시에 균형 잡힌 중도의 개념은 보다 넓은 함축성을 갖고 있기도 하다. 그 대표적인 실례가 깟짜야나(MahāKaccāyana)에게 한, 존재와 비존재라는 두 극단을 다룬 그 유명한 법문이다.[15] 이 가르침은 초창기에 이미 매우 유명했던 모양이어서 아난다가 다른 경우에 인용했다. 이 인용은 그때까지 가르침에 대한 좀 더 깊은 통찰을 얻지 못했던 찬나(Channa)에게 말한 것이다. 그러나 아난다의 법문이 끝났을 때, 찬나는 예류를 성취했다.『잡아함』버전은 다음과 같이 진행된다.[16]

---

15 『상윳따 니까야』12.15 SN II 17,8 (보디 번역 2000: 544) 및 그것과 같은 에피소드를 다룬『잡아함』301 T II 85c20과 산스크리트 단편 버전, 뜨리빠티(Tripāṭhī) 1962: 168. 또한 SHT X 3872+3981, 빌러(Wille) 2008: 203 참조.

16 번역 부분은『잡아함』262 T II 66c25-67a6에서 가져왔으며,『상윳따 니까야』22.90 SN III 134,28 (보디 번역 2000: 947과 544)과 같은 에피소드를 다룬 내용이다.

전에 나는 붓다께서 마하깟짜야나(Mahākaccāna)에게 하는 다음과 같은 가르침을 들었습니다. "이 세상 사람들은 혼동하여, 존재와 비존재 두 가지 극단에 의존한다. 이 세상 사람들은 대상에 취착하여 그것을 마음속에 집착하여 품는다."

"깟짜나여, 만일 수행자가 자아를 받아들이지 않고 집착하지 않으며 고수하지 않고 생각하지 않으면, 괴로움이 일어날 때 그것은 단지 일어날 뿐이고 괴로움이 소멸할 때 그것은 단지 소멸할 뿐이다. 깟짜나여, 여기서 의심이 없고 혼란스럽지 않으며 다른 것들에 의존할 필요 없이, 수행자는 이것을 스스로 이해할 수 있다. 이것이 여래가 가르친 바른 견해[正見]이다. 왜 그런가?"

"깟짜나여, 세상의 일어남을 있는 그대로 바르게 명상하는 사람은 세상이 존재하지 않는다는 견해를 일으키지 않는다. 세상의 소멸을 있는 그대로 바르게 명상하는 사람은 세상이 존재한다는 견해를 일으키지 않는다."

"깟짜나여, 여래는 이 두 극단을 피하여 중도를 가르친다. 즉 이것이 존재하기 때문에 저것이 존재하고, 이것이 일어나기 때문에 저것이 일어난다. 즉 무명(無明)을 조건으로 형성들[行]이, 형성들을 조건으로 식(識)이, 식을 조건으로 명색(名色)이, 명색을 조건으로 여섯 감각 장소[六入]가, 여섯 감각 장소를 조건으로 감각 접촉[觸]이, 감각 접촉을 조건으로 느낌[受]이, 느낌을 조건으로 갈애[愛]가, 갈애를 조건으로 취착[取]이, 취착을 조건으로 존재[有]가, 존재를 조건으로 태어남[生]이, 태어남을 조건으로 늙음, 질병, 죽음, 근심, 탄식, 육체적 고통, 정신적 고통이 일어난다.”

두 버전은 계속해서 연기의 소멸 방식을 설명한다. 그 설명에 따르면 무명의 소멸은 다른 연결 고리들의 소멸을 경유하여 둑카(dukkha)의 소멸로 이어진다. 이렇게 실제로 중도를 실행하는 수단은 팔정도이지만, 교리적인 관점에서 볼 때의 중도는 연기이기도 하다. 그리고 그것은 존재와 비존재의 두 극단으로부터 떨어져 있다. 중도를 발견하기 위해서는 사물을 이 두 가지 방식 가운데 어느 한 가지로 구체화하지 말고, 조건에 따라 현상이 일어나는 과정과 이 과정이 소멸하는 것을 관조할 필요가 있다. 이러한 관조는 자아 개념 내려놓기로 이어진다. 아만(我慢)으로부터 자유롭게 된 결과로, 둑카는 이전처럼 영향을 미치지 못하고 그저 일어났다가 소멸할 뿐이다. 그런 통찰은 매우 강렬해서 전에 통찰을 얻지 못했던 찬나 같은 사람도 예류에 이르는 비약적 도약으로 이어질 수 있다.

중도의 또 다른 측면은 명상 수행의 균형을 확립할 필요에 관한 것이다. 명상 수행의 균형을 확립하려면 너무 많은 노력도 너무 많은 느슨함도 필요로 하지 않는다. 이것은 해탈을 은유적으로 표현한 홍수를 건너는 방법에 대해 붓다가 천신과 나눈 대화에 표현되어 있다. 그 대화는 『상윳따 니까야』의 한 법문에서 발견되는데,[17] 같은 에피소드를 다룬 내용이 두 곳의 『잡아함』에 있다. 『상윳

---

17   『상윳따 니까야』 1.1 SN I 1,1(보디 번역 2000: 89). 이것과 같은 에피소드를 다룬 것으

따 니까야』에 따르면, 천신의 질문에 대한 대답으로, 붓다는 홍수를 건널 때의 두 가지 문제를 지적했다. 하나는 가라앉는 것으로 그것은 사람이 가만히 있을 때 일어난다. 다른 하나는 휩쓸려가는 것으로 그것은 사람이 과도하게 허우적거릴 때 일어난다. 가만히 있거나 과도하게 힘쓰지 않고, 균형 잡힌 수행이 홍수를 건널 수 있게 해준다.

·····················   **수 행**   ·····················

붓다가 발견한 중도를 실제로 실행하기 위한 한 가지 측면으로 나는 우리의 명상 수행과 관련이 있는 균형이라는 주제의 도입을 제안하고 싶다. 이것은 이미 13장에서 다룬 깨달음 요소들과 병행할 때 특별히 잘 행해질 수 있다. 일곱 가지 깨달음 요소들을 일으키고 잘 확립된 마음챙김의 기반 유지에 기초하여, 이제 해야 할 일은 조사[擇法]-에너지[精進]-기쁨[喜]과 평안[輕安]-삼매[定]-평정[捨] 등세 개 한 조인 두 가지 사이의 균형을 잡는 것이다. 첫 번째 그룹은 에너지를 공급하는데, 그럼으로써 마음이 느슨할 때 더 많이 강조되고, 두 번째 그룹은 차분하게 하기 때문에 마음이 들뜰 때 추천할 만하다. 마음챙김은 그 둘 다를 위한 기반을 제공해서 무엇보다 먼

로『잡아함』1267 T II 348b10과『잡아함2』180 T II 438c15가 있다. 또한 에노모토 (Enomoto) 1989: 28(§13) 참조.

저 마음의 상태를 알아차리도록 한다.

　　정규 명상에서 해 본 정신적인 균형 실험을 바탕으로, 그런 균형을 우리 일상적인 활동들에 행사함으로써 나태와 지나친 흥분이라는 극단을 피하고 어떤 상황에서든, 심지어 너무도 평범한 활동에서도 균형 잡힌 중도를 발견할 수 있다. 똑같은 균형감의 또 다른 측면을 찾을 수도 있는데, 그것은 우리의 자아의식이 어떻게, 즉흥적 욕망의 만족에 의해서 뿐만 아니라 자신을 학대할 수 있는 정도에 따라 갖는 자부심을 통해서도, 강화될 수 있는지 알아차릴 때이다. 그 두 방식은 중도를 놓치고 있다. 여기서 다시 마음챙김은 균형을 잃을 때 그것을 알아차리기 위한 기반을 제공한다.

16

네 가 지   진 리 [四聖諦]

이 장에서 붓다의 첫 번째 법문을 계속 검토한다. 붓다가 감각적 욕망과 고행 사이의 중도(中道)를 표방한 접근법을 밝히고 나서, 첫 다섯 제자에게 말한 다음 주제는 네 가지 진리에 관한 것이다. 앞 장에서 언급했듯이,『증일아함』은 두 가지 극단과 네 가지 진리에 대한 가르침을 각각 별도의 법문에서 제시한다. 이것은 붓다의 첫 번째 법문을 다룬 다른 버전들에서도 발견되는 특징으로, 아마도 두 가르침의 전달 사이에 휴지 기간을 두어 오비구가 사성제의 가르침을 받기 전에 중도의 개념을 소화하도록 하자는 생각이 반영되었을 것이다.

『증일아함』의 또 다른 특징은 네 가지 진리를 소개할 때 '성스러운'이라는 수식어를 사용하지 않는다는 것이다. 이것 역시 다른 곳에서도 나타나는 특징이다. 이것은 처음에 이 수식어가 특정한 경우에만 사용되었고 나중에야 비로소 네 가지 진리를 언급할 때마다 사용되었다는 것을 시사한다.[1] 네 가지 진리가 갖고 있는 '성화(聖化)시키는' 잠재력을 고려해 볼 때, 네 가지 진리에 '성스러운'이라는 용어를 폭넓게 적용하는 것(사성제)은 거의 놀랄 일이 아니다.

여기에 붓다의 사성제에 관한 첫 번째 가르침에 관련된 『증일아함』의 설명 부분이 있다.[2]

---

1 보다 상세한 논의를 위해서는 아날라요 2016a: 239-48 참조.

2 번역 부분은『증일아함』24.5 T II 619a8-619a19(아날라요 번역 2016a: 269f)에 기초하는데,『상윳따 니까야』56.11 SN V 421,19(보디 번역 2000: 1844)와 같은 에피소드를 다룬 내용이다.『상윳따 니까야』56.11과 같은 에피소드를 다룬 내용들에 대한 비교 연구를 위해서는 아날라요 2015b: 347-86과 2016a: 267-99 참조.

그때 세존께서는 오비구에게 말했다. "그대들은 이 네 가지 진리를 알아야 한다. 그 네 가지는 무엇인가? 괴로움(dukkha)의 진리, 괴로움이 일어남의 진리, 괴로움 소멸의 진리, 괴로움에서 벗어나는 길의 진리가 그것이다.

무엇이 괴로움[苦]의 진리라고 간주되는가? 태어남은 괴로움이고 늙음은 괴로움이며 질병은 괴로움이고 죽음은 괴로움이다. 비통, 번뇌, 고뇌, 걱정, 고통도 측량할 수 없는 괴로움이다. 싫어하는 것과 만나는 것은 괴로움이고 좋아하는 것과 헤어지는 것은 괴로움이다. 원하는 것을 얻지 못하는 것도 괴로움이다. 간단하게 말해서, 취착의 대상이 되는 다섯 가지 무더기[五取蘊]가 괴로움이다. 이것이 괴로움의 진리로 간주된다.

무엇이 괴로움이 일어남[集]의 진리인가? 그것은 갈애[愛]와 결합된 탐욕이다. 갈애는 탐욕스럽게 집착하는 마음을 유지시켜 부주의한 행동으로 인도한다. 이것이 괴로움이 일어남의 진리라고 간주된다.

무엇이 괴로움 소멸[滅]의 진리인가? 그것은 그러한 갈애를 남김없이 근절하고 소멸해서 다시는 일어나지 못하게 하는 것이다. 이것이 괴로움 소멸의 진리라고 간주된다.

무엇이 괴로움에서 벗어나는 길[道]로 간주되는가? 그것은 성스러운 팔정도이니, 즉 바른 견해[正見], 바른 사유[正思惟], 바른 말[正語], 바른 행위[正業], 바른 생계[正命], 바른 정진[正精進], 바른 마음챙김[正念], 바른 삼매[正定]이다.

이것이 네 가지 진리에 대한 가르침으로 간주된다."

네 가지 진리에 대한 가르침의 진가를 알기 위해서는 우선 둑카 (dukkha, 苦)라는 용어에 함축된 의미를 명확하게 이해할 필요가 있다. 비록 이 단어가 때로는 고통과 겉으로 드러나는 괴로움을 의미할 수 있지만, 그런 뉘앙스는 둑카에 함축된 의미를 모두 나타내지 못한다. 일반적으로 나는 그 빠알리 용어를 그대로 사용하는 편이 낫다고 생각하지만, 만일 번역이 필요하다면, '불만족스러운'이라는 의미를 선택하고 싶다(문맥상 세 가지 느낌 가운데 어느 하나의 의미가 분명한 경우 제외).

　첫 번째 진리를 요약해서 설명한 바에 따르면, 취착의 대상이 되는 다섯 가지 무더기[五取蘊]가 둑카이다. 하지만 그렇다고 해서 몸, 느낌, 인식, 형성들, 의식으로 구성된 개인 경험의 이 다섯 가지 측면들이 모두 언제나 고통스럽거나 괴롭다는 의미일 수는 없다.

　'괴로움'이라는 번역을 적용할 수 없는 것은 이 다섯 가지 무더기 가운데 두 번째를 예로 들어 설명할 수 있다. 느낌들에 대한 초기 불교 분석은 즐거운 느낌, 괴로운 느낌, 문자 그대로 '괴롭지도 즐겁지도 않은', 즉 중립적인 느낌 등 세 가지 유형으로 구별된다. 고통스러운 느낌이 발현될 때, 사람은 아마도 괴롭게 될 것이지만(그것도 그 고통에 대한 그의 정신적인 태도에 달려 있다), 즐거운 느낌이 발현될 때는 괴로움을 거의 느끼지 않을 것이다. 물론, 변화라는 사실이 있다. 그래서 즐거운 느낌이 다른 유형의 느낌들 가운데 하나로 변할 때는 괴로움을 느낄 수 있다(이것도 사람의 태도에 달려 있다). 그러나 괴로운 느낌이 다른 두 가지 유형의 느낌 가운데 하나로 변할 때는 거의 괴롭지 않을 것이다. 반면에 고통이 중립적인 느낌이나 즐거운 느낌으로 변하면 안심을 경험할 것이다. 그러므로 모든 유형의 느낌이 둑카라고 한다면, 둑카는 그 느낌들이 언제나 '괴로움' 또는 '고통'이라는 의미를 전달할 수 없다. 그것은 그 느낌들이 '불만족스러운'이라는 의미일 뿐이다. 느낌들은 조건의 제약을 받고 변하는 성품 때문에, 그것들은 결코 지속적인 만족을 생산할 수 없다.

따라서 첫 번째 진리의 주된 취지는 조건 지어진 존재는 궁극적으로 불만족스러운 성질이라는 의미에서 둑카에 주의를 기울이게 하는 것일 수 있다. 이것의 실례로 질병, 늙음, 죽음이 있다. 그것들로부터 해탈을 얻는 것이 1장에서 논의된 것처럼 보살이 니르바나를 추구하여 출가하였던 중심적인 동기였다. 그럼으로써 첫 번째 진리는 둑카로서의 인간 존재에 대한 붓다의 기본적인 통찰을 반복해서 설명한다. 지금 당장은 건강하고 젊고 활력적이어서 조만간 불가피하게 마주할 사실에 눈을 감기 마련이라고 해도 이러한 사실에는 변함이 없다. 보살이 보여준 사례는 둑카에 대한 이 모든 측면들을 온전히 인정하는 것이다. 보살은 건강과 젊음으로 인하여 모든 인간이 어떤 식으로든 결국 마주할 수밖에 없는 기본적인 곤경들을 알아차리지 못하는 상황을 허용하지 않았다. 이렇게 첫 번째 진리는 질병과 늙음과 죽음으로부터의 해탈을 찾는 붓다의 추구와 가르침을 전하는 중심적인 지침을 다시 한번 확인시킨다.

다음에 두 번째 진리는 둑카의 일어남을 탐욕 및 갈애와 관련시킨다. 갈애는, 『증일아함』 버전의 설명에 따르면, '탐욕스럽게 집

착하는 마음을 유지시켜 부주의한 행동으로 인도한다.' 「초전법륜
경」은 『증일아함』과 달리 갈애가 새로운 생성으로 인도한다고 말
하고 나서, 갈애를 세 가지 유형, 즉 감각적 욕망에 대한 갈애, 존재
에 대한 갈애, 비존재에 대한 갈애로 구분한다.[3]

　　두 번째 진리에서 확립된 갈애와 둑카 사이의 관계는 12장에
서 논의된 연기의 도움으로 구체화될 수 있다. 이 가르침은 둑카의
연기를 추적하는데, 둑카가 늙음과 죽음에서 발현되어 몇 가지 중
간 고리를 거쳐 갈애로 이어지는 과정을 살펴본다. 그 시리즈의 나
머지는 스스로 따라오는 반면에, 일단 갈애가 있으면 갈애의 조건
으로 기능하는 것, 즉 느낌의 경우에는 그렇지 않다. 느낌은 갈애로
인도될 수도 있지만, 꼭 그렇게 되는 것은 아니다. 이것은 두 번째
진리가 갈애를 주목하는 이유를 설명해준다. 이것은 정신의 계발
과 훈련이 둑카의 일어남을 막고 마침내 이런 경향을 근절함으로써
엄청난 차이를 만들어낼 수 있는 조건이다. 위에서 번역된 『증일아
함』 버전의 관점에서 보면, 우리가 해야 할 일은 감각적 욕망의 영
향을 받는 마음으로 부주의하게 행위하는 것을 피하는 것이다. 「초
전법륜경」에서는 그 문제가 감각적 욕망일 뿐만 아니라 존재와 비
존재에 관련된 갈애의 양식이라는 사실을 추가적으로 언급한다.

　　존재에 대한 갈애의 경우에 대해서, 『앙굿따라 니까야』 및 그
것과 같은 에피소드를 다룬 『중아함』의 해당 내용에 있는 한 법문
은 존재에 대한 갈애가 그것의 자양분으로 무명(연기의 조건들 가운데

3　　『상윳따 니까야』 56.11 SN V 421,27.

첫 번째 조건)을 가진다는 것을 분명하게 설명한다. 같은 에피소드를 다룬 빠알리 경전과 마찬가지로, 『중아함』은 그 문제를 다음과 같이 설명한다.[4]

> 존재에 대한 갈애의 궁극적인 시작은 알 수 없다. 그 전에는 존재에 대한 갈애가 없었고 그 순간에 존재에 대한 갈애가 일어났다. [이제] 존재에 대한 갈애의 조건을 알 수 있다. 존재에 대한 갈애는 그것의 자양분을 갖고 있다. 자양분 없이 일어난 것이 아니다. 무엇이 존재에 대한 갈애의 자양분이라고 간주되는가? '무명이 그것의 자양분이다.' 가 그 대답이다.

그러므로 무명의 제거는 존재에 대한 갈애에게서 자양분을 빼앗는 것이다. 다시 말해서, 무명의 제거와 함께 갈애도 끝나게 된다. 『상윳따 니까야』 및 그것과 같은 에피소드를 다룬 경전으로, 오직 일부만 보존된 『잡아함』 모음집(T 101)의 또 다른 법문에 따르면, 무상에 대한 통찰은 갈애를 끝낼 것이다. 『잡아함』 버전은 취착의 대상이 되는 다섯 가지 무더기[五取蘊] 가운데 첫 번째에 대한 문제를 다음과 같이 설명한다.[5]

---

4 번역 부분은 『중아함』 52 T I 487c27–488a1 (빈겐하이머 외 번역 2013: 332)에 기초하며, 그것은 『앙굿따라 니까야』 10.62 AN V 116,15(보디 번역 2012: 1418)와 T 36 T I 819c23과 같은 에피소드를 다룬 내용이다.

5 번역은 『잡아함³』 12 T II 496b25–496b27에 기초하며, 이것은 『상윳따 니까야』 22.51 SN III 51,12(보디 번역 2000: 889)와 같은 에피소드를 다룬 내용이다.

몸은 무상하고 파괴[되기 마련]이라고 이해할 수 있다면, 이 진리를 이해하고 그것을 명상할 수 있다면, 몸에 대한 갈애는 떠날 것이다. 몸에 대한 갈애가 파괴되면, 갈애와 탐욕도 파괴될 것이다. 갈애와 탐욕이 파괴되면 해탈하게 될 것이다.

다른 무더기들에 대해서도 마찬가지이다. 『상윳따 니까야』 법문은 같은 문제를 조금 다른 용어로 표현하여, 몸에 대한 염오가 즐김과 욕정의 파괴로 이어지고 그 파괴는 해탈을 가져온다고 설명한다.

또 다른 법문 구절은 둑카의 일어남을 넘어서 곧장 해탈로 인도하는 관점을 제공한다. 여기에 이 설명에 대한 『중아함』 버전이 있다.[6]

무명(無明)을 조건으로 형성들[行]이 있다. 형성들을 조건으로 식(識)이 있다. 식을 조건으로 명색(名色)이 있다. 명색을 조건으로 여섯 가지 감각 장소[六入]가 있다. 여섯 가지 감각 장소를 조건으로 감각 접촉[觸]이 있다. 감각 접촉을 조건으로 느낌[受]이 있다. 느낌을 조건으로 갈애[愛]가 있다. 갈애를 조건으로 취착[取]이 있다. 취착을 조건으로

---

6 번역 구절은 『중아함』 55 T I 491a4-491a11(빈겐하이머 외 번역 2013: 349)에서 가져왔고, 『상윳따 니까야』 12.23 SN II 31,26(보디 번역 2000: 555)과 D 4094 ju 51b2 또는 Q 5595 tu 56a2와 같은 에피소드를 다룬 내용이다. 『상윳따 니까야』 12.23의 설명을 연구하기 위해서는 보디 1980 참조.

명상가 붓다의 삶

존재[有]가 있다. 존재를 조건으로 태어남[生]이 있다. 태어남을 조건으로 늙음과 죽음[老死]이 있다. 늙음과 죽음을 조건으로 둑카가 있다.[7]

둑카의 일어남으로 믿음이 있다. 믿음의 일어남으로 바른 주의가 있다. 바른 주의의 일어남으로 바른 마음챙김[正念]과 바른 알아차림[正知]이 있다. 바른 마음챙김과 바른 알아차림의 일어남으로 기능들의 지킴이 있다. 기능들의 지킴이 일어남으로 도덕[戒] 지킴이 있다. 도덕 지킴의 일어남으로 후회 없음이 있다. 후회 없음의 일어남으로 환희가 있다. 환희의 일어남으로 희열이 있다. 희열의 일어남으로 고요함이 있다. 고요함의 일어남으로 행복이 있다. 행복의 일어남으로 삼매가 있다. 삼매의 일어남으로 있는 그대로 보는 것과 있는 그대로 아는 것이 있다. 있는 그대로 보는 것과 있는 그대로 아는 것의 일어남으로 염오가 있다. 염오의 일어남으로 탐욕의 빛바램이 있다. 탐욕의 빛바램의 일어남으로 해탈이 있다. 해탈의 일어남으로 니르바나의 성취가 있다.

이런 식으로 전망하면 둑카를 넘어 믿음의 일어남으로 이어지는데, 믿음은 결국에는 둑카의 끝을 깨닫는 것으로 인도할 정신적인

---

7 『상윳따 니까야』 12.23 SN II 31,31은 늙음과 죽음을 빼고 태어남에서 직접 둑카로 이어진다.

자질들을 계발하기 위한 기반이다. 이것이 정확하게 세 번째 성스러운 진리에서 말하는 요점이다. 다시 말해서 둑카의 곤경을 해결하는 방법은 둑카가 다시는 일어나지 않도록 그런 식으로 갈애를 제거하는 것이다. 특히 위에 번역된 구절에서, 둑카를 넘어 일련의 조건들로 인도함으로써 끝내 니르바나의 성취를 이루어내는 자질은 믿음이다.

다음에 해탈에 이르는 길은 성스러운 팔정도이다. 팔정도의 첫 번째 요소는 바른 견해[正見]이며, 바른 견해를 얻는 방법으로 흔히 언급되는 것은 네 가지 진리를 정확하게 이해하는 것이다. 이것은 비슷한 말을 반복하는 것이 아니며, 요점은 수행의 길을 출발하도록 동기를 부여받기 위해서는 네 가지 진리에 대한 어느 정도의 기본적인 이해가 필요하다는 것이다. 이것은 위의 인용 구절에서 둑카는 믿음(saddhā)의 조건이고 그럼으로써 결국 해탈로 귀결되는 일련의 전체 조건들로 인도될 수 있다는 지적을 반영한다. 둑카에 대한 해결책이 발견될 수 있고 그 해결책에 이르는 실행 가능한 길이 존재한다는 최소한의 믿음이 없이는, 둑카에 대해서 거의 어떤 것으로 할 수 없을 것이다.

수행의 길로 떠나기 위한 지도 원리로서의 네 가지 진리에 대한 그러한 예비적인 이해는 예류자가 되어 얻거나 완전한 깨달음으로 얻은 네 가지 성스러운 진리에 대한 통찰의 수준과 같은 것은 아니다. 네 가지 진리 형식을 띤, 성스러운 팔정도의 첫 번째 요소인 바른 견해는 예비적인 진단 기능을 가질 수 있다. 둑카의 실상에 대한 혼란스러운 인식은 바른 견해를 통해 체계를 갖추게 되고 그

명상가 붓다의 삶

체계에 의해 둑카로부터 해탈하기 위한 조건과 가능성과 수단이 드러난다.

네 가지 진리의 기본 체계는 고대 인도에서 사용되었던 것으로 보이는 진단 체계를 반영한다.[8] 요즘 의료에서 사용되고 있는 SOAP(주관적인, 객관적인, 평가, 계획)라고 불리는[9] 체계와 비슷한 것으로, 고대 인도 버전은 의사가 다음과 같은 것을 능숙하게 알도록 요구한다.[10]

- 질병
- 질병의 원인
- 질병에 필요한 치료
- 질병이 치료되는 때

둑카의 존재 문제에 적용될 때에는 순서의 변화가 일어난다. 의료 체계의 세 번째와 네 번째의 순서가 바뀐다. 두 가지 주된 사안인 둑카 및 그것의 소멸 뒤에 그 각각의 조건들이 오는 방식으로 조정된 결과 다음과 같은 패턴이 나온다.

---

8 보다 상세한 것은 아날라요 2015b: 27-40 참조.

9 '주관적인'은 질병에 대한 환자의 주관적인 묘사를 말하는 것이고, '객관적인'은 의료 검진에서 나온 결과들을 기록하는 것이며, '평가'는 의사의 진단이며, '계획'은 정해진 치료를 표시하는 것을 일컫는다. 아날라요 2016b: 254f의 아밍 투(Aming Tu) 참고.

10 『잡아함』389 T II 105a27(아날라요 번역 2016b: 12).

- 질병: 둑카
- 병원균: 갈애
- 건강: 둑카의 소멸
- 치료: 팔정도

오비구에게 설한 가르침으로 인도하는 서사 환경은 그런 진단적 체계의 사용을 이해하기 위한 배경을 제공한다. 앞 장에서 언급했듯이, 깨달은 직후 붓다가 바라나시로 가는 길에 우빠까라는 수행자를 만났다. 그는 처음에는 붓다에게 매우 강렬한 인상을 받은 것처럼 보였다. 그러나 붓다가 최고의 승리자라고 주장하는 것을 듣자마자, 우빠까는 처음에 가졌던 감명을 잃은 듯 그냥 떠나버렸다. 이 이야기는, 붓다가 자신의 깨달음을 적절하게 표현하는 방법을 찾을 필요가 있음을 보여준다. 즉 자신이 설해야 하는 것을 다른 이들이 기꺼이 실행에 옮길 수 있을 정도의 믿음을 갖게 해야 한다는 것이다. 이것은 특히 마지막 목표에 도달했다는 붓다의 주장을 처음에는 믿으려 하지 않았던 오비구와의 만남에 들어맞는다.

고통을 견디고, 극단적인 수준으로까지 몸이 여위고, 의학적으로 죽음 직전까지 간 붓다의 이전 고행을 고려해 볼 때, 고통과 질병에 관한 의학적인 관점의 뉘앙스는 놀라운 일이 아니다. 다시 말해서, 쉽게 납득할 수 없었던 오비구에게 자신의 깨달음을 전하기 위해서 의학적인 진단 체계를 사용하는 것은 깨달음 전 이야기와 어느 정도 연속성이 있는 것으로 보인다.

더욱이 초기 법문들에 따르면 자신의 견해를 토론할 준비가 되어 있는 다양한 철학자들이 넘쳐나는 고대 인도 환경에서, 그의 접근법의 신선함을 전달하기 위해 의학적인 비유를 선택한 것은 기존의 철학자들과는 충분히 구별되었을 것이다. 동시에 최소한의 익숙한 느낌을 만들기 위해서 붓다로 하여금 아마도 오비구가 이미 알고 있었던 것에 의지하도록 했을 것이다.

게다가 네 가지 진리의 체계화는 분석적인 접근법을 강조한다. 그리고 그것은 일반적으로 붓다의 가르침의 독특한 특징이기도 하다. 그 체계화는 그가 둑카의 기본적인 문제와 다른 사안들을 다루면서 사용했던 탁월한 실용주의를 전달한다. 사실 이 문맥에서 사용된 '진리(sacca)'라는 용어는 단지 진실하다고 믿어야 한다는 선언을 의미하는 것이 아니다.[11] 여기에서 말하는 '진리'의 요점은 자신을 참된 존재로 깨달을 필요가 있다는 것과 동일한 맥락이다.

이런 방식으로 서사 설정의 관점에서 검토할 때, 의학적 진단 체계를 사용한 것은 다섯 수행자를 가르치는 아주 능숙한 방법으로 보인다. 그것은 붓다의 가르침의 자명한 측면들을 전달하는 역할을 한다. 그리고 익숙한 개념들과 신선함을 혼합하여, 깨달음에 도달했다는 붓다의 주장에 필요한 믿음을 불어넣고, 해탈에 이르는 길을 가르칠 수 있으며, 동시에 그 길을 아주 간결하게 요약하는 데 일조했다.

---

11   프레마시리(Premasiri) 2016: 325, 330는 "붓다는 절대적인 진리 또는 절대적인 지혜를 찾는 것에 관심이 없었고, 사람들을 해로운 경향들로부터 벗어나게 하고 그렇게 하여 그들을 괴로움으로부터 벗어나게 하는 지혜에 관심이 있었다."고 설명한다.

실제 수행으로 나는 네 가지 성스러운 진리에 대한 간단한 명상을 추천하고 싶다. 그 명상은 다음과 같은 정신적인 질문을 통해 어떤 상황에도 적용할 수 있다. '내가 하려고 하는 것이 둑카로 이어지는가, 아니면 둑카로부터의 해탈로 이어지는가?' 상황과 개인의 선호에 따라, 우리는 전자를 강조할 수도 있고, 아니면 후자를 더 강조할 수 있다. 어떤 일을 하는 도중이나 어떤 행위를 끝낸 후에도 활용할 수 있는 이 단순한 숙고에 기초하여, 자신에게든 다른 사람에게든 둑카를 증가시키는 것은 피하고, 처음에는 일시적이지만 결국에는 둑카로부터의 완전한 해탈을 추구하는 방법을 점점 더 많이 배울 수 있다.

17

세
가
지

회
전

이 장에서는 붓다의 첫 번째 법문, 특히 사성제 각각에 적용될 수 있는 세 가지 회전[三轉]의 의미를 계속 살펴볼 것이다. 이 세 가지 회전의 배후에 있는 기본적인 아이디어는 무엇보다 먼저 사성제 각각이 이해되어야 한다는 것인데, 이것이 바로 첫 번째 회전이다. 이 이해 다음에는 실행이 뒤따라야 한다. 이것이 두 번째 회전이다. 이 실행은 성공적으로 완성되어야 한다. 이것이 세 번째 회전이다. 「초전법륜경」과 같은 에피소드를 다룬 『잡아함』의 해당 내용은 (사성제 각각에 대한 기본적인 이해를 통해 첫 번째 회전을 이미 설명한 후에) 다음과 같은 방법으로 두 번째 회전을 설명한다.[1]

> 전에 들어보지 못한 가르침인 괴로움의 성스러운 진리는 지혜로 더 많이 이해되어야 한다. 내가 그것에 적절한 주의를 기울였을 때 통찰, 지혜, 이해, 깨달음이 [나에게] 일어났다.
> 전에 들어보지 못한 가르침인 괴로움이 일어남의 성스러운 진리를 이해하고 나서, 그것은 제거되어야 한다. 내가 그것에 적절한 주의를 기울였을 때 통찰, 지혜, 이해, 깨달음이 [나에게] 일어났다.
> 전에 들어보지 못한 가르침인 괴로움 소멸의 성스러운 진

---

1 번역 부분은 『잡아함』 379 T II 103c17-103c24에 기초하였는데, 『상윳따 니까야』 56.11 SN V 422,3 (보디 번역 2000: 1845)과 같은 에피소드를 다룬 내용이다. 비교 연구와 『상윳따 니까야』 56.11과 같은 에피소드를 다룬 경전의 번역에 대해서는 아날라요 2015b: 347-88과 2016a: 267-99 참조.

리를 이해하고 나서,² 그것은 실현되어야 한다. 내가 그것에 적절한 주의를 기울였을 때 통찰, 지혜, 이해, 깨달음이 [나에게] 일어났다.

전에 들어보지 못한 가르침인 괴로움의 소멸로 인도하는 도닦음의 성스러운 진리를 이해하고 나서, 그것은 계발되어야 한다. 내가 그것에 적절한 주의를 기울였을 때 통찰, 지혜, 이해, 깨달음이 [나에게] 일어났다.

법문은 계속해서 세 번째 회전을 설한다. 그것은 사성제 각각에 관련하여 다음과 같은 것을 요구한다.

- 둑카: 완전히 이해되어야 한다.
- 갈애: 완전히 제거되어야 한다.
- 둑카의 소멸: 완전히 실현되어야 한다.
- 둑카의 소멸로 이끄는 도닦음: 완전히 계발되어야 한다.

이 세 가지 회전을 설명한 후에 붓다는 다음과 같이 말했다고 전해진다.³

---

2 번역은 '일어난 괴로움의 소멸'을 지칭하는 말이 제거된 수정 글에 기초한다. 그것은 전승 오류의 결과로 보인다. 그리고 그것은 또한 '아는 것'을 지칭하는 말이 없는 이문(異文)을 채택한 것에 기초한다.

3 번역은 『잡아함』 379 T II 104a2-104a5에서 가져왔다.

이 네 가지 성스러운 진리에 대해 세 가지 회전과 열두 가지 양식으로 내가 봄, 지혜, 이해, 깨달음을 일으키지 않았더라면, 나는 가르침을 듣는 사람들의 회중들, 즉 천신, 마라, 범천, 사문, 브라만 가운데서 해방, 해탈, 자유를 얻지 못했을 것이고, 최고의 바른 깨달음을 얻지 못했을 것이다.

이 다음에는 그가 실제로 각각의 진리에 대하여 세 가지 회전을 완성했을 때, 해방, 해탈, 자유를 얻었다는 보충 설명이 뒤따른다. 『상윳따 니까야』의 설명은 전반적으로 비슷한데, 네 가지 모든 진리에 하나의 회전을 적용하고 나서 다음 회전으로 넘어가지 않고, 세 가지 모든 회전을 하나의 진리에 적용하고 나서 다음 진리로 넘어간다는 점이 다르다. 이러한 차이는 이 법문의 여러 버전들 사이에서 되풀이된다.[4] 그러나 그런 설명상의 차이가 있지만 세 가지 회전이 각각의 진리에 적용되어야 한다는 기본적인 아이디어에 대해서는 모든 버전들이 일치한다.

　이 세 가지 회전의 개념은 이 진리들 각각에 다른 심오함의 수준들이 있다는 것을 암시한다. 바른 견해의 형태로 팔정도의 선구자 역할을 하는 사성제에 대한 예비적인 통찰은 완전한 깨달음으로 사성제를 실현한 것과는 상당히 다르다는 점에서, 사성제 각각에 다른 심오함의 수준들이 있다는 것은 전 장에서 내가 제안했던

4　이 다른 패턴들에 대해서는 아날라요 2016a: 298 참조. 사실 같은 에피소드를 다룬 또 다른 내용인 『증일아함』 24.5 T II 619b3은 그것들을 상세하게 다루지 않고 단지 세 가지 회전과 그 결과로 나오는 열두 가지 양식만을 언급한다.

것과 일치한다. 다시 말해서, 사성제에 대한 통찰은 오랫동안 계발해야 하는 것이다.

또 다른 중요한 암시는 사성제 각각이 다른 과업과 연관되어 있다는 것이다. 둑카는 '이해'를 필요로 하고 둑카의 일어남은 '제거'를 필요로 하며 둑카의 소멸은 '실현'을 필요로 하고 도닦음은 '계발'을 필요로 한다. 언뜻 보기에는 이것들이 네 가지 구별되는 통찰을 가져오는 네 가지 다른 과업으로 보이지만, 보다 면밀하게 조사하면 그렇지 않다는 것이 드러난다.

이 점을 제대로 이해하기 위해서 이전 장에서 언급된 의료 진단 체계를 원용하는 것은 이번에도 의미가 있다. 각각의 진리에 적용되어야 하는 회전들과 결합하여 의료 진단 체계를 원용한 결과는 다음과 같다.

- 질병(둑카): 이해되어야 한다.
- 병원균(갈애): 제거되어야 한다.
- 건강(둑카의 소멸): 실현되어야 한다.
- 치료(팔정도): 계발되어야 한다.

의학적 맥락에서는 이것들이 독립적인 네 가지 문제가 아니고, 환자 상태에 대한 정확한 진단이라는 단일 사안을 구성하는 서로 연결된 네 가지 측면이다. 정확한 진단은 질병 파악 및 병원균 확인뿐만 아니라 환자의 건강 회복 정도와 그 목적 달성을 위해 어떤 유형의 치료가 필요한지 평가까지를 포함한다. 이 네 가지 측면은 하나의 정확한 진단을 구성하는 서로 관련된 요소들이다.

사성제의 경우도 비슷하다. 붓다가 깨달았던 밤에 실현한 것은 니르바나였다. 이것은 세 번째 진리인 둑카의 소멸이었다. 둑카의 소멸을 그렇게 실현하여 그것의 완전한 부재를 한 번 경험함으로써, 둑카는 마침내 완전하게 이해된다. 이것은 첫 번째 진리를 충족시킨다. 그와 같은 실현과 함께 둑카의 일어남은 영원히 제거되었다. 이것은 두 번째 진리를 충족시킨다. 그리고 그와 같은 실현에 의해 둑카의 소멸에 이르는 도닦음은 완전하게 계발되었다. 이것은 네 번째 진리를 충족시킨다. 다시 말해서, 네 가지 진리는 단일한 실현 경험을 묘사한다.

더욱이 네 가지 진리는 그 자체로 실현의 내용이 아니다. 즉 사성제는 붓다가 보리수 아래 앉아서 정신적으로 자기 자신에게 "이것은 둑카이다." 등을 말했다는 뜻을 내포하는 것이 아니다. 대신에 그는 니르바나를 실현했다. 고대 인도의 환경에서 다른 사람들이 쉽게 이해할 수 있는 방식으로 이 깨달음을 표현하기 위해서 사성제 체계가 잘 맞아 떨어진 것이다. 사성제는 실제적인 실현을 전달할 뿐만 이 실현으로 정점을 이룬 수행의 전체 과정을 간략하게 요약한다는 점에서 잘 맞아 떨어진 것이다.

1장에서 논의된 바와 같이 둑카에 대한 최초의 통찰은 보살이 출가하게 된 중심 동기이다. 그의 출가는 그가 둑카로부터 완전히 해탈했음을 깨달았을 때 정점에 이른다. 안에서만 집을 잘 아는 사람이 밖으로 나가서 집의 외적 특징들을 알게 될 때, 그는 진정으로 집을 잘 아는 사람이 된다. 마찬가지로, 둑카를 완전하고 통찰적으

명상가 붓다의 삶

로 이해하려면 둑카의 다양한 발현 양상들을 알아야 할 뿐만 아니라 둑카가 완전히 없어졌을 때 그것이 의미하는 바를 아는 것이 추가되어야 한다. 이것은 이전 장들에서 논의한 연기에 대한 통찰과 유사하다. 그것을 다시 한번 정리하면, 연기에 대한 점차 깊어지는 이해는 연기의 소멸을 직접 경험할 때 완성된다. 이것은 니르바나의 실현을 직접 경험할 때에도 일어나는데, 그럼으로써 둑카에 대한 통찰도 완성된다.

갈애를 제거할 필요성도 보살 출가의 필수적인 측면이었다. 출가 후 그는 감각적 욕망을 뒤로 하고 마음속에서 일어나는 감각적 욕망에 맞서겠다고 결심하였다. 그리고 그가 마침내 갈애를 제거했을 때 그 여정은 정점에 이르렀다. 늙음과 질병과 죽음 너머에 있는 것을 알기 위한 추구는 처음부터 그의 열망의 맨 앞에 있었다. 그런데 무색계 증득도 고행도 그것을 충족시킬 수 없었다. 그가 깨달은 밤에야 비로소 열망했던 목표가 완전하게 실현되었다.

그런 실현에 이르는 도닦음은 그의 추구 내내 지속적으로 관심을 기울인 문제였다. 도덕적 기반이 필요하다는 점은 처음부터 그에게 분명했지만, 도닦음에 필요한 다른 조건들, 즉 그가 후에 추종자들에게 팔정도로 제시하게 되는 조건들은 단지 점진적으로 분명해졌을 뿐이었다. 그는 깨달음을 성취함으로써 이 도닦음을 완성했다는 확신에 이르렀다.

이런 식으로 니르바나의 실현은 네 가지 진리 각각을 입증하는 것이고, 각 진리가 수렴되는 곳이며, 각 진리가 완성에 이르는 곳이다. 그 실현은 또한 초기 불교 교리의 다른 측면들과도 관련이 있다. 사실 이미 언급했듯이 연기의 소멸 양식도 마찬가지로 니르바나의 실현을 기준점으로 삼는다.

법문들은 붓다를 깨달음으로 이끈 것으로 다양한 통찰들을 제시한다. 10장에서 이미 언급한 느낌의 진정한 본성에 대한 통찰이한 예이다.[5] 또 다른 예로 취착의 대상이 되는 다섯 가지 무더기[五取蘊]에 대한 통찰이 있는데, 『상윳따 니까야』 및 그것과 같은 에피소드를 다룬 『잡아함』의 해당 내용에 있는 법문은 그것을 붓다의 깨달음과 관련시킨다. 『잡아함』은 그 내용을 다음과 같이 전한다.[6]

> 내가 취착의 대상이 되는 다섯 가지 무더기에 대한 만족감을 만족감으로, 불리함을 불리함으로, 벗어남을 벗어남으로 있는 그대로 이해하지 못했다면, 나는 해탈하지 못했고 풀려나지 못했으며 해방되지 못했고 계속 [정신적인] 왜곡 상태에서 지내고 있으며 신과 인간 회중들, 즉 신, 마라, 범천, 사문, 브라만 가운데서 나 자신이 최고의 바른 깨달음을 얻었다고 선언할 수 없었다.

위의 구절 다음에는 취착의 대상이 되는 다섯 가지 무더기[五取蘊]와 관련된 이 다양한 측면들을 있는 그대로 이해했을 때, 붓다가 깨

---

5 위 170쪽 각주 8 참조.

6 번역 구절은 『잡아함』 14 T II 2c23−2c27(아날라요 번역 2012c: 24)에서 가져왔고, 『상윳따 니까야』 22.26 SN III 28,19(보디 번역 2000: 874f)와 같은 에피소드를 다룬 내용이다. 또한 위 196쪽 각주 10 참조.

달음에 도달했다고 주장했다는 설명이 나온다. 말할 필요 없이 이 설명은, 붓다의 깨달음에 대한 또 하나의 설명을 제공한다는 의미에서, 그의 깨달음을 사성제와 연관시키는 것과 상충되지 않는다. 그렇다기보다는 위의 번역 구절은 니르바나의 실현에 근원을 둔 통찰적인 이해의 다양한 측면들 가운데 하나를 보여주는 것이라고 이해하는 것이 가장 적절할 것이다.[7]

니르바나의 실현에 똑같은 수렴점이 있는 사성제 체계는 다양한 맥락들에 적용될 수 있고 그렇기 때문에 둑카에 한정되지 않는다. 『앙굿따라 니까야』 및 그것과 같은 에피소드를 다룬 『중아함』과 『잡아함』의 해당 내용에서 묘사된 '세상'에 대한 붓다의 통찰이 하나의 예이다. 『중아함』 버전은 이렇게 진행된다.[8]

여래는 스스로 세상을 깨달았고 이것을 다른 이들에게 가르친다.[9] 여래는 세상을 이해했다.

여래는 스스로 세상의 일어남을 깨달았고 이것을 다른 이들에게 가르친다. 여래는 세상의 일어남을 제거했다.

---

7 데 실바(De Silva) 1987: 49는 언뜻 서로 다르게 보이거나 심지어 모순되어 보이는 통찰을 다음과 같은 상황에 비유한다. 산 정상에 서 있는 사람에게는 "산꼭대기에 있을 때와 같은 360도 조망 … 방향에 따라 경치가 아무리 다르게 보일지라도, 모든 경치들은 통합된 하나의 경험을 구성하는 요소들이다."

8 번역 부분은 『중아함』 137 T I 645b12-645b16에 기초하고, 『앙굿따라 니까야』 4.23 AN II 23,21(보디 번역 2012: 410)과 같은 에피소드를 다룬 내용이다. 또한 『잡아함』 894 T II 224c29 참조.

9 여기와 아래에서 『앙굿따라 니까야』 4.23 AN II 23,21은 여래가 이것을 다른 이들에게 가르친다는 것을 언급하지 않는다.

여래는 스스로 세상의 소멸을 깨달았고 이것을 다른 이들에게 가르친다. 여래는 세상의 소멸을 실현했다.

여래는 스스로 세상[의 소멸에 이르는] 도닦음을 깨달았고 이 것을 다른 이들에게 가르친다. 여래는 세상[의 소멸에 이르는] 도닦음을 계발했다.

이 서술은 「초전법륜경」 및 그와 같은 에피소드를 다룬 다른 경전들에 나오는 사성제에 대한 설명과 많은 공통점이 있지만, 그 주제가 둑카가 아니라 '세상'이라는 점에서 차이가 있다. 그러나 그것이 세상이든 둑카이든지 간에, 기저에 깔린 주제는 계속 니르바나의 실현이다.

핵심 불교 교리들과 관련된 것으로 붓다의 실현은 6장에서 소개된 여래의 열 가지 힘에서도 중심적인 역할을 한다. 여래의 열 가지 힘은 붓다가 사물을 꿰뚫어보는 통찰력의 다양한 측면들을 강조하는데, 그가 깨달음을 얻었던 밤에 성취한 세 가지 가장 높은 지혜에서 정점에 이른다.

니르바나 실현의 중심적인 역할을 반영하는 또 다른 구절은 붓다가 아들 라훌라를 완전한 깨달음으로 어떻게 인도했는지를 설명하는 『잡아함』의 법문에 있다. 『잡아함』의 설명이 붓다가 실제 가르침을 내리기 전에 일어났던 일들을 상세하게 전하고 붓다의 가르침은 축약된 형태로 제시하는 반면에, 『상윳따 니까야』의 해당(『맛지마 니까야』에도 나오는) 법문은 실제적인 가르침에 초점을 맞추고 있다. 그러므로 두 버전이 다루는 범위가 서로 조금 다른데,

이런 이유로『잡아함』버전에 나오는 구절에 대응하는 것이 같은 에피소드를 다룬 빠알리 경전의 해당 부분에는 없다.

　『잡아함』의 설명에 따르면, 라홀라는 완전한 깨달음에 이를 가르침을 받기 위해 붓다께 다가갔다. 그러나 붓다는 라홀라의 지혜가 아직 충분하게 성숙되지 않았다는 것을 알았다. 붓다는 라홀라에게 먼저 다른 이들에게 취착의 대상이 되는 다섯 가지 무더기를 가르치라고 말했다. 라홀라가 그렇게 하자, 붓다는 여섯 가지 감각 장소와 인과 관계도 가르치라고 말했다. 라홀라가 이 가르침을 실행하고 이제는 완전한 깨달음을 위한 가르침을 얻을 수 있을 것이라는 희망을 품고 돌아왔을 때, 붓다는 그가 아직도 충분히 성숙되지 않았다는 사실을 알고 그에게 외딴 곳으로 가서 그가 지금까지 다른 이들에게 가르쳤던 세 가지 교리 주제에 대해 숙고하라고 말했다. 이 지점에서『잡아함』법문은 다음과 같은 방식으로 계속 설명한다.[10]

> 그때 라홀라는 붓다의 가르침과 지시를 받고 자신이 전에 들었던 가르침들과 그가 상세하게 설명했던 가르침들을 명상하고 숙고하고 그것들의 의미를 반조했다. 그는 생각했다. "이 모든 가르침들은 니르바나로 나아가고 니르바

---

10 『잡아함』200 T II 51b22-51b24(아날라요 번역 2015b: 276); 라홀라의 최종적인 깨달음에 대한 보고는 그것과 같은 에피소드를 다룬 내용인『상윳따 니까야』35.121 SN IV 107,28(보디 번역 2000: 1196) 또는『맛지마 니까야』147 MN III 280,7(냐나몰리 번역 1995/2005: 1127)에 나온다. 또한 아날라요 2011: 836 참조.

나로 흘러가며 마침내 니르바나에서 확립된다."

라훌라가 붓다에게 돌아와서 자신의 통찰을 전했을 때, 붓다는 아들이 마침내 완전한 깨달음에 이를 준비가 되었음을 알고 그에게 필요한 가르침을 주었다. 그 가르침을 통해 라훌라는 아라한이 되었다.

비록 위의 번역 구절이 빠알리 버전에는 없지만, 이미 언급했듯이 두 법문이 다룬 범위가 다르기 때문에, 빠알리 버전의 내용이 암시하는 것은, 네 가지 진리에 적용되는 세 가지 회전에 대한 연구로부터 도출된 결과, 또는 초기 불교의 핵심 교리들을 붓다의 깨달음과 연결시키는 다른 구절로부터 도출된 결과와 일치한다. 이 모든 것은 실제로 "니르바나로 나아가고 니르바나로 흘러가며 마침내 니르바나에서 확립된다."

똑같은 원리가 붓다의 첫 번째 법문과 다르마의 바퀴[法輪]를 돌린다는 개념을 잇는 연관성의 기초가 된다. 「초전법륜경」과 같은 에피소드를 다룬 경전에서 분명하게 언급되었던 것과 같은 원리가, 법장부의 『위나야(Vinaya)』에서 발견된다.[11]

여래가 이 네 가지 진리를 선언했으나 그것을 깨닫는 사람이 회중에 없었을 때, 여래는 그들에게 다르마의 바퀴[法輪]를 돌리지 않았다.

---

11   T 1428 T XXII 788b18f(아날라요 번역 2016a: 286).

명상가 붓다의 삶

붓다는 각각의 진리에 대해 세 가지 '회전'이 충족되도록 할 수 있었지만, 세상에서 다르마의 바퀴를 성공적으로 '돌리'기 위해서는 다른 누군가가 따라주어야 한다. 「초전법륜경」 및 그것과 같은 에피소드를 다룬 경전들은 그런 일이 실제로 일어났다고 전한다. 왜냐하면 이전 다섯 도반 가운데 한 사람인 꼰단냐(Koṇḍañña)가 붓다가 사성제를 설명하는 중에 예류를 성취했기 때문이다. 『증일아함』 버전은 이 사실에 대해 다음과 같이 전한다.[12]

> 이 가르침이 설해지고 있었을 때, 안냐따 꼰단냐는 [정신적인] 모든 먼지와 얼룩을 제거하고 다르마의 청정한 눈을 얻었다. 그때 세존께서는 꼰단냐에게 말했다. "그대는 이제 다르마에 이르러 다르마를 얻었는가?"
> 꼰단냐는 대답했다. "세존이시여, 그렇습니다. 나는 다르마를 얻었고 다르마에 이르렀습니다."

이런 식으로 붓다가 깨달음을 전하기 위해 의학적 진단 체계를 선택한 것은 성공을 거두었다. 이를 통해 붓다는 처음에는 자신을 신뢰하지 않으려 했던 이들에게 자신의 깨달음을 전달할 수 있었을 뿐만 아니라, 그의 법을 듣는 이들 가운데 하나를 깨달음의 첫 번째 단계를 스스로 실현하도록 이끄는 기능까지 수행할 수 있었다. 사성제 체계는 꼰단냐로 하여금 내면의 귀의처를 찾도록 함으로써

---

12 『증일아함』 24.5 T II 619b6-619b9(아날라요 번역 2016a: 271f).

그것의 목적을 성취했다.

　사성제와 귀의처 개념 사이의 관계는 「우다나품(Udānavarga)」
에 나오는 일련의 게송들에서 시적으로 표현되어 있다. 게송들은
불·법·승에 귀의하는 것을 전제로 진행되는데, 귀의에 기초하여
사성제의 깨달음으로 나아간다.[13]

　　네 가지 성스러운 진리를 지혜로 본다.
　　둑카,
　　둑카의 일어남,
　　둑카를 넘어섬,
　　그리고 둑카의 그침으로 이끄는
　　팔정도.
　　이것이 실제로 안전한 귀의처이다.
　　이것이 가장 좋은 귀의처이다.
　　이 귀의처를 향해 가면
　　모든 둑카로부터 벗어날 것이다.

13　번역은 「우다나품」 27.33c+d와 27.34f, 번하드(Bernhard) 1965: 349f에 기초하고, 이
　　　것은 『담마빠다(Dhammapada, 법구경)』 190c+d와 191f(노만(Norman) 번역 1997/2004:
　　　29)와 같은 에피소드를 다룬 내용이다. 또한 『빠뜨나 다르마빠다(Patna Dharmapada)』
　　　218c+d와 219, 콘(Cone) 1989: 160 참조.

실제적인 수행으로 마음을 니르바나로 기울이고 그렇게 함으로써
모든 오염원들과 정신적인 곤경들로부터 벗어나는 최고의 해탈로
향하도록 추천하고 싶다. 그런 해탈의 실현이 초기 불교의 모든 근
본 가르침들의 궁극적인 목표이고 원천이다. 따라서 다음의 금언
(金言)에 대해 반조하고 명상함으로써 마음을 기울일 수 있다.

> 이것은 평화롭고 고귀하니 이름하여 모든 형성들의 가라
> 앉음이고 모든 의존들을 내려놓음이며 갈애의 멸진, 탐욕
> 의 빛바램, 소멸, 니르바나이다.**14**

14　『맛지마 니까야』 64 MN I 436,1 (아날라요 번역 2015a: 169).

18

법 존중

이 장에서는 자신의 깨달음을 전하기 위해 사성제를 사용하는 붓다의 첫 번째 가르침에서 관심을 돌려 다르마에 대한 그의 태도와 관계를 살펴본다. 그리고 나서 다음 장에서는 그의 가르침의 활동들을 다룰 것이다.

붓다와 다르마의 관계는 『상윳따 니까야』 및 그것과 같은 에피소드를 다룬 경전의 해당 내용들에서 전면으로 부상한다. 이들 경전에서 붓다는 깨달은 직후에 (고대 인도의 사회·문화적 맥락에서) 더 나은 어떤 사람이나 어떤 것에 경의를 표하지 않는 것은 적절하지 않다는 사실을 알고서, 누구를 가장 존중해야 하는지를 숙고했다고 한다. 맥락을 보면 이 숙고는 그가 가르침 활동들을 시작하기 전에 하는 것이 적절하다는 인상을 준다. 『잡아함』 버전은 그가 다음과 같이 숙고하여 결론에 도달했다고 전한다.[1]

나보다 도덕[戒]의 구족에서 더 수승하고 삼매에서 더 수승하며 지혜에서 더 수승하고 해탈에서 더 수승하며 해탈지견에서 더 수승해서, 나로 하여금 존경하고 존중하도록 하고 예경하고 떠받들도록 하며 의지하여 머물러야 할 천신이나 범천이나 사문이나 브라만이나 정령이나 사람이 없다. 나 자신을 깨닫게 하고 위없는 바른 깨달음을 성취

---

1 번역 부분은 『잡아함』 1188 T II 321c27-322a3에서 가져왔고, 『상윳따 니까야』 6.2 SN I 139,5 (보디 번역 2000: 234)와 같은 에피소드를 다룬 내용이다. 또한 『앙굿따라 니까야』 4.21 AN II 20,11 (보디 번역 2012: 406f) 참조. 거기서 붓다는 후에 수행승들에게 이 숙고에 대해 설명한다. 그리고 『앙굿따라 니까야』 4.21과 같은 에피소드를 다룬 내용들에 대해서는 스킬링(Skilling) 외 2016 참조.

하게 한 바른 다르마[正法]만이 있다. 나는 그것을 존경하고 존중하며 그것을 예경하고 떠받들며 그것에 의지하여 머물러야 할 것이다.

같은 에피소드를 다룬 『상윳따 니까야』의 해당 내용과 마찬가지로, 『잡아함』 법문은 계속해서 붓다의 숙고를 알게 된 범천이 붓다의 결론에 동의한다는 뜻을 표현하기 위해 내려왔다고 전한다. 범천은 이전의 붓다들도 똑같이 했고 미래 붓다들도 그와 같이 할 것이라고 확인해 주었다.[2] 이렇게 다르마는 스스로 완전한 깨달음에 도달한 자들에게 기준을 제공하는 존재이다. 그들이 경의를 표하고 존경하는 것이 바로 다르마이다.

　다르마 중심성에 대한 결정과 어쩌면 인식까지도, 또한 이 역할이 존경과 예경 문제에서 가지는 함축성은, 『앙굿따라 니까야』에서 전하는 한 에피소드의 배경이 된다. 이 에피소드는 『중아함』의 한 법문 및 개별적으로 번역되어 보존된 다른 법문에도 나온다. 어떤 브라만은 고대 인도 환경의 관습에 따라 붓다가 나이 든 브라만들에게 경의를 표하지 않는다고 비난했다. 이에 대한 붓다의 대답이 『중아함』 버전에는 다음과 같이 전해진다.[3]

2　『잡아함』 1188 T II 322a4에 따르면, 붓다 자신은 범천이 개입하기 전에 이전 붓다들과 미래 붓다들이 이미 그와 같이 한다는 것을 알았다고 한다. 『상윳따 니까야』 6.2와 같은 에피소드를 다룬 또 다른 경전인 『잡아함²』 101 T II 410a17과 『앙굿따라 니까야』 4.21과 같은 에피소드를 다룬 T 212 T IV 718c4(사실 이곳에서는 범천의 개입을 전혀 전하고 있지 않음)도 마찬가지이다.

3　번역은 『중아함』 157 T I 679b13-679b15에 기초하고, 이것은 『앙굿따라 니까야』

브라만이며, 나는 처음부터 천신이나 마라나 범천이나 사
문이나 브라만 등 인간에서 신에 이르기까지 나에게 다가
올 때 여래로 하여금 예경과 존경을 표하도록 하고 자리
에서 일어나서 그에게 앉으라고 권하게 할 것이라고 예상
할 수 있는 자를 보지 못했다.

이 대답을 들은 그 브라만은 붓다가 맛이 없는 분이라고 결론짓는
다. 붓다는 그것에 동의하고, 비록 그 브라만이 생각하는 방식은 아
니지만, 자신은 실제로 맛이 없다고 설명한다.[4]

형상의 어떤 맛이든지 소리의 어떤 맛이든지 냄새의 어떤
맛이든지 [맛의 어떤 맛이든지][5] 감촉의 어떤 맛이든지 여래
는 그것을 지혜로 버렸고 그것을 잘라내고 멸절시켰으며
그것이 다시 일어나지 못하도록 근절하였다.

나이 든 브라만들에 대한 붓다의 존경심의 부재는 그의 맛의 부재
를 보여준다는 그 브라만의 결론에 동의하면서도 그 주장을 그의
깨달음의 경지를 나타낸다고 재해석함으로써, 붓다는 그 브라만이

8.11 AN IV 173,11 (보디 번역 2012: 1125)과 T 75 T I 882b2와 같은 에피소드를 다룬
내용이다.

4   번역 구절은 『중아함』 157 T I 679b19f에서 가져왔다.

5   맛에 대한 언급이 없는 것은 분명히 전승 상의 오류로 볼 수 있다. 그래서 나는 그것
을 보충하였다. 맛이 『앙굿따라 니까야』 8.11 AN IV 173,21에는 언급되어 있지만, T
75 T I 882b7에도 빠져 있다.

부적절하다고 느꼈던 행동에 정당성을 부여했다. 간단하게 말해서, 깨달음은 나이 또는 카스트제도에 기초한 상위(上位)를 인정하지 않는다.

다르마를 전하는 사람들에게 존경스러운 행동을 보여야 하느냐의 문제에 대해서도 『위나야』에는 수행승들에게 적절한 예의를 추천한 것으로 나온다. 청중이 존경심 없는 태도를 보일 경우, 수행승이 다르마를 가르치지 못하도록 하는 몇 가지 요건이 있다. 고대 인도의 환경에서는 이를테면 수행승보다 더 높은 자리에 앉는 것이 그런 예가 될 수 있다.[6] 이것은 그 수행승들이 탁발하러 갈 때에는 겸손한 태도를 유지해야 한다는 일반적인 관념과 함께 생각해 보아야 한다. 다시 말해서, 그런 수행승 교육 예절 관련 문제는 그들이 다르마의 전달자로 행동하는 상황과 관련이 있다. 다르마에 표하는 존경은, 붓다 자신이 그것에 예경하며 살기로 결심했을 정도이기 때문에, 수행승들은 다르마 교육이 존경심 없이 받아들여지지 않도록 해야 한다.

이런 식으로, 위에서 소개한 브라만과의 대화는 붓다의 행동 전반에서 분명히 드러나는 기본적인 패턴을 예시하는 것으로 보인다. 그것은 다르마를 가르칠 때 수행승들에게 기대되는 행동과 같은 원칙을 따른다. 즉 무엇보다 다르마 존중을 우선으로 하는 것이다. 사실 때때로 붓다는 언뜻 보기에는 오만하다는 잘못된 인상을

---

6 『위나야』 IV 204,22 (호너(Horner) 번역 1942/1983: 149); 다른 『위나야』들에 있는 해당 규정을 조사하기 위해서는 파쵸(Pachow) 1955: 205 참조.

줄 수도 있는 방식으로 행동하는 것으로 보인다. 그러나 보다 면밀히 조사해 보면 그런 행동들도 그가 다르마에 부여했던 존중심을 반영하는 것으로 읽는 것이 적절하다는 것을 알 수 있다.

그것을 보여주는 에피소드가 「성스러운 구함 경」 및 그것과 같은 에피소드를 다룬 『중아함』의 해당 내용에 나온다. 붓다가 그의 이전 다섯 동료들에게 접근했을 때의 이야기이다. 이 에피소드를 다룬 경전들은, 비록 붓다가 그들을 가르치러 먼 길을 와서 처음에는 그들에게 신뢰를 얻지 못했음을 분명하게 알았지만, 바로 그들에게 자신을 더 이상 '도반'이라거나 이름으로 부르지 말라고 요청했다는 점에서 일치를 보인다.[7] 이 에피소드의 이면에 있는 것은 그가 이제 다르마의 화신(化身), 완전히 깨달은 자, 여래가 되었다는 것이다. 이 이유 때문에 그가 '도반'이라고 불리거나 나이 더 많은 브라만들에게 예경을 올리거나 이전의 예로 돌아가는 것은 더 이상 적절하지 않았다. 여래의 지위와 (붓다가 이전 다섯 추종자들에게 막 가르치려고 하는) 사성제의 연관성을 간략하게 설명하는 말은 『상윳따 니까야』와 『잡아함』에 있는 한 법문에서 볼 수 있다. 그 중에서 『잡아함』의 내용을 소개하면 아래와 같다.[8]

사성제를 완전하고 바르게 깨달은 자를 여래·아라한·정

---

7 『맛지마 니까야』 26 MN I 171,33 (냐나몰리 번역 1995/2005: 264)과 『중아함』 204 T I 777c12.

8 번역은 『잡아함』 402 T II 107c26-107c29에서 가져왔고, 이것은 『상윳따 니까야』 56,23 SN V 433,18 (보디 번역 2000: 1854)과 같은 에피소드를 다룬 내용이다.

등각자라고 부른다. 무엇이 넷인가? 둑카[苦]의 성스러운
진리, 둑카가 일어남의 성스러운 진리, 둑카 소멸의 성스
러운 진리, 둑카 소멸로 인도하는 도닦음의 성스러운 진
리가 그것이다.

여래에 대한 보충적인 관점은 『앙굿따라 니까야』 및 그것과 같은
에피소드를 다룬 『중아함』의 해당 내용에 있는 한 법문을 통해 짐
작할 수 있다. 그 법문은 그가 진실하고 사실인 것을 말한다고 특별
히 강조하고, 그렇게 함으로써 어떤 면에서는 네 가지 '진리'에 대
한 그의 가르침의 기저를 이루는 의미를 실상/실제와 일치하는 어
떤 것으로 구체화한다.[9] 『중아함』 법문은 다음과 같이 설한다.[10]

> 여래가 최고의 위없는 깨달음을 얻었던 밤부터 지금까지,
> 그리고 남김 없는 니르바나 요소의 완전한 멸절[般涅槃]을
> 얻을 때까지 그 기간 동안 여래가 이야기하고 대답하면서
> 했던 모든 말은 진정으로 진실하고 거짓이 아니다.

그러므로 그를 예경과 존경의 대상으로 만드는 것은 자신의 깨달
음에 기초하여 진실한 것을 드러내는 자로서의 여래의 역할이다.
그 예경과 존경은 그가 네 가지 성스러운 진리로 이전 다섯 동료에

---

9 또한 위 261쪽 참조.
10 번역된 인용문은 『중아함』 137 T I 645b18-645b21에서 가져왔고, 『앙굿따라 니까
야』 4.23 AN II 24,2(보디 번역 2012: 410)와 같은 에피소드를 다룬 내용이다.

게 했던 것처럼 다르마를 발견하고 가르치는 자로서의 그의 역할 때문에 그에게 향하는 것이다.

사실 「성스러운 구함 경」 및 그것과 같은 에피소드를 다룬 경전들의 해당 내용에 있는 구절 및 그것과 유사한 구절들을 비롯하여 여러 구절에서 붓다가 보여준 놀라울 정도의 겸손한 태도를 확인할 수 있다. 그러한 예를 수행자들이 우기 안거가 끝났을 때 서로 자신의 단점을 지적해 달라고 요청하는 『위나야[律]』 의식에 대한 보고에서 볼 수 있다. 붓다의 위나야 의식 이야기가 『증일아함』에 전한다.[11]

> 그때 세존께서는 조용하게 수행승들을 둘러보고 나서 말했다. "이제 나는 수행자 초대 의식[布薩]을 행하고자 하노라. 나는 승가의 구성원들에게 잘못이 없는가? 다시 묻노니 나는 몸으로나 말로나 마음으로 범한 것이 없는가?"
> 여래가 이렇게 말했을 때, 수행승들은 침묵하고 대답하

---

11 번역은 『증일아함』 32.5 T II 677a6-677a11에 기초하며, 같은 에피소드를 다룬 것으로 『상윳따 니까야』 8.7 SN I 190,30(보디 번역 2000: 286), 『중아함』 121 T I 610a13, T 61 T I 858b22, T 63 T I 861b23, 『잡아함』 1212 T II 330a14, 『잡아함²』 228 T II 457b8, 위구르(Uighur) 단편들, 치엠(Zieme) 1988: 453 등이 있다. 이 에피소드의 또 다른 측면에 대한 비교 연구를 위해서는 쿠안(Kuan) 2013을 참조하고 『중아함』과 『장아함』 버전들을 나란히 고찰한 것으로는 충(Chung)과 푸키타(Fukita) 2011: 323-7을 참조하라. 같은 에피소드를 다룬 내용들 가운데 몇몇은 붓다가 공개적으로 그의 제자들에게 자신의 단점을 지적해 달라고 했다는 것을 더 이상 전하지 않는다. 나는 그것이 세존이 그런 겸손함을 보여준 것에 대한 후대 사람들의 불편한 느낌을 반영하는 것으로 본다.

명상가 붓다의 삶

지 않았다. 그러자 세 번째로 그는 수행승들에게 물었다.[12]
"이제 나는 수행자 초대 의식[布薩]을 행하고자 하노라. 나
는 승가의 구성원들에게 잘못이 없는가?"

고대 인도 환경에서 스승에게 부여되는 높은 존경이나 붓다 자신
은 자신이 공포한 규정의 지배를 받지 않는다는 사실을 고려할 때,
붓다가 표준 『위나야』 절차에 따라 제자들에게 자신의 단점을 지
적해 달라고 한 것은 분명히 놀랄 만한 일이다. 사리뿟따가 명료하
게 대답했듯이, 붓다가 세 번째 요청을 한 후에도 물론 아무도 붓다
에 대해서 비난할 거리를 갖고 있지 않았다. 다음에 사리뿟따는 붓
다에게 제자들의 어떤 단점이라도 지적해 달라고 했다.

　그 구절은 붓다가 이런 경우에 이례적으로 겸손하게 행동하
고, 그렇게 함으로써 제자들에게 본보기가 되는 모습을 보여준다.
이것은 붓다가 다른 경우에도 자신이 존경받을 것이라는 기대가
다르마에 부여된 명예로운 위치를 숙고한 결과라고 이해하는 것이
가장 적절하다는 인상을 더욱 굳게 해준다. 스스로 다르마를 깨닫
고 그것을 다른 이들에게 전달하는 역할을 하는 자의 관점에서 볼
때, 그는 존경을 요구해야 하지만 그렇다고 해서 그것이 다른 경우
에는 그가 모범적으로 겸손하게 행동하지 않아도 된다는 것을 의
미하지는 않는다. 사실 어떤 면에서 진정한 내적인 권위는 다르마

12　『상윳따 니까야』 8.7 SN I 190,30에서는 붓다가 그의 요청을 두 번 반복했다는 것을
　　전하지 않는다.

를 깨달음으로써 진정한 겸손과 함께 할 때 발생한다.

붓다가 다르마에 중심적 위치를 부여한 방식은 연기에 관련된 또 다른 구절에서도 볼 수 있다. 『상윳따 니까야』의 한 법문, 그리고 그것과 같은 에피소드를 다룬 한문과 산스크리트로 보존된 경전들의 해당 내용들은 붓다가 자신의 역할을 스스로 존재하는 것들을 드러내는 것일 뿐이라고 설명했다는 점을 공통적으로 지적한다. 『잡아함』 버전은 그에 대해 다음과 같이 서술한다. [13]

붓다가 세상에 출현하든 하지 않든, 이 다르마는 변함없이 남아 있다. 남아 있는 다르마, 즉 다르마의 요소는 여래가 바른 깨달음을 성취하여 스스로 실현한 것이다.[14] 그는 그것을 사람들에게 가르쳐 이해하기 쉽고 명료하게 만든다. 말하자면, 무명(無明)을 조건으로 형성들[行]이 있고 …

위의 글은 계속해서 늙음과 죽음에 이르기까지 연기의 나머지 연결 고리들을 간략하게 언급한다. 이런 방식으로, 연기와 같은 중심적인 교리의 가르침에서도, 중요한 것은 다르마이고, 관심의 중심에 다르마가 있으며, 붓다의 역할은 그것을 깨닫고 다른 이들에게

---

13 번역 부분은 『잡아함』 296 T II 84b16-84b19에 기초하는데, 같은 에피소드를 다룬 것으로는 『상윳따 니까야』 12.20 SN II 25,18(보디 번역 2000: 551), 산스크리트 단편 버전, 뜨리빠티(Tripāthī) 1962: 148(§14.3), D 4094 ju 137a2 또는 Q 5595 tu 157b1 등이 있다.

14 『상윳따 니까야』 12.20 SN II 24,19는 이것이 특히 특정한 조건성(idapaccayatā)을 말한다고 명시한다.

명상가 붓다의 삶

가르치는 것이다.

또 다른 구절에서는 붓다를 그가 설립한 승가의 지도자로서의 역할과는 전혀 별개로 묘사한다. 문제의 이 에피소드는 「대반열반경(Mahāparinibbāna-sutta)」 및 그것과 같은 에피소드를 다룬 경전들의 해당 부분에 나온다. 붓다가 심각하게 아팠을 때 노심초사하던 아난다는 붓다가 승가의 제자들에게 마지막 가르침을 설하지 않고는 열반하지 않을 것이라는 생각에서 다소의 위안을 얻게 되었다. 붓다가 회복되고 아난다가 그에게 이런 생각을 말했을 때, 『장아함』 버전에 따르면, 붓다는 다음과 같이 대답했다.[15]

> 수행승들의 승가는 나에게 무엇을 기대하는가? 만일 어떤 사람이 자신에게 "나는 수행승들의 승가를 관리하고 통제한다."고 말한다면, 그런 사람은 승가에 [마지막] 가르침을 줄 것이다.
> 여래는 "나는 수행승들의 승가를 관리하고 통제한다."고 말하지 않는다. 그렇다면 그가 승가에 [마지막] 가르침을 줄 이유가 있는가?
> 아난다여, 내가 가르친 다르마는 안팎으로 이미 완전하다. 나는 내가 보고 깨달은 것을 결코 혼자 갖고 있지 않았다.

---

15 번역 구절은 『장아함』 2 T I 15a26-15b2(아날라요 번역 2017c: 206)에서 가져왔으며, 같은 에피소드를 다룬 것으로는 『디가 니까야』 16 DN II 100,1(월쉬 번역 1987: 245) 또는 『상윳따 니까야』 47.9 SN V 153,16(보디 번역 2000: 1637), 산스크리트 단편 버전, 왈드쉬밋트 1951: 196(§14.10f), 개별적으로 번역된 법문, T 6 T I 180a20 등이 있다.

이와 같이 분명하게 설명한 후에, 붓다는 수행자가 네 가지 마음챙김 확립, 즉 몸에 대한 마음챙김 명상, 느낌에 대한 마음챙김 명상, 마음에 대한 마음챙김 명상, 다르마에 대한 마음챙김 명상 수행을 해서 수행자가 어떻게 자신에게 귀의처가 될 수 있는지를 설명했다.[16] 수행자가 자신의 귀의처가 될 수 있는 것은 바로 그런 명상을 통해서이다.[17]

> "아난다여, 이것은 다른 빛이 아닌 너 자신이 빛이 되는 것
> 이고 다르마가 빛이 되는 것이다. 이것은 다른 귀의처가
> 아닌 너 자신이 귀의처가 되는 것이고[18] 다르마가 귀의처
> 가 되는 것이다."
> 붓다는 아난다에게 "내가 반열반한 후에 이 가르침을 계
> 발할 수 있는 자들은 진정으로 나의 제자들이며 최고의
> 수행자이다."라고 말했다.

이런 식으로 붓다가 승가에 대한 자신의 지도적 역할을 인정하지 않는다는 설명은 수행자가, 이를테면 네 가지 마음챙김 확립 계발 등으로, 자신에게 의지할 수 있는 방법과 관련된 분명한 조언으로 보완된다. 다시 말해서, 붓다는 자신에게 관심을 기울이게 하지 않

---

16 이 수행을 전체적으로 설명하는 방식의 한 예에 대해서는 아래 358쪽 참조.
17 번역은 『장아함』 2 T I 15b12-15b15에 기초한다.
18 '해야 한다'는 언급이 없는 이문을 채택했다.

고 다르마 및 마음챙김 계발을 통한 다르마의 실행에 관심을 기울이도록 했다. 배후에 있으면서 그 자신의 역할을 알려주는 것은 바로 다르마이다. 붓다가 옆으로 비킬 때, 다르마는 남는다. 그러므로 마음챙김 확립은 진정한 귀의처를 갖는 방법이며 자신에게 빛 또는 어떤 버전들에서는 섬이 되는 방법이다.

••••••••••••••••••••••• **수 행** •••••••••••••••••••••••

붓다가 친히 다르마에 부여했던 그 탁월한 존경심을 수행하는 방법으로, 나는 다르마를 떠올리는 수행을 추천하고 싶다. 이것은 정규 명상 시간 후에 규칙적으로 할 수도 있고, 다른 어떤 상황에서 적절할 때마다 착수할 수도 있다. 여기에는 눈으로 직접 볼 수 있는 것으로서의 붓다의 가르침에 관심을 돌리는 방법도 있다. 이 방법에서는 붓다의 가르침이 바로 지금 여기서 결과를 보여준다는 의미가 있다. 말하자면, 붓다의 가르침을 실험해 보는 것이다. 수행을 실행해 보면 그 가르침을 검증해 볼 수 있고 직접 경험해 볼 수도 있다. 이 정도는 일반적으로 명상을 진지하게 했던 사람들과 특별히 경의 가르침에 따라 마음챙김 확립 수행을 한 사람들에 의해서 확인될 수 있다. 시간이 지나면서 진정한 수행은 결과들을 보여주고 더 나은 점차적인 변화가 발현된다.

그런 점차적인 변화의 효과를 인식하면, 다르마에 대한 확신을 갖게 되고 그것을 보다 깊게 이해하고 싶은 바람이 생긴다. 이렇게 하기 위해서는 지속적인 명상 수행과 함께, 어느 정도의 공부도 필요하다. 더욱 친숙해진 붓다의 가르침을 오늘날에도 이용할 수 있는 형태로 발전시킬 필요가 있기 때문이다. 공부를 통해 우리의 이해가 조금이라도 증가했다면, 그리고 그 공부가 명상과 관련되는 방식으로 시작되었다면, 우리의 수행에 도움이 된다. 이런 식으로 다르마에 대한 공부와 수행은 우리 개인의 변화에 시너지 효과를 줄 수 있다.

이 수행은 다시 다르마를 존중하는 것을 실제로 의미 있게 만들어준다. 여기에서 육체적인 아름다움이든 물질적인 재산이든, 권력 장악이나 부의 획득, 그 밖의 어떤 것이든, 일반적으로 존중을 일으키는 것과 다르마 사이의 대조를 고려하는 것은 도움이 될 수 있다. 우리는 이제 해탈에 이르는 길로 인도하는 것을 존중한다. 우리 자신을 더 나은 것으로 점차 변화시키는 원천으로서의 다르마를 존중함으로써 우리는 스스로 다르마를 깨닫고 다르마의 전달자가 될 때까지 어떤 도전이나 장애물이 나타나더라도 수행을 지속하기 위해 필요한 헌신과 노력을 만들어내기 위한 강력한 힘을 얻을 수 있다.

명상가 붓다의 삶

19

가르침

다르마의 바퀴[法輪]를 돌렸던 붓다의 첫 번째 가르침과 그가 다르마에 존중의 지위를 부여했다는 사실을 살펴보았으므로, 이제 붓다의 가르침을 전반적으로 살펴보고자 한다. 붓다의 가르침에서 볼 수 있는 기본적인 패턴은 자신의 실제 경험에 바탕을 두고 있다는 것과 자신이 직접 수련했던 것을 다른 이에게 가르쳤다는 것이다. 스승으로서의 이런 온전함은 「정신경(淨信經, Pāsādika-sutta)」과 같은 에피소드를 다룬 『장아함』의 해당 내용에 있는 다음과 같은 말에 나타난다.[1]

> 여래가 가르치는 것은 그의 행동과 일치하며, 그의 행동
> 은 그가 가르치는 것과 일치한다. 이 이유 때문에 그는 여
> 래라고 불린다.

붓다의 가르침 활동은 마음챙김 확립과도 관련이 있다. 앞 장에서 다룬 구절에 따르면 마음챙김 확립은 스스로에게 귀의처가 되고 싶어 하는 사람들을 위한 주된 수단이다. 일반적으로 이 수단은 몸·느낌·마음·다르마에 대한 명상 등 네 가지 마음챙김 확립인데, 스승으로서의 붓다의 경우에는 세 가지 마음챙김 확립으로 이루어진 한 세트이다. 이 세 가지에 대해서는 「여섯 감각 장소의 분석

---

1 번역 부분은 『장아함』 17 T I 75c9f에 기초하고, 『디가 니까야』 29 DN III 135,16(왈쉬 번역 1987: 436은 빠알리 텍스트의 이 부분 번역을 빠트린 것 같다. 그것의 번역은 리즈 데이비즈(Rhys Davids) 1921: 127에서 찾을 수 있다.)와 같은 에피소드를 다룬 내용이다.

경」및 그것과 같은 에피소드를 다룬 경전들에서 설명된다.[2] 다른 곳에서 나는 이미 「여섯 감각 장소의 분석 경」과 같은 에피소드를 다룬『중아함』의 관련 부분을 연구하고 번역한 바 있다.[3] 그러므로 여기에서는 한문으로 보존된『구사론(Abhidharmakośabhāṣya)』에 있는 같은 구절의 법문 인용문을 번역한다. 그 구절은 붓다가 가르침을 설할 때 일어날 수 있는 것을 다음과 같이 설명한다.[4]

> 회중의 제자들이 전적으로 존경하고 그것을 적절하게 받아들일 수 있다. 여래는 그것 때문에 득의양양하지 않는다. 여래는 평정하며 바른 마음챙김[正念]과 바른 알아차림[正知]으로 편안하게 머문다. 이것이 여래의 첫 번째 마음챙김 확립이라고 간주된다.
> 회중의 제자들이 전적으로 존경하지 않고 그것을 적절하게 받아들이지 않는다. 여래는 그것 때문에 실의하지 않는다. 여래는 평정하며 바른 마음챙김과 바른 알아차림으로 편안하게 머문다. 이것이 여래의 두 번째 마음챙김 확립이라고 간주된다.

---

2 『맛지마 니까야』137 MN III 221,3(냐나몰리 번역 1995/2005: 1071),『중아함』163 T I 693c23과 D 4094 nyu 59a1 또는 Q 5595 thu 101a8. 비교 연구를 위해서는 아날라요 2011: 785-7 참조.

3 아날라요 2013b: 240-3.

4 번역은 T 1558 T XXIX 140c26-141a4에 기초한다. 산스크리트 버전 쁘라단 (Pradhan) 1967: 424,11은 축약되어 있다. 또 다른 한문 버전은 T 1559 T XXIX 292a6에서, 티베트 버전은 D 4090 khu 57a2 또는 Q 5591 nyu 65a8에서 찾을 수 있다.

회중의 어떤 제자들은 존경하고 그것을 적절하게 받아들일 수 있지만, 다른 제자들은 존경하지 않고 그것을 적절하게 받아들이지 않는다. 여래는 그것 때문에 득의양양하지도 않고 실의하지도 않는다. 여래는 평정하며 바른 마음챙김과 바른 알아차림으로 편안하게 머문다. 이것이 여래의 세 번째 마음챙김 확립이라고 간주된다.

연민의 마음으로 가르침 활동을 할 때, 붓다는 평정을 유지하여 자신의 가르침이 제자들에 의해서 어떻게 받아들여지든 영향을 받지 않는다. 이러한 연민과 평정의 결합이 일반적으로 그가 가르칠 때 가장 두드러진 태도의 특징이다.

　붓다가 평정을 유지한 사례는 다른 이들의 분노에 직면했을 때 볼 수 있다. 그런 에피소드 하나가 「삿짜가 긴 경」 및 그것과 같은 에피소드를 다룬 산스크리트 단편에 나온다. 거기서 한 토론자는 붓다가 여러 방법으로 공격을 당했을 때 어떤 분노도 드러내지 않고 오히려 그의 피부색이 밝아졌고 그의 얼굴색이 맑아진 것을 알아차렸다.[5] 내가 생각하기에, 이와 같은 눈에 보이는 효과는 분노에 직면할 때 붓다가 브라흐마위하라(brahmavihāra, 梵住) 명상으로 대응하였기 때문이다.

　또 다른 예는 『상윳따 니까야』와 두 『잡아함』에 전하는 한 브

5　『맛지마 니까야』 36 MN I 250,22(냐나몰리 번역 1995/2005: 343)와 단편 339v2, 리우(Liu) 2010: 243.

라만과 그의 아내에 관련된 것이다. 그의 아내는 붓다에게 확고한 믿음을 갖고 있었고 작은 불행이 닥쳤을 때 그녀의 믿음을 표현했다.『잡아함』버전에 전하는 이야기는 다음과 같다.[6]

> 그녀는 여래가 머물고 있는 방향으로 합장을 하고 세 번 말했다. "붓다·아라한·정등각자께 예경합니다. 그분은 몸이 순금 색이고 후광이 여섯 자에 이르며 몸의 비율이 반얀나무처럼 완벽합니다. 그분은 고귀한 다르마를 잘 가르치고 성자들 중에서 가장 탁월한 성자이며 보는 자들 중에서 가장 잘 보는 자입니다. 그분은 나의 위대한 스승입니다."

『상윳따 니까야』버전에서는 그녀의 예경 표현이 위 구절의 첫 부분 정도에만 그친다. 그러므로 붓다의 몸이나 그의 가르침 또는 성자들과 보는 자들 가운데 그의 탁월함에 관련된 어떤 자질들도 언급되지 않는다. 하지만 다른『잡아함』의 해당 부분은 위 구절만큼 상세한 편이다.

그런 차이들과 함께, 이 서술은 붓다에 대한 거듭 마음챙김[念佛]이라는 전반적인 주제에 관련하여 흥미를 끈다. 이에 대해서는

---

6 번역 부분은『잡아함』1158 T II 308b26-308c1에 기초하고,『상윳따 니까야』7.1 SN I 160,10(보디 번역 2000: 254)과『잡아함²』81 T II 401c25와 같은 에피소드를 다룬 내용이다.

결론 장에서 다시 다룬다.[7] 이 서술은 붓다에 대한 거듭 마음챙김을 표준화된 용어들과 명호들로 표현하는 양식을 보여주고 있다. 빠알리 버전과 두 가지『잡아함』버전에 보이는 차이를 검토해 보면 나중에 추가되는 명호들과 자질들이 통합되면서 표준화된 정형구들이 조금씩 발전해 왔다는 인상을 받는다. 그러나 더 짧은 빠알리 버전에서도 이 구절은 그런 정형구, 오늘날에도 전통적인 방식으로 붓다의 기억을 표현하는 표준적인 방법인 그런 정형구가 초기 법문들에서 이미 사용되고 있었다는 증거를 명백하게 보여준다.

위 법문은 이런 방식으로 붓다를 칭찬하는데, 그 때문에 그녀의 남편이 분노하게 되었다는 이야기로 이어진다. 그는 아내를 질책한 후에, 도전하겠다고 단단히 마음먹고 붓다에게 갔다. 붓다를 만나자마자, 그 브라만은 평화롭게 잠들고 슬픔이 없기 위해서는 누구를 죽여야 하는지 게송으로 물어 자신의 도전을 표현했다. 그 브라만에게 한 붓다의 대답 가운데 첫 부분은『잡아함』버전에 다음과 같은 형식으로 나와 있다.[8]

---

7 붓다에게 예경을 표현하는 비슷한 방법이『맛지마 니까야』100 MN II 209,23(냐나몰리 번역 1995/2005: 819) 및 그것과 같은 에피소드를 다룬 산스크리트 버전 단편 345r, 장(Zhang) 2004: 9(또한 SHT IV 33 단편 29V와 SHT IV 165 단편 24R, 그리고 샌더와 왈드쉬밋트 1980: 172와 199 참조)에 기록되어 있다. 산스크리트 버전은 또한 빠알리 구절보다 더 상세하고,『잡아함』1158과『잡아함²』81의 구절과는 비슷하다.

8 번역 게송은『잡아함』1158 T II 308c16f에 나오고,『상윳따 니까야』7.1 SN I 161,5 와『잡아함²』81 T II 402a15와 같은 에피소드를 다룬 내용이다.

명상가 붓다의 삶

분노를 죽인 자는
평화롭게 잠들고
분노를 죽인 자의 마음은
슬픔이 없어진다.

이 대답은 분노를 죽이는 것이 의미하는 바의 요점을 말뿐만 아니라 행동으로도 전달했을 것이다. 왜냐하면 붓다는 차분한 대답을 통해 분노를 죽인다는 것의 의미를 직접 보여주었을 것이 틀림없기 때문이다. 그 브라만은 사실 이 대답에 깊이 감동받아서 결국은 출가하기로 결심하고 얼마 지나지 않아 아라한이 되었다.

적어도 『상윳따 니까야』에서는 이야기가 여기서 끝나지 않는다. 이 모음집의 다음 법문에서는 이 브라만의 출가 소식을 듣고 같은 족성의 또 다른 브라만이 분노하여 붓다에게 갔다고 전한다. 그러나 그는 도전적인 질문 대신에 붓다에게 욕을 했다. 그것에 대한 대답으로 붓다는 고요하게 그 브라만이 손님에게 차려놓은 음식을 손님이 받지 않으면 어떻게 할 것이냐고 물었다. 그 음식은 주인에게 남겨진다고 대답하자, 붓다는 그 브라만이 막 했던 욕도 마찬가지라고 분명하게 설명해주었다. 붓다는 그 욕을 받아들이지 않았기 때문에, 그 욕은 그 브라만에게 남겨지게 된다. '다른' 『잡아함』(T 100)은 이 대답을 다음과 같이 전한다.[9]

---

9 번역은 『잡아함²』 75 T II 400b18-400b20에 기초하며, 같은 에피소드를 다룬 것으로 『상윳따 니까야』 7.2 SN I 162,16(보디 번역 2000: 256)과 『잡아함』 1152 T II 307a17이 있다. 『잡아함』 1152와 『잡아함²』 75는 이 브라만이 붓다에게 욕하는 것은

그대가 여래·아라한·정등각자 앞에서 욕과 비방과 다양
한 형태의 험한 말을 나에게 했지만, 나는 그것들을 받아
들이지 않았다.

위의 두 구절을 종합하면, 붓다의 발자취를 따르는 것으로 화를 내
기보다는 평정을 유지하는 방안이 제시된다. 그것은 앞에서 번역
된 구절에 나오는 그 브라만 여성에 의해 표현된 예경 정형구에 더
하여 붓다에 대해 거듭 마음챙김 하는 또 하나의 방법으로 간주될
수도 있을 것이다. 정말로 죽일 필요가 있는 것은 다른 것이 아니라
안에 있는 적이다. 이 안에 있는 적은 다름 아닌 분노 자체이다. 다
른 사람의 분노에 직면했을 때, 우리는 항상 막 주어진 그 원하지
않는 '선물'을 받아들이지 않는 선택을 할 수 있다. 많은 경우에 그
런 원하지 않는 선물을 받았을 때 같은 유형의 더 많은 선물로 반응
하는 것은 너무 당연하게 보인다. 그러나 이러한 일은 발생할 필요
가 없다.
　다시 말해서, 상처받은 에고의 입장에서 반응하여 1) '선물'을
받아들이고 2) 동일한 것으로 보복하기보다는, 원칙적으로는 붓다
가 확립한 모범을 기억함으로써 항상 평정을 유지할 가능성을 마
련해 두는 것이다. 필요한 것은 순간적으로 한 걸음 물러나 이제 막

다른 브라만이 출가했기 때문에 화가 났기 때문이라는 사실을 분명하게 언급하지 않
는다. 또한 욕을 했던 그 브라만이 결국에는 출가해서 아라한이 되었다는 사실을 전
하지 않는다는 점에서도, 이 두 경전은 『상윳따 니까야』 7.2와 다르다(그것은 『상윳따
니까야』 7.2의 경우에 사실 구전이나 문서에 의한 전승 동안 『상윳따 니까야』 7.1의 결론을 우연히
모방하게 된 결과일 수 있다).

　　　　　　　　　　　　　　　　　　　　명상가 붓다의 삶

일어날 분노의 선물을 교환하는 당사자가 되기를 정말로 원하는지 생각해 보는 것이다.

이전 장에서 붓다가 다른 이들에게 자신을 다르마의 스승으로 존경하라고 요청했다는 내용을 언급했지만 붓다는 그와 상반되는 에고의 부재를 보여주기도 한다. 그런 모습은 붓다가 수행자 모임 장소에 갔다가 그 안에서 제자들이 법에 대해 논의하고 있는 것을 알아차리는 모습을 서술한 장면에서 전면에 대두된다. 그런 한 가지 예를 「성스러운 구함 경」과 같은 에피소드를 다룬 『중아함』의 해당 내용에서 발견할 수 있다. 그것은 이렇게 진행된다.[10]

> 세존은 아난다 존자가 뒤따르는 가운데 람마까 브라만의 집에 갔다. 그때 많은 수행승들의 무리가 람마까 브라만의 집에 함께 앉아서 다르마에 대해 논의하고 있었다. 붓다는 문밖에 서서 수행승들의 법 논의가 끝나기를 기다렸다. 이윽고 수행승 무리는 다르마에 대한 조사와 논의를 끝내고 침묵을 지키고 있었다. 그것을 알고 세존은 기침을 하고 문을 두드렸다. 그 소리를 듣고 수행승들이 와서 문을 열었다.

두 버전에 따르면, 수행승들은 사실 붓다로부터 법문을 듣는다고

---

10   번역 구절은 『중아함』 204 T I 775c20-775c25에서 가져왔고, 『맛지마 니까야』 26 MN I 161,16(냐나몰리 번역 1995/2005: 254)과 같은 에피소드를 다룬 내용이다. 또한 아날라요 2011: 170 참조.

예상하고 모인 것이었다. 그럼에도 불구하고, 붓다는 그들에게 가르침을 주기 위해 왔다가 그들이 논의를 끝낼 때까지 밖에서 기다리는 놀라운 배려를 보여주었다. 붓다가 밖에 서서 기다리는 모습은 스승이라는 에고의 부재를 생생하게 나타낸다.

다른 구절들에서는 붓다가 시기적절한 가르침을 주기 위해 길을 떠나는 모습을 보여준다. 그 과정에는 전형적으로 아픈 사람들이 관련되는데, 그런 몇 가지 경우를 「질병과 죽음을 마음챙겨 직면하기」라는 나의 연구에서 조사했다.[11] 그 밖의 경우로는 어떤 이유로든 명상 수행이나 이해에서 진전을 보지 못하는 사람들에게 가르침이라는 약을 연민의 마음으로 베푸는 일 등이 있다. 예를 들어, 붓다는 마하목갈라나가 명상 중에 조는 문제를 안고 있다는 것을 알고 그를 찾아가서 그에 대한 대처 방법을 상세하게 가르쳐 주었다.[12]

소나(Soṇa)가 명상에 진전에 없어서 절망하여 환속하기를 원했을 때, 붓다는 그를 위로하고 격려하기 위해 왔다.[13] 다른 버전들에서는, 붓다가 다른 수행승에게 소나를 데려오라고 말했다고 한다.[14] 어떤 방식으로든 소나와 붓다가 만났고, 그 자리에서 붓다는

---

11 아날라요 2016b.

12 『앙굿따라 니까야』 7.58a AN 85,17(보디 번역 2012: 1059, 법문 61이라고 언급됨) 및 그것과 같은 에피소드를 다룬 『중아함』 83 T I 559c5와 T 47 T I 837a14.

13 『앙굿따라 니까야』 6.55 AN III 374,19(보디 번역 2012: 933) 및 같은 에피소드를 다룬 『증일아함』 23.3 T II 612a29와 『위나야』 버전들 Vin I 182,11, T 1421 T XXII 146a29, T 1425 T XXII 481c18, T 1428 T XXII 844b13.

14 왈드쉬밋트 1968: 775, 『중아함』 123 T I 612a8, 『잡아함』 254 T II 62b29, 그놀리 1978: 142,16.

그 유명한 류트의 비유를 설하였다. 류트의 줄은 너무 팽팽하지도 너무 느슨하지도 않아야 한다는 것이었다. 마찬가지로, 소나는 과도한 노력과 수행 포기 사이의 균형 잡힌 중심점을 찾아야 한다는 것이었다.

아누룻다가 다르마의 일곱 가지 특성에 대해 숙고했을 때, 붓다는 그를 찾아가 그 숙고를 승인하고 아누룻다의 숙고를 보충하는 여덟 번째 특성을 제시했다. 이 개입은 정확하게 필요했던 것으로 보인다. 이 법문의 모든 버전들에 따르면, 이 가르침을 받은 후에, 아누룻다가 시작한 수행은 그를 완전한 깨달음으로 인도했다.[15]

또 다른 구절에서는 붓다가 걸어가면서 장시간에 걸쳐 가르침을 주었다는 내용을 전한다. 도입부의 설명에 따르면, 붓다가 걷기 명상을 하고 있을 때 두 수행승 제자가 그에게 다가왔다. 그는 계속 걸으면서 지금은 『디가 니까야』 및 그것과 같은 에피소드를 다룬 경전들에 있는 긴 법문들 가운데 하나로 알려져 있는 것을 설명해 주었다.[16]

이 예들은 붓다가 어떤 상황에서도 가르칠 준비가 되어 있었

---

15 『앙굿따라 니까야』 8.30 AN IV 235,17(보디 번역 2012: 1165) 및 그것과 같은 에피소드를 다룬 『중아함』의 74 T I 542a16과 T 46 T I 836c18. 같은 에피소드를 다룬 또 다른 법문인 『증일아함』 42.6 T II 754c13은 아누룻다가 붓다의 가르침을 받고 기뻐했다는 내용으로 끝나서, 다른 버전들에 따르면 아누룻다가 일정 기간의 수행을 한 후에 일어난 일에 대해서, 전하고 있지 않다.

16 『디가 니까야』 27 DN III 80,20(월쉬 번역 1987: 407) 및 그것과 같은 에피소드를 다룬 『장아함』 5 T I 36c8, T 10 T I 216c19, 『중아함』 154 T I 673b24, D 4094 ju 190a3 또는 Q 5595 tu 217a4 등은 공통적으로 그 두 수행승이 예경을 한 후에 붓다와 함께 왔다갔다 걸었다고 전한다. 그러므로 전체 법문은 셋이서 왔다갔다 걷는 동안에 설해진 것으로 보인다.

음을 가리킨다. 적절한 환경에 접했을 때 즉흥적으로 가르침을 전하는 경우도 볼 수 있다. 대표적으로 아들인 라훌라에게 전한 한 가지 가르침이 있다. 도착하여 발 씻을 물을 받고 나서, 붓다는 막 사용한 그 물병을 활용하여 아들에게 진실하게 말할 필요성에 대하여 자신의 가르침을 설명했다.[17]

불과 관련된 가르침도 있다. 붓다는 수행승들의 무리와 여행을 하는 중에, 큰 불이 숲에서 맹렬하게 타오르는 것을 보았다. 그는 그 광경을 차용하여 계를 위반했을 때 겪을 수 있는 끔찍한 결과에 대한 통찰적인 법문을 불과 비교하여 설명했다. 법문은 이 가르침의 결과로 60명의 수행승들이 환속하기로 결심했지만, 그 청중 속에 있었던 또 다른 60명의 수행승들은 마지막 목표에 도달했다고 전한다.[18]

이 사례들은 초기 법문들이 붓다가 가르치는 과정에서 사용했다고 전하는 놀랄 만한 범위의 비유들에 대한 적절한 인상을 주기에는 턱없이 부족하다. 사실 그렇게 하기 위해서는 더 많이는 아니더라도 적어도 또 다른 장 하나 정도는 필요할 것이다.[19] 그럼에도

---

17 『맛지마 니까야』61 MN I 414,11 (냐나몰리 번역 1995/2005: 523) 및 그것과 같은 에피소드를 다룬 『중아함』14 T I 436a20, T 211 T IV 600a3, T 212 T IV 668a10 (또한 발크(Balk) 1984: 378,11 참조), T 1442 T XXIII 760c5, D 3 cha 215b7 또는 Q 1032 je 200a4. 비교 연구를 위해서는 아날라요 2011: 342f 참조.

18 『앙굿따라 니까야』7.68 AN IV 135,5 (보디 번역 2012: 1094, 법문 72로 언급됨), 여기에서는 60명의 수행승들이 뜨거운 피를 토했다는 사실도 전하고 있다. 같은 에피소드를 다룬 것으로 『중아함』5 T I T 427a3 (빙겐하이머 등 번역 2013:33), 『증일아함』33.10 T II 689c1이 있다.

19 빠알리 비유들에 대한 조사는 리즈 데이비즈 1907과 1908에서 찾을 수 있다.

불구하고, 언급된 몇 가지 사례들만 보아도 다르마를 표현하기 위한 보조 수단으로 붓다가 외부 환경을 즉흥적으로 활용했음을 알수 있다. 붓다는 이런저런 방법으로 어떤 사건이나 환경을 즉석에서 다르마에 관련시켰던 것 같다.

····················· **수 행** ·····················

평정의 계발은 붓다가 가르치는 방법의 중심 주제를 실행하는 편리한 방식 역할을 할 수 있다. 그렇게 함으로써 동시에 14장에서 다룬 연민의 계발을 보충할 수 있다. 여기서 평정의 정규적인 계발은 네 가지 범주(梵住, brahmavihāra)의 완성 역할을 한다.[20] 매일의 수행을 위해서는 붓다 자신의 평정으로부터 세 가지 마음챙김 확립의 형태로 영감을 가져올 수 있다. 물론 이 세 가지 마음챙김 확립은 마음챙김을 지향한다.

우리가 현재 순간의 마음챙김을 확립하면, 감각적 욕망이나 분노가 일어나는 것을 보다 쉽게 알아차릴 것이다. 그때 감각적 욕망이나 분노가 없는 붓다의 태도를 기억하면 내적인 해탈이라는 같은 방향으로 진보하기 위한 영감을 얻을 수 있을 것이다. 이런 방식으로, 특히 자신의 오염원들을 다른 사람들에게 거침없이 주는 사람들을 마주할 때, 우리는 마음챙김과 평정을 확립하여 유지하

---

20 범주의 계발에 대한 실제적인 가르침에 대해서는 아날라요 2015a: 151-62 참조.

는 것만으로도 그런 선물을 늘 받아들이지 않는 선택을 할 수 있다.

또한 붓다가 다르마를 표현하기 위한 보조 수단으로 일어나는 일을 무엇이든 즉흥적으로 활용했다는 사실에서도 실제 수행에 이용할 수 있는 실마리를 찾을 수 있다. 붓다가 이런 식으로 보여준 모범은 일어나거나 가까이 있는 어떤 것도 우리 자신에게 다르마를 가르치는 교훈으로 고려하기 위한 영감으로 사용할 수 있다. 우리가 어떤 상황에 처해 있든, 그것은 잠재적인 통찰의 씨앗과 함께 온다. 이 씨앗을 발견하고 성장시키기 위해 필요한 것은 마음챙김과 평정이다.

20

견해 통찰

앞 장에서 붓다의 가르침 방법을 살펴본 결과 나의 관심은 자연스럽게 고대 인도 환경에서 유지되고 토의된 견해들과 의견들에 대한 그의 태도로 이어졌다. 그의 태도는 이미 첫 번째 가르침에서 어느 정도 분명하게 드러났다. 16장에서 살펴본 바와 같이 붓다는 자신이 발견한 것을 첫 제자들에게 전달하기 위해 고대 인도의 의학 진단 체계에 의존한 것으로 보인다. 이러한 방법을 채택한 데에는 붓다가 자신이 발견한 것이 새롭다는 사실을 전달하기 위해 당대의 이론들이나 철학적 관점들과는 매우 다른 방법으로 문제를 제시할 필요가 있었다는 점을 시사하는 것으로 보인다.

다른 유행승들과 사문들 사이에서 매우 흥미를 끌었던 것으로 보이는 일련의 명제들에 대한 그의 태도에서도 그러한 필요성을 엿볼 수 있다. 법문들에서 판단컨대, 통상적으로는 이 명제들의 다양한 관점들 가운데 어떤 것이라도 선택하여 자신이 어디에 서 있으며 어떤 견해를 따르는지를 분명하게 밝히는 것이었다. 그의 동시대인들에게 실망스럽고 심지어 당황스럽게도, 붓다는 이 입장들 가운데 어떤 것도 채택하기를 부단히 거부했다.

「말룽꺄 짧은 경(Cūḷamāluṅkya-sutta)」 및 그것과 같은 내용을 다룬 『중아함』의 해당 내용에 따르면, 그런 실망은 심지어 말룽꺄뿟따라고 불리는 붓다의 수행승 제자에게도 영향을 미쳤다. 『중아함』 버전은 그의 생각을 이와 같이 전한다.[1]

---

1   번역은 『중아함』 221 T I 804a25–804a29에 기초하고, 이것은 『맛지마 니까야』 63 MN I 426,9(냐나몰리 번역 1995/2005: 533)와 T 94 T I 917b18과 같은 에피소드를 다룬 내용이다. 또한 T 1509 T XXV 170a8을 참조하고 비교 연구를 위해서는 아날라

세존이 다음과 같이 명확한 의견을 밝히지 않은 채 제쳐
두고 치워버린 이른바 견해들이 있다. 세상은 영원한가?
세상은 영원하지 않는가? 세상은 유한한가? 세상은 무한
한가? 영혼(jīva)은 몸과 같은가? 영혼은 몸과 다른가? 여
래는 사후에 존재하는가? 여래는 사후에 존재하지 않는
가? 여래는 사후에 존재하기도 하고 존재하지 않기도 하
는가? 여래는 사후에 존재하는 것도 아니고 존재하지 않
는 것도 아닌가?
나는 이러는 것을 좋아하지 않는다. 나는 이러는 것을 참
지 못한다. 나는 이러는 것을 찬성하지 않는다.

말룽꺄뿟따는 이 명제들에 대해 매우 집착한 나머지 붓다와 대면
하여 명확한 대답을 얻든지 아니면 환속하기로 결심했다.[2]

만일 세존께서 나에게 이것은 사실이고 나머지는 모두 거
짓되게 말한 것이라고 분명하게 말씀하시면, 나는 그 밑
에서 성스러운 삶[淸淨梵行]을 닦을 것이다. 만일 세존께서
나에게 이것은 사실이고 나머지는 모두 거짓되게 말한 것
이라고 분명하게 말씀하시지 않으면, 나는 그의 말에 의
심을 품고 그를 버리고 떠날 것이다.

요 2011 : 353f를 참조하라.

2   번역 부분은 『중아함』 221 T I 804b5-804b9에서 가져왔다.

위 번역 구절에서 말룽꺄뿟따가 열거한 견해들은 세상에 대한 공간과 시간의 차원들, 영혼과 몸의 관계, 사후 여래에게 일어나는 일 등을 중심 주제로 삼고 있다. 열거된 견해들을 제대로 이해하기 위해서는 위 글에서 두 가지 측면들을 더 살펴볼 필요가 있다. 하나는 여래라는 용어의 의미이고, 다른 하나는 여래에 대한 견해들이 둘이 아닌 네 가지 선택지를 열거하는 방식, 즉 사구(四句)를 포함하는 이유이다.

위에서 논의한 견해들의 맥락에서는 여래라는 용어는 누구든 완전한 깨달음에 도달한 사람을 일컫는다. 그러나 초기 법문들에서 그 용어를 보다 흔하게 사용하는 경우는 기록상 붓다가 자기 자신을 의미하기 위해 여래라는 용어를 사용할 때이다. 이 점은 주목할 만하다. 그가 자신을 붓다라는 용어로 언급하는 것은 매우 드물게 보이기 때문이다.[3]

따타가따(Tathegata, 여래)라는 용어 자체는 원칙상 크게 두 가지 방식으로 이해할 수 있다. '이와 같이 온[如來]'을 의미하는 따타(tathā)와 아가따(āgata)의 결합으로 보거나 '이와 같이 간[如去]'을 의미하는 따타(tathā)와 가따(gata)의 결합으로 보는 것이다. '잘 간[善逝]'을 의미하는 수(su)와 가따(gata)를 결합시킨 수가따(sugata, 善逝)라는, 붓다의 또 다른 명호와 연결시켜 보면, 아마도 원래 따타가

---

3   그러한 예는 『앙굿따라 니까야』 4.36 AN II 39,3(보디 번역 2012: 426) 및 그것과 같은 에피소드를 다룬 간다리(Gāndhārī) 단편, 엘론(Allon) 2001: 121, 『잡아함』 101 T II 28b16, 『잡아함²』 267 T II 467b23에 있다(같은 에피소드를 다룬 또 다른 곳인 『증일아함』 38.3에서는 그런 언급이 전하지 않는다).

따의 좀 더 두드러진 뉘앙스는 '이와 같이 간'이었을 것이다.[4] '이와 같이 온'이라는 의미는 아마도 붓다가 그의 과업을 무수한 겁 동안 준비했다는 아이디어의 발전과 더불어 더욱 두드러지게 되었을 것이다. 요컨대, 오염원들과 심지어 오온과의 동일시의 흔적까지도 넘어서 '이와 같이 간' 것이 붓다의 성품을 이해하고 기억하는 방식을 요약하는 편리한 방법이다.

열거된 견해들 가운데, 처음 주제들은 두 가지 선택지를 진술하여 다루어지는 반면 마지막 주제는 선택지가 네 가지이다. 이것은 고대 인도의 논리에서 인정되는 네 가지 명제, 즉 사구(四句)의 경우이다. 흑백의 이분법 대신에, 사구는 가끔 어떤 것이 (회색일 때처럼) 흑이면서 백일 수 있거나 (투명할 경우처럼) 흑도 아니고 백도 아닐 수 있다는 것을 인정한다.

사구는 고대 인도 환경과 초기 불교 사상 자체를 제대로 이해하는 데 큰 도움이 될 뿐만 아니라 갈등 상황들에 접근하기 위한 실제적인 안내를 제공함으로써 상당히 많은 도움이 된다. 그러므로 말룽꺄뿟따로 되돌아가기 전에 사구의 의미를 간단하게 살펴볼 것이다.

사구가 사용된 사례는 『앙굿따라 니까야』 및 그것과 같은 에피소드를 다룬 티베트 번역본의 한 법문에서 볼 수 있다. 이 법문에서는 네 가지 종류의 행위를 구별하고 있다.[5] 이 네 가지 가운데 둘

---

4 노만(Norman) 1990/1993: 163은, 따타가따라는 용어에 대해, "-가따(gata)는 수가따(sugata)와 둑가따(duggata)에 있는 것과 같은 방식으로 사용된다고 추정할" 수 있다고 추론한다.

5 『앙굿따라 니까야』 4.232 AN II 230,25(보디 번역 2012: 601, 법문 233으로 언급됨) 및 같은 에피소드를 다룬 D 4094 ju 168a3 또는 Q 5595 tu 193b8(스킬링(Skilling) 번역

은 흑이거나 백인 행위들이다. 이 두 가지 유형은 전적으로 해롭거나 전적으로 유익한 행동들을 의미한다. 세 번째 유형은 유익함과 해로움이 혼합된 '흑이면서 백'인 행위이다. 다음 네 번째 종류는 흑이든 백이든 아니면 둘 다의 혼합이든 행위들의 포기를 일컫는 '흑도 백도 아닌' 것이다.

다소 임의로 고른 이 예가 좀 더 친숙한 서구 논리학 패턴과 다르다는 점을 고려하면 언뜻 보기에 이상하거나 심지어 당황스럽게 보일 수 있지만, 사구가 유의미한 관점을 제공할 수 있음을 실질적인 방식으로 보여주는 데 도움이 된다. 실제적인 측면에서, 어떤 사람이 나의 견해에 동의하지 않는다고 해서 내가 꼭 그의 견해를 논파하여 내가 옳음을 증명해야 하는 것은 아니다. 그런 의미에서, 사구는 시각과 의견의 차이가 곧바로 불가피한 갈등 유발 요소로 비춰지지 않게 하는 태도를 진작시키는 데 도움이 될 수 있다. 의견의 차이가 있을 때 상대와 나의 입장이 둘 다 진실하거나, 아니면 둘 다 틀릴 수도 있다. 자신과 매우 다른 견해를 갖고 있는 상대와 편하게 된다는 측면에서, 이 선택지들을 염두에 두고 있다면 '동의하지 않는 것에 동의하기'가 한결 쉬워질 수 있다. 그런 능력은 현대만큼이나 고대 인도의 환경에서도 의미가 있었다.

말할 필요 없이, 이것은 우리가 더 이상 어떤 문제에 대해 분명한 의견을 갖지 않는다는 것을 의미하는 아니다. 요점은 우리가 더 이상 우리의 의견에 동의하지 않는 것은 무엇이든 발기발기 찢어

1979: 88f).

명상가 붓다의 삶

서 우리의 의견이 옳음을 증명한다는 강한 전투욕을 느끼지 않는다는 것뿐이다. 그 결과로 나타나는 논쟁 유발 요소 축소는 깨달음을 향해 한 발 더 나아가는 데 필요한 정신적 균형 감각에 자양분이 된다.

따타가따라는 용어와 사구의 의미에 대한 이와 같은 이해를 기초로 하여, 이제 말룽꺄뿟따에 대한 에피소드로 되돌아갈 것이다. 이 에피소드에서 붓다는 세상과 영혼에 관한 이중 논리에 따라 형식화된 입장들을 채택하기를 거부할 뿐만 아니라 심지어 깨달은 자의 본성에 대한 네 가지 명제 가운데 어떤 것도 받아들이지 않았다. 이 네 가지 명제는 고대 인도의 논리에 따라 이런저런 주제에 대해 가질 수 있는 입장들을 모두 거론하기 때문에, 이 네 가지 선택지를 모두 거부할 경우 붓다의 동시대인들에게는 설명을 필요로했던 이유가 이해될 만했을 것이다.

이런 측면에서 붓다의 태도를 이해하기 위해서는 열거된 전체 가운데 처음 두 가지 관점, 즉 세상은 영원한지 아니면 영원하지 않는지를 살펴보는 것이 도움이 될 수 있다. 초기 법문들이 조건 지어진 모든 현상들은 무상하다는 특성을 반복 강조했던 것을 고려하면, 붓다가 세상은 영원하지 않다고 말하는 데 어떤 거리낌이 있었을 것이라고 예상되지는 않을 것이다. 그러므로 그가 두 가지 입장을 모두 받아들이기를 거부했던 이유는 '세상'이라는 용어의 사용에 내포된 가정과 관련되어 있음에 틀림없다. 이 두 가지 선택 가능한 명제의 맥락에서, 세상은 분명히 그 자체로 독립적인 존재로 인식된다. 이러한 인식에서는 연기적으로 일어난 경험으로서의 세상을 구성하는 데에 있어서 주관적인 영향을 간과한다. 초기 불교의 관점에서 볼 때, '세상'이라는 용어는 감각기관들과 그 대상들의 조건 지어진 상호작용을 언급하는 데 가장 잘 사용된다.[6] 붓다가 그 두 가지 명제 중 어느 하나라도 긍정했더라면, 주관적 경험 세계의 형성된 성품에 대한 그 자신의 이해에 상충되는 의미로 '세상'이라는 용어를 사용하는 것이 적합하다고 암암리에 인정하는 셈이 되었을 것이다.

마찬가지로, 영혼과 몸의 관계에 대한 어떤 진술도, 초기 불교의 실재 분석에 따르면 애초에 존재하지 않는 어떤 것을 암암리에 긍정하는 셈이 된다.

같은 것이 깨달은 이에 대한 네 가지 선택지에도 적용된다. 여래의 특성에 대한 기본 전제를 감안한다면 붓다가 자신의 무아 이해와 상충하지 않은 채 그 네 가지 입장 가운데 어느 하나를 선택하기는 불가능했을 것이다. 이것은 한 수행승이 완전하게 깨달은 이는 죽은 후에 절멸할 것이라고 단언하는 또 다른 법문에서 분명히 드러난다. 사리뿟따에게 추궁을 받은 그 유행승은 사실 여래는 살아 있는 동안에도 다섯 가지 무더기[五蘊] 중 어떤 것과도 동일시될 수 없다는 것을 인정해야만 했다. 이것은 죽은 후의 여래에 대해 의견을 표명할 만한 여지를 거의 남기지 않는다.[7]

---

6   『상윳따 니까야』 35.68 SN IV 39.28(보디 번역 2000: 1153) 및 그것과 같은 에피소드를
     다룬 『잡아함』 230 T II 56a27.
7   『상윳따 니까야』 22.85 SN III 112.5(보디 번역 2000: 933) 및 그것과 같은 에피소드를
     다룬 『잡아함』의 104 T II 31b1(아날라요 번역 2014b: 14).

이것은 말롱꺄뿟따가 붓다로 하여금 이 입장들 가운데 하나를 긍정하도록 하려 했던 것이 처음부터 성공할 가능성이 없었다는 이유를 분명하게 밝혀준다. 말롱꺄뿟따의 질문에 대한 대답으로 붓다는 그 유명한 독화살의 비유를 설했다고 전한다. 그 비유는 독화살에 맞았으나 화살, 활을 쏜 사람, 활 등에 대한 온갖 사소한 정보를 모두 얻을 때까지 화살 제거를 거부하는 사람에 대한 이야기이다. 그 사람은 그 모든 질문들에 대한 대답을 듣기 전에 독이 온몸에 퍼져 죽을 것이다.

「말롱꺄 짧은 경」과 같은 에피소드를 다룬 『중아함』의 해당 내용은 다음과 같은 방식으로 붓다의 결론을 제시한다.[8]

무슨 이유로 나는 이 [명제들을] 분명하게 말하지 않았는가? 그것들은 이익과 관련이 없고 다르마와 관련이 없으며 성스러운 삶의 기반과 관련이 없다. 그것들은 지혜로 이어지지 못하고 깨달음으로 이어지지 못하며 열반으로 이어지지 못한다. 이런 이유로 나는 이 [명제들을] 분명하게 말하지 않는다.

내가 분명하게 말하는 가르침은 무엇인가? 나는 이익이 되는 것을 분명하게 말한다. 그것은 둑카, 둑카의 일어남, 둑카의 소멸, 둑카의 소멸로 인도하는 도닦음이다. 나는 이것을 분명하게 말한다.

---

8 번역은 『중아함』 221 T II 805b28-805c3에서 가져왔다.

이것은 다양한 견해들을 지지하는 것으로부터 네 가지 진리의 진단 체계를 통해 사물을 바르게 보는 것으로 강조점을 이동시킨다. 「말룽꺄 짧은 경」과 『중아함』의 해당 내용이 언명하듯이, 말룽꺄뿟따가 그렇게 집착하는 견해들 가운데 어떤 것과도 달리, 이것은 이익이 있고 열반으로 이어진다.

붓다가 이 표준 명제들 가운데 어떤 것도 취하기를 거부하는 내용은 「왓차곳따 불 경(Aggivacchagotta-sutta)」 및 그것과 같은 에피소드를 다룬 다른 경전에도 나온다. 왓차곳따 유행승은 붓다가 이 네 가지 명제 가운데 어떤 것도 취하려 하지 않는 데 당혹스러웠다. 이 견해들이 마지막 목표에 이르지 못한다는 말을 듣고, 그에게는 틀림없이 이해할 수 없는 회피로 보였던 것에 대한 격노의 표시로, 그는 그렇다면 붓다가 어떤 견해라도 갖고 있는지 물었다. 붓다의 대답은 『잡아함』 버전에 다음과 같이 서술되어 있다.[9]

여래는 이미 견해라는 것을 버렸다. 그러나 유행승 왓차곳따여, 여래는 "보았다." 다시 말해서 여래는 "이것은 둑카의 성스러운 진리이다. 이것은 둑카가 일어남의 성스러운 진리이다. 이것은 둑카 소멸의 성스러운 진리이다. 이것은 둑카의 소멸로 인도하는 도닦음의 성스러운 진리이

---

9 번역 부분은 『잡아함』 962 T II 245c21-245c25에 기초하고, 『맛지마 니까야』 72 MN I 486,11(냐나몰리 번역 1995/2005: 592), 『잡아함²』 196 T II 445b8, D 4094 ju 157b6 또는 Q 5595 tu 182a6 등과 같은 에피소드를 다룬 내용이다. 비교 연구를 위해서는 아날라요 2011: 392 참조.

다."라는 것을 보았다.

그렇게 알고 그렇게 봄으로써, 모든 견해, 모든 집착, 모든 다시 태어남, 자아와 자아에 속한 것이라는 견해, 자아라는 자만에 집착하여 얽매이는 잠재 성향 등 [이 모든 것들이] 이렇게 멸절되었고 가라앉았으며 식었다. 여래는 그렇게 해탈하게 되었다.

이 구절에서 중요한 점은 「왓차곳따 불 경」에서 사용된 빠알리 용어를 좀 더 명료하게 하는 것이다. 그 경에서 '견해(diṭṭhi)'를 고수하는 것과 붓다가 '본(diṭṭha)' 것을 대조시키고 있다. 어원적으로 긴밀한 그 두 표현 사이의 관계는 의미상의 실질적인 변화를 수반한다. 사변적인 견해의 고수는 있는 그대로 사물을 보는 과정을 통해 직접 봄의 획득으로 대체된다. 빠알리 버전에서 이 직접 봄은 다섯 가지 무더기[五蘊]의 본질을 꿰뚫는 붓다의 통찰과 관련이 있는 반면, 위에 번역된 구절 및 같은 에피소드를 다룬 다른 경전의 해당 내용들에서는 직접 봄이 네 가지 진리[四聖諦]의 형태를 띤다.

이런 식으로 따타가따로서의 붓다는 사변적인 '견해'를 완전히 넘어서 '이와 같이 간[如去]' 자이고 니르바나를 진정으로 '봄'을 실현한 자이다. 이 봄은 사성제의 체계화에서 웅변적으로 표현된다. 사성제는 그의 모범을 기꺼이 따르려는 이들에게 바른 '견해' 역할을 함으로써 실상/실제에 대한 진단적 관찰을 제공하여 스스로 진리를 깨달을 수 있도록 한다.

「왓차곳따 불 경」 및 그것과 같은 에피소드를 다룬 경전들의 해당 내용들은 붓다가 여래의 본성을 꺼진 불을 예로 들어 설명했다는 점에 일치를 보인다. 불이 자신 앞에서 탈 때는 불과 연료를 가리키는 것이 가능하다. 그러나 불이 꺼지면 그 불이 간 방향을 가리키는 것이 가능하지 않다. 꺼진 불과 마찬가지로, 여래는 다섯 가지 무더기 가운데 어떤 것에 대해서도 모든 집착을 포기했다. 그가 더 이상 그것들과 동일시하지 않기 때문에, 더 이상 그를 다섯 가지 무더기와 동일시하는 것은 불가능하다. 그가 살아 있는 동안에도 다섯 가지 무더기와 동일시될 수 없기 때문에, 이 다섯 가지 무더기의 견지에서 죽었을 때 무슨 일이 일어날지 언명하는 것은 거의 불가능하다. 여래에 대한 네 가지 명제는, 적어도 초기 불교의 관점에서 볼 때, 여래라는 용어가 의미하는 것에 대한 오해와 관련이 있다는 점에서, 이것은 위에서 말한 요점을 반복하는 역할을 한다.

어떤 것과 동일시하고, 그럼으로써 확인 가능하게 되는 것 사이의 상호 관계는 중요한 함축성을 갖는다. 늙음과 질병과 죽음을 그렇게 두렵게 만드는 것은 정확하게 오온의 무더기와 동일시되는 사실이다. 일단 완전한 깨달음에 의해 모든 동일시의 패턴이 버려지면, 늙음과 질병과 죽음에 의해 괴로워하는 문제는 전적으로 다른 차원을 띠게 된다. 왜냐하면 괴롭게 느껴지고 고통스럽게 되는 기준점이 더 이상 없기 때문이다.

명상가 붓다의 삶

견해를 고수하는 것인지, 아니면 사물을 그대로 진실하게 보도록 계발하는 것인지 구별하는 수행 방법으로, 우리 자신의 견해에 집착하는 것은 그 자체가 수행을 위한 편리한 대상이 된다. 우리가 자신의 견해와 의견에게 자연스럽게 하게 되는 감정적인 투자를 막기 위해서, 도움이 될 만한 연습은 자신의 견해와 정확하게 반대되는 견해를 잠시 동안이나마 가져 보는 것이다. 그런 연습을 통해 자신의 입장에 합리적인 측면 또는 그저 이해할 만한 측면이라도 있는지 살펴볼 수 있다.

　우리 자신의 관점에서 볼 때에는 완전히 불합리하고 이해할 수 없게 보였던 것을 잠시 동안만이라도 진지하게 받아들이면 그것의 내적인 근거와 의미가 드러나는 경우는 흔히 있다. 여기서 중요한 점은 우리 자신의 의견을 완전히 버리는 것이 아니라, 단지 잠시 동안 그것들을 보류하고, 반대 입장을 진지하게 받아들일 수 있기에 충분한 정신적 공간을 마련하는 것이다. 이렇게 함으로써 우리의 상대가 어디에서 왔는지 더 잘 이해할 수 있고, 그럼으로써 상충하는 견해와 의견에서 생길 수도 있는 어떤 불화도 해결할 수 있는 방법을 찾을 수 있게 된다.

　같은 수행을 다른 측면으로 돌려, 마음챙김 조사의 빛을 비슷한 견해를 갖고 있는 사람들에게 갖는 유대감을 재확인하는 데 비추는 방법도 있다. 그 결과로 생긴 동질감은 정의대비(正義對比)로 반대 견해를 갖고 있는 다른 사람들을 필요로 한다. 그런 유대감과

적대감은 우리 자신의 정체성을 형성하는 데 도움이 되며, 그 정체성은 견해와 의견에 대한 집착의 뿌리에 자리한다.

실제의 명상 수행의 견지에서 볼 때, 「기리마난다 경」 및 그것과 같은 에피소드를 다룬 티베트 어 경전의 해당 내용에 열거된 인식들 가운데 하나를 선택하고 그것을 이용하여 적절한 태도를 계발할 수 있을 것이다. 이 수행은 이런저런 방식으로 니르바나를 지향하는 일련의 인식들의 일부로 발생한다. 이 인식의 제목은 '모든 세상을 기뻐하지 않기'이며, 그것은 우리의 정체성을 이루고 있는 것들에 대한 어떤 집착도 내려놓음으로써 우리의 입장과 견해에 대한 집착을 내려놓아야 한다고 요구한다. [10]

---

10 더 자세한 사항에 대해서는 아날라요 2016b: 227f 참조.

21

공에 머묾

이전 장에서는 붓다의 견해 초월과 따타가따, 즉 '이와 같이 간 이'로서의 그의 역할을 다루었다. 따타가따는 완전한 깨달음의 실현에 의해서 다섯 가지 무더기[五蘊]와의 동일시를 넘어섰고 그렇게 함으로써 그것들과 동일시되는 것을 초월했다. 이제 나는 이것에 이끌려 공(空)이라는 주제를 다룰 것이다.

「공(空)에 대한 짧은 경」 및 그것과 같은 에피소드를 다룬 경전의 해당 내용들은 붓다의 짧은 진술로부터 시작된다. 그 진술에 따르면 붓다는 자주 공에 머물렀다.[1] 그리고 계속해서 그런 머묾이 어떻게 명상 수행에서 성취될 수 있는지 상세한 설명이 이어진다. 이에 대해서는 다른 곳에서 상세하게 연구했기 때문에, 여기에서는 그 수행의 주요 측면들을 요약하여 소개한다.[2]

「공(空)에 대한 짧은 경」 및 그것과 같은 에피소드를 다룬 경전들의 해당 내용에서, 명상 진보는 일련의 인식들을 통해 이루어진다. 그 시작은 당시 붓다가 머물렀던 수행처이다. 첫 번째 인식은 수행처를 고대 인도의 도시에서 흔히 마주칠 법한 다양한 유형의 동물들과 사람들은 없지만 거기에 머무는 수행승이 없지 않은 곳으로 보기를 요구한다. 그 명상의 기저에 깔린 패턴은 붓다가 이 첫 번째 인식을 소개한 후에 한 진술로 가장 잘 설명될 수 있다. 다음

---

1 『맛지마 니까야』121 MN III 104,9(냐나몰리 번역 1995/2005: 965) 및 그것과 같은 에피소드를 다룬 『중아함』190 T I 737a4와 스킬링(Skilling) 1994: 148,4. 비교 연구를 위해서는 아날라요 2011: 683 참조.

2 아날라요 2015a: 83-169.

은 이 진술에 대한 『중아함』 버전이다.[3]

> 그러므로 아난다여, 존재하지 않는 것은 무엇이든 나는
> 그것을 빈 것으로 보고, 존재하는 것은 무엇이든 나는 그
> 것을 진실하게 있는 것으로 본다. 아난다여, 이것을 왜곡
> 하지 않고 진실하게 공에 머무는 것이라고 한다.

이 말은 진정으로 공에서 머문다는 것은 '왜곡하지 않고' 사물을 있
는 그대로 볼 필요가 있음을 나타낸다. 「공(空)에 대한 짧은 경」 및
그것과 같은 에피소드를 다룬 내용들에서 공에 대한 명상이 위에
언급된 첫 번째 인식에 이어서 숲, 땅, 처음 세 가지 무색계를 거쳐
무상(無相, 표상 없음)에 대한 인식으로 진행된다.[4] 그래서 마음이 번
뇌들(āsava)로부터 해탈하면 공의 정점에 도달한다. 『중아함』 버전
은 다음과 같은 방식으로 이 공의 정점을 표현한다.[5]

> 이런 식으로 감각적 욕망의 번뇌가 비었고 존재의 번뇌가
> 비었으며 무명의 번뇌가 비었다는 것을 안다. 그러나 여
> 섯 가지 감각기관과 생명 기능을 가진 나의 이 몸만은 비
> 공(非空)이다.

---

3   번역은 『중아함』 190 T I 737a9-737a11 (아날라요 번역 2015a: 177)에 기초한다.

4   『맛지마 니까야』 121 MN III 107,10은 다음 단계로 비상비비상을 다루는데 이것은
       텍스트 오류일 수 있다. 아날라요 2012b: 335-8과 2015a: 134f 참조.

5   번역 발췌는 『중아함』 190 T I 737c14-737c16에서 가져왔다.

붓다가 여섯 가지 감각기관과 관련하여 공에 머무는 것은『상윳따 니까야』및 그것과 같은 에피소드를 다룬『잡아함』의 해당 내용에 있는 한 법문의 주제이다. 같은 에피소드를 다룬 이 버전들은 사리뿟따가 다른 유행승과의 토론에서 감각기관 및 그 대상들이 그 자체로는 족쇄가 아니라는 것을 분명하게 밝혔다고 전한다. 그는 함께 멍에를 씌운 두 마리 황소에 비유하여 그것을 설명했다. 이 이미지는 쟁기질을 하거나 수레 끄는 일을 위해 흔히 두 마리 황소에 함께 멍에를 씌우는 고대 인도의 일상생활에서 가져온 것으로 보인다. 사리뿟따의 요점은 어떤 한 황소도 나머지 황소의 족쇄가 아니라는 것이다. 두 황소를 속박하는 족쇄는 둘 사이의 멍에이다. 마찬가지로, 족쇄는 감각기관들이나 그 대상들 자체에 있는 것이 아니라, 오히려 욕망이나 탐욕에 있는 것이다. 여섯 가지 감각기관들이 어떤 족쇄로도 작용하지 않으면서 대상을 인식할 수 있음을 보여주기 위해, 사리뿟따는 붓다의 경우를 예로 든다.『잡아함』버전은 이와 같이 진행된다.[6]

> 세존은 눈으로 즐겁거나 즐겁지 않은 형색을 탐욕스러운 욕망을 일으키지 않고 본다. 그러나 다른 중생들은 눈으로 즐겁거나 즐겁지 않은 형색을 볼 때 탐욕스러운 욕망을 일으킨다. 이런 이유로 세존은 마음이 해탈하기 위해

---

6 번역 구절은『잡아함』250 T II 60b17-60b20에서 가져왔고,『상윳따 니까야』35.191 SN IV 164,26(보디 번역 2000: 1231, 법문 232로 언급됨)과 같은 에피소드를 다룬 내용이다.

탐욕스러운 욕망을 버려야 한다고 그들을 가르친다.⁷

같은 상황이 귀와 소리든, 코와 냄새든, 혀와 맛이든, 몸과 감촉이든, 마음과 마음의 대상이든, 다른 감각기관에도 적용된다. 각각의 경우에 붓다는 탐욕스러운 욕망을 일으키지 않고 무엇이 일어나든 그것을 경험한다. 이 사실은 붓다가 공에 머무는 것이 어떤 면에서 중요한지 보여준다. 감각 경험의 본질은 공이라는 것을 꿰뚫어보는 진정한 통찰이 있으면 어떤 상황에서도 탐욕스러운 욕망을 마음으로부터 비워낼 수 있다는 것이다.

위 번역 구절의 또 다른 측면은 그렇게 공에 머묾으로써 자연스럽게 연민이 일어난다는 것이다. 그렇게 해서 생긴 연민은 정신적인 속박으로부터 똑같은 해탈에 이르는 방법을 다른 이들에게 기꺼이 가르치려는 마음으로 표현된다.

이 구절은 「공(空)에 대한 짧은 경」 및 그것과 같은 에피소드를 다룬 다른 경전의 해당 내용들에 있는 심오한 명상에 대한 가르침을 보충하여, 매일의 수행과 쉽게 연관시킬 수 있는 사례를 제공한다. 속박하는 힘이 두 마리의 황소, 즉 감각기관과 그 대상에 없다는 것을 고려할 때, 감각적인 경험을 피하는 것이 능사는 아님이 분명하다. 이것은 붓다와 웃따라(Uttara)라는 이름의 브라만 학도 사이에 있었던 논의에서 표면화되었다. 이 논의는 「감각 기능을 닦음

---

⁷ 『상윳따 니까야』 35.191에는 붓다가 다른 이들을 가르친다는 말에 해당하는 내용이 없다.

경」 및 그것과 같은 에피소드를 다룬『잡아함』의 해당 내용에서 전한다. 빠알리 버전의 제목에는 논의 주제, 즉 '감각 기능들(indriya)'의 '계발(bhāvanā)' 방법이 그대로 드러나 있다.『잡아함』버전은 관련 대화를 다음과 같이 전한다. [8]

> 웃따라는 붓다께 말했다. "나의 스승 빠라시야는 눈으로 형색을 보지 않는 것과 귀로 소리를 듣지 않는 것이 감각 기능들의 계발로 간주된다고 말씀하십니다."
> 붓다가 웃따라에게 말했다. "그대의 스승 빠라시야 말대로라면, 장님은 감각기관 계발을 성취한 자인가? [내가 그렇게 말하는 것은] 왜 그럴까? 장님은 눈으로 형색을 보지 않기 때문이다."[9]

『잡아함』법문에서는, 여기에서 아난다가 끼어들어 귀머거리는 듣지 못하기 때문에 귀머거리에 대해서도 마찬가지라고 말한다. 「감각 기능을 닦음 경」에서는 붓다 자신이 귀머거리와 듣기를 거론한다.

두 버전 사이에 그런 사소한 차이가 있지만, 그와 같이 보기와 듣기를 피하기만 하는 것은 적절한 감각 기능 계발이 아니고, 감각 경험들이 갖는 구속력에 대한 해결책을 제공할 수 없다는 점에서는

---

8   번역은『잡아함』282 T II 78a28-78b2에 기초하고, 이것은『맛지만 니까야』152 MN III 298,13(냐나몰리 번역 1995/2005: 1147)과 같은 에피소드를 다룬 내용이다. 비교 연구를 위해서는 아날라요 2011: 849 참조.

9   번역은 마지막 문장의 첫 부분에 '만약'이 나오지 않는 이문을 채택한 것에 기초한다.

일치를 보인다. 그러나 오해를 피하기 위해, 이 구절은 한거하며 정규 명상 수행하기를 추천하는 다른 구절들과 연계하여 읽을 필요가 있다. 다시 말해서, 한거하면서 침묵 속에서 집중적인 수행에 몰두하는 것은 참으로 의미가 있다. 그러나 그런 수행을 위한 외적 조건들은 그 자체가 목적이 아니라, 목적에 이르는 수단에 불과하다. 진정한 목적은 어떤 상황에서든, 무엇이 되었든, 감각의 입력에 대하여 욕망과 혐오로 반응하지 않기를 지속하는 법을 배우는 것이다.

그렇게 되면 그 수행은 이제 침묵 한거 속에서 주기적으로 시작하는 모든 정식 명상에 대한 시금석 역할을 한다. 문제는, 그런 수행에서 오는 필수적인 자질들이 이런저런 방식으로 일상의 상황으로 이어져서 두 가지를 연결하는 데 성공할 수 있게 만드는 것이다. 둘 다 도닦음의 진보에서 필수적인 측면들이다. 만일 이 두 가지 측면 가운데 다른 것을 희생하고 하나만 중요하게 여긴다면, 그로 인해 발생하는 균형 결핍은 실제 진보의 전반에 걸쳐 해를 끼칠 수 있다.

어떤 상황에서든 공에 머물 수 있게 될 때 수반되는 내적 독립성과 균형은 또 다른 대화에 나타난다. 이번에 대화 당사자는 붓다와 천신이다. 이 대화는『상윳따 니까야』의 한 법문에 나오는데, 두 가지『잡아함』모음집이 같은 에피소드를 다룬다. '다른'『잡아함』(T 100)의 관련 구절은 다음과 같이 진행된다.[10]

---

10 번역은『잡아함²』169 T II 436c1-436c5에 기초하며, 이것은『상윳따 니까야』2.18 SN I 54,11(보디 번역 2000: 150)과『잡아함』585 T II 155c3과 같은 에피소드를 다룬 내용이다.

한 천신이 붓다께 다가가서 물었다. "당신은 낙담합니까?"

붓다가 말했다. "나는 어떤 것도 잃지 않았다. 내가 무엇 때문에 낙담하겠는가?"

천신이 다시 말했다. "당신은 의기양양합니까?"

붓다가 대답했다. "나는 어떤 것도 얻지 않았다. 내가 무엇 때문에 의기양양하겠는가?"

[천신이] 다시 말했다. "사문이여, [그래서] 당신은 낙담하지도 않고 의기양양하지도 않는군요."

붓다가 말했다. "그대가 말한 바로 그대로다."

위 대화는 붓다의 마음의 균형을 보여준다. 집착과 욕망이 없기 때문에, 더 이상 낙담하거나 의기양양한 반응으로 이끌 수 있는 잃음이나 얻음이 없다. 이것이 공에 머묾으로써 얻을 수 있는 균형이다. 다시 말해서, 앞에서 번역된 구절이 분명하게 말하고 있듯이, 벌어진 일을 무시함으로써 오는 무관심은 요점을 놓친 것이다. 대신에 이 구절이 설명하는 평정은 무슨 일이 일어나든 유지되는, 깨달은 이의 고귀한 내적 평정이다. 이 평정은 다른 이들을 똑같은 고귀한 내적 균형으로 기꺼이 인도하겠다는 연민의 마음과 결합하여 나온다.

공에 머묾으로써 나타나는 또 다른 측면은 「뿌리에 대한 법문 경」 및 그것과 같은 에피소드를 다룬 『증일아함』의 해당 내용을 통해 살펴볼 수 있다. 「뿌리에 대한 법문 경」은 범부가 자신의 지식 등에 비추어보는 방식으로 경험을 구성해 나가는 과정을 설명한다. 예를 들어, 네 가지 요소 가운데 첫 번째인 흙에 대한 단순한 통각(統覺)으로부터 시작하여, 이 통각은 흙을 구상화하여 나의 것으로 만들고, 마침내 그것을 기뻐하는 것으로 이어진다. 똑같은 패턴이 다른 요소들, 다양한 천상의 존재들, 무색계, 감각 경험, 심지어 니르바나의 개념에도 적용된다.

그런 희론(戲論)의 강력한 영향력에 쉽게 말려드는 범부의 곤경과는 대조적으로, 보다 높은 수행 단계에 있는 제자는 그런 식으로 말려들지 않는다. 수행을 성취한 아라한은 그런 구상화와 희론으로부터 자유롭다. 물론 이것은 붓다에게도 해당한다. 『증일아함』의 해당 내용은 붓다의 경우를 다음과 같이 설명한다.[11]

> 여래·아라한·정등각자는 흙을 잘 식별할 수 있다. 그러나 그는 흙이라는 요소에 집착하고 않고 흙이라는 요소에 대한 인식을 일으키지 않는다. 그 이유는 이 모든 것이 그가 갈애의 그물을 찢은 결과이기 때문이다. 그것이 이 성과이다.
>
> 존재[有]에 의존하여 태어남[生]이 있다. 그리고 태어남에 의존하여 늙음과 죽음[老死]이 있다. 그는 이 모든 것을 완전히 제거했다. 그 이유는 여래가 최고의 완전한 깨달음

---

11 번역 구절은 『증일아함』 44.6 T II 766b11-766b14(또 다른 번역에 대해서는 빠사디까(Pāsādika) 2008: 145 참조)에서 가져왔고, 『맛지마 니까야』 1 MN I 5,34(냐나몰리 번역 1995/2005: 89)와 같은 에피소드를 다룬 내용이다. 비교 연구를 위해서는 아날라요 2011: 26 참조.

을 성취했기 때문이다.

붓다가 깨달은 밤에 갈애의 그물을 찢음으로써, 늙음과 죽음을 넘어섰을 뿐만 아니라 맨 감각 경험을 구상화하거나 희론의 대상으로 삼는 것을 넘어섰다.

　맨 경험을 구상화하거나 희론의 대상으로 삼지 않고, 있는 그대로 유지하는 것이 비불교도인 바히야 유행승에게 전한 가르침의 중심 주제이다. 맨 경험을 유지하라는 짧지만 통찰적인 가르침만을 받은 후에 바히야가 즉각 완전한 깨달음을 성취했다는 내용은 『우다나』의 법문에 나오는데, 그와 같은 에피소드를 다룬 다른 경전은 없다.[12] 그러나 한 수행승에게 비슷한 가르침을 주었다는 내용은 『상윳따 니까야』의 한 법문에 나오는데, 같은 에피소드가 『잡아함』에도 나온다.[13] 그 가르침들은 감각 경험들을 다양한 방식으로 희론하지 말고 실제로 경험한 것으로 한정하도록 요구한다.[14] 이것은 어떤 면에서 두 마리 황소가 풀려날 수 있는 방법이고, 이것은 실제로 기능들을 계발할 수 있는 방법이며, 이것은 또한 낙담과 의기양양을 피할 수 있는 방법이기도 하다. 한 마디로 말해서, 이것은 희론의 유혹을 차단할 수 있는 방법이다.

12　『우다나』 1.10 Ud 8,4(아일랜드(Ireland) 번역 1990: 20).

13　『상윳따 니까야』 35.95 SN IV 73,4(보디 번역 2000: 1175) 및 그것과 같은 에피소드를 다룬 『잡아함』 312 T II 90a12(아날라요 번역 2015a: 111)와 D 4094 ju 241b3 또는 Q 5595 tu 276a2.

14　보다 상세한 논의를 위해서는 아날라요 2015a: 110-14 참조.

이것을 실행하기 위한 열쇠는 우선 반응하기보다는 수용적으로 인식한다는 태도로 현재 순간에 있는 존재로 돌아오는 것뿐이다. 그렇게 되돌아옴으로써 만들어진 정신적인 공간을 통해 우리는 마음챙김을 확립하지 않고 즉각 반응할 때 흔히 일어나는 희론의 본성이 공임을 더욱 잘 알아차릴 수 있다. 어느 정도 수행을 하여 어떤 일이든 일어나는 모든 것에 직면하여 그렇게 현재 순간으로 돌아올 수 있게 되면, 단지 마음이 그에 반응하지 않으며 희론으로 말려들지 않는 것만으로도 미묘한 기쁨을 느낄 것이다. 이것은 어떤 면에서는 공의 맛이다. 말할 필요 없이, 희론으로부터 잠시 물러나는 것은 마지막 목표가 아니며, 갈애의 그물에 걸리지 않는 것이 그 그물을 최종적으로 확실하게 찢는 것과 동일하지 않다. 그럼에도 불구하고, 희론에 굴복하지 않고 그렇게 함으로써 갈애의 그물에 걸리지 않는 하나하나의 순간은 최고 공의 실현을 향해 한 발자국씩 내딛는 것이다. 그것을 실현할 때 갈애의 그물은 최종적으로 완전하게 찢어질 것이다.

「공(空)에 대한 긴 경」 및 그것과 같은 에피소드를 다룬 다른 경전들은 그렇게 공에 머무는 내적인 자유가 어떻게 일상생활의 다양한 측면들에 적용될 수 있는지 보여준다.[15] 그런 방법들을 통해 공에 머무는 하나의 측면으로 어떤 상황에서든지 욕망과 혐오

---

15 『맛지마 니까야』 122 MN III 112,31(냐나몰리 번역 1995/2005: 973) 및 그것과 같은 에피소드를 다룬 『중아함』 191 T I 739a12(아날라요 번역 2015a: 186)와 스킬링 1994: 220,14. 비교 연구를 위해서는 아날라요 2011: 694f를 참조하고 실제적인 논의를 위해서는 2015a: 115-23을 참조하라.

대신에 평정을 유지하도록 고무시킨다. 이런 방식으로 낙담과 의기양양을 피할 수 있다.

어떤 생각이 떠오를 때, 이것은 공에 머무는 사람에게 문제가 되지 않는다. 즉 공에 머문다고 해서 어떤 생각도 전혀 없는 마음을 유지해야 하는 것은 아니다. 사실 일상생활에서 생각이 떠오르는 것을 피할 길은 거의 없다. 단지 해로운 생각이 일어나지 않도록 할 필요가 있다. 일상생활에서 거의 피할 수 없는 대화의 경우에도 같은 맥락이 적용된다. 대화에 끼어들게 되면, 무관하고 사소한 문제들에 대해서 말하는 것을 멀리해야 한다. 대신에 자신과 상대에게 이익이 되고 서로의 마음을 고양할 수 있도록 대화 방향을 유지하도록 노력한다. 이상적으로는 암시적으로나마 어떤 방식으로든 다르마와 깨달음을 향한 진보에 관련되게 하는 것이 좋다.

감각적으로 매력적인 대상에 직면할 때는 단지 그 매력적인 끌림에 굴복하는 것을 피한다. 이것을 간단하게 실행하는 방법은 그 매력적인 대상의 무상한 본질에 주의를 기울이는 것이다. 무상을 알아차리는 것은 (취착에 영향 받는 다섯 가지 무더기[五取蘊]의 측면에서 서술되는) 주관적인 경험의 어떤 측면과의 동일시를 치료하는 방법이 되기도 한다.

이런 방식으로, 「공(空)에 대한 긴 경」 및 그것과 같은 에피소드를 다룬 다른 경전들에 따르면, 공에 머무는 것은 일상생활 경험의 다양한 측면들에 효과적으로 적용할 수 있고, 그렇게 함으로써 공에 대한 정규 명상에 도움을 줄 뿐만 아니라 그 수행을 성공적으로 시작했음을 적절하게 나타내는 데 도움을 준다.

실제적인 제안으로 나는 공에 머물기를 추천하고 싶다.[16] 5장에서 나는 이미 특히 자아의 부재에 관련된 한 가지 수행법을 제시한 바 있다. 여기서 나는 공으로 점차적으로 들어가는 단계들 가운데 또 다른 하나에 초점을 맞추고 싶다. 그것은 「공(空)에 대한 짧은 경」 및 그것과 같은 에피소드를 다룬 다른 경전들에 서술되어 있는 이른바 공간 인식이다.

정규 명상에서 공간 인식은 물질적인 경험의 모든 측면들이 갖고 있는 견고성을 해체하는 하나의 방법이 될 수 있다. 공간은 사물의 부재를 보여줄 뿐만 아니라, 시각이나 촉감으로 견고하다고 경험하는 모든 현상에 스며들어 있다. 양자역학이 알려주듯이, 견고하게 보이는 이 모든 겉모습들은 광대한 공간 속에서의 에너지 과정들에 불과하다.

공간 인식을 계발할 수 있는 하나의 방법은 잠시 눈을 떠서 눈에 들어오는 어떤 대상들이든 그것과 우리 사이의 공간을 알아차리는 것이다. 다음에는 우리의 주의를 다른 공간, 즉 우리 자신이나 사물을 둘러싸고 있는 공간으로 돌린다. 눈을 감고 공간 감각을 유지하면서 전에 보았던 대상들이 공간으로 용해되도록 한다. 전에 보았던 사물들은 공간을 점유하고는 있지만, 그것들의 진정한 본

---

16 「공(空)에 대한 긴 경」 및 그것과 같은 에피소드를 다룬 다른 경전들의 모델을 따르는 보다 상세하고 실제적인 가르침을 위해서는 아날라요 2015a: 162-9를 참조하라.

성은 대부분 공간으로 이루어져 있다는 것이다. 마지막으로, 사방으로 공간에 둘러싸여 앉아 있을 때, 우리 자신의 몸조차도 공간 속으로 용해되도록 함으로써 그와 같은 인식의 일부가 되도록 한다.

그 결과로 생기는 끝없는 공간에 대한 인식을 자각하면 모든 물질이 본질적으로 비어 있다는 것을 분명하게 이해하게 된다. 그러므로 인간 몸의 물질적인 특성과 관련된 어떤 분별과 선입견을 포함하여 물질에 대한 모든 욕심과 집착이 견고한 기반을 갖지 못한다. 한마디로 그것들은 비어 있다.

같은 인식이 일상생활에서도 도움이 될 수 있다. 화난 말에 직면했을 때, 우리 자신과 그 공격자 사이에 있는 공간에 잠시 주의를 기울이면 이 상황을 다룰 수 있는 가장 능숙한 방법을 찾는 데 필요한 정신적인 공간을 만드는 계기를 마련할 수 있다. 나아가 우리 자신과 상대 사이에 있는 공간으로부터 사방에 있는 풍부한 공간으로 주의를 넓히면 그런 능력을 한층 강화시킬 수 있다.

마찬가지로 해야 할 일과 맡을 책임이 너무 많이 밀려올 때에는 바로 눈앞 또는 주변에 있는 공간에 조금만 주의를 기울이는 것만으로도, 우리가 균형을 잃거나 스트레스의 희생자가 되지 않으면서 가능한 한 많은 것을 성취하기 위해 필요한 정도의 내적 거리를 다시 확립하는 데 도움이 될 수 있다. 그 수행 자체를 진정으로 진지하게 헌신하여 실행하면, 공에 머무는 것의 변화 잠재력에는 한계가 없다.

22

일상 행위

앞 장에서 붓다의 공에 머묾이라는 주제를 다룬 뒤에 나의 관심은 이 주제에 관한 정규 명상으로부터 일상생활의 측면들로 연결되었다. 이 장에서는 붓다의 매일매일의 행위를 전반적으로 살펴봄으로써 일상생활이라는 의제를 더 살펴볼 것이다. 비록 이 책의 제목이 『명상가 붓다의 삶』이고 그래서 자연스럽게 명상 수행에 초점을 맞추고는 있지만, 초기 불교 사상의 프레임 안에서 그런 수행은 일상생활 문제와 긴밀하게 연결되어 있다. 수행자가 정규 명상 수행을 위한 기반을 닦는 것은 바로 어떤 행위를 선택함으로써 이루어지며, 그 수행에서 진보를 이루었는지는 수행자가 일상 환경에서 행동하는 방식으로 드러난다. 정규 명상 수행은 사실 특별한 경험을 한다기보다는 자신을 변화시키는 것이다. 그런 변화를 위해서 어떤 독특한 경험들이 실제로 상당히 많은 공헌을 하는 것은 의심할 나위 없는 사실이다. 그러나 최종적으로 그것들의 가치는 내적인 변화, 특히 오염원들을 줄여서 점차적으로 둑카로부터 벗어나게 하는 데 얼마나 공헌했느냐에 달려 있다.

붓다의 일상 행위는 「브라흐마유 경(Brahmāyu-sutta)」 및 그것과 같은 에피소드를 다룬 다른 경전들에 상세하게 나와 있다. 이 법문은 자신이 들었던 붓다에 대한 좋은 평판이 사실인지 조사하기 위해 제자를 보낸 브라만의 이야기를 다루고 있다. 그 브라만 제자는 붓다가 고대 인도의 환경에서 특출한 몸의 아름다움을 보여주는 일련의 표시들을 타고났는지 확인하는 것으로 조사를 시작한다. 이 표시들이 텍스트에 전승된 방법은 예술적인 묘사와 관례에 의해 영향을 받은 것 같다. 그 결과 요즘 시각으로서는 이해하기가 쉽지 않은 부분도 있다. 그러나 텍스트를 자세히 살펴보면, 이 표시들의 원뜻은 이 표시들의 유래에 대해 연구해 온 전문가들만이 식별할 수 있는 다소 미묘한 뉘앙스를 갖고 있음이 분명하다는 것을 알 수 있다.[1] 다시 말해서 붓다는 어떤 면에서든 다른 사람과 특별히 다른 '비정상적인' 사람으로 묘사되고 있지 않다는 것이다.

　텍스트에서 반복되는 설명에 따르면, 이 표시들을 갖고 있는 사람은 세속적인 사회에서 전륜성왕이 되거나, 종교 영역에서 붓다가 되어 사람들을 이끌 운명이라는 것이다. 초기 법문들은 브라만들이 신경 쓰는 것으로서 이 표시들의 소유에 자주 관심을 나타낸다. 브라만들은 붓다가 그 표시들을 갖고 있음이 확인되는 순간 그의 가르침을 잘 받아들이게 된다. 이 표시들의 존재를 확인하려면 붓다의 협조가 필요하다. 그는 혀의 길이와 은밀한 부위의 특징을 보여주어야 한다. 필자가 생각하기에는 은밀한 부위의 특징이란 붓다가 그 은밀한 부위를 몸 안으로 넣을 수 있었다는 것을 암시하는 것 같다.[2] 이것은 그의 무성(無性)적인 특성을 상징할 수도 있다. 사실 그 일련의 전체 표시들 가운데 일부만이 남성성과 관련이 있고 다른 것들은 다소 여성적 특징과 관련이 있다.

　「브라흐마유 경」 및 그것과 같은 에피소드를 다룬 다른 경전들에서, 그 브라만 제자는 붓다가 실제로 이 특별한 신체적인 표시들을 소유하고 있다는 것을 확인하자, 얼마 동안 붓다를 따라다니

1　보다 상세한 논의를 위해서는 아날라요 2017a: 57-69 참조.
2　아날라요 2017a: 132f.

면서 그의 일상적인 행위를 관찰한다. 『중아함』 버전에 따르면, 그는 자신이 관찰한 것을 스승에게 보고할 때, 붓다가 가사 입는 방법을 다음과 같이 묘사한다.[3]

> 사문 고따마께서는 단정하게 가사를 입습니다. 높지도 않고 낮지도 않게 입고 몸에 꽉 달라붙게 입지 않지만 바람에 너풀거리게 입지도 않습니다 …
> 그분이 가사를 입는 것은 소유를 위해서도 아니고 자랑하기 위해서도 아니며 치장하기 위해서도 아니고 꾸미기 위해서가 아니라, 모기와 쇠가죽파리뿐만 아니라 바람과 태양의 영향에서 자신을 지키고, 삼가는 마음에서 몸을 가리기 위함입니다.

위 구절은 이런 식으로 단정한 옷 입기를 강조하면서도 옷에 대한 적절한 태도를 언급하기도 한다.[4] 특별히 비싼 옷을 입거나 다른 사람들에게 관능적인 매력을 어필할 수 있도록 옷을 입음으로써 과시하려는 일반적인 경향과는 대조적으로, 이런 태도는 옷의 신

---

3   번역 부분은 『중아함』 161 T I 687a3-687a5와 687a9-687a11에서 가져왔고, 『맛지마 니까야』 91 MN II 139,20(냐나몰리 번역 1995/2005: 748)과 같은 에피소드를 다룬 내용이다. 비교 연구를 위해서는 아날라요 2011: 539 참조.

4   『맛지마 니까야』 91에서는 가사에 대한 붓다의 태도가 언급되지는 않지만, 그에 상당하는 내용이 『맛지마 니까야』 2 MN I 10,4(냐나몰리 번역 1995/2005: 94)에 나오는데, 가사를 적절하게 사용함으로써 번뇌를 제거하는 방법을 설명한다. 『맛지마 니까야』 68 MN I 464,13(냐나몰리 번역 1995/2005: 567)에 따르면, 붓다는 그런 적절한 사용법을 채택했다.

체 보호 기능을 우선적으로 생각하는 데 기초하고 있다.

관련 주제로서, 『중아함』의 법문에서는 붓다의 걷는 방법을 다루는데, 그 방법은 다음과 같이 설명된다.[5]

사문 고따마께서 걷고자 할 때는 먼저 오른발을 똑바로 올렸다가 똑바로 내려놓습니다. 그분은 무질서하지 않게 걷고 혼란스럽지 않게 걷습니다. 그분이 걸을 때는 두 발목이 결코 서로 부딪치지 않습니다.

「브라흐마유 경」은 붓다가 너무 빠르거나 너무 느리게 걷지 않으며, 발을 너무 멀리도 너무 가까이도 내딛지 않는다 등 그의 걸음의 다른 면들을 언급하여 좀 더 상세하다. 요컨대, 붓다는 질서정연하고 균형 잡힌 방법으로 걷는다. 이것은 그의 마음이 균형을 이루고 있음을 보여준다.

명상 자세들 가운데 하나로서의 걷기는 초기 법문들에서뿐만 아니라 현대적 수행에서도 자주 거론되는 방식이다. 19장에서 언급했듯이, 붓다는 제법 긴 법문 하나를 모두 걷는 자세에 할애하기까지 했다. 이런 자세로 명상을 하는 경우, 일반적인 설명은 마음에서 장애가 되는 상태들을 제거하라는 것이다.[6] 그러므로 걷기 명상은

---

5 번역 부분은 『중아함』161 T I 687a13-687a16에서 가져왔고, 『맛지마 니까야』91 MN II 137,12 및 T 76 T I 884a12와 같은 에피소드를 다룬 내용이다.

6 그러한 설명의 한 예로 『앙굿따라 니까야』3.16 AN I 114,10(보디 번역 2012: 212) 및 그것과 같은 에피소드를 다룬 『증일아함』의 21.6 T II 604a15가 있다. 또한 아날라요 2003a: 140 참조.

앉은 자세로 했던 기본 수행의 연속선상 정도로 보이며, 위 발췌문에서 설명하고 있는 것과 비슷하게, 질서 있고 균형 잡힌 일반적인 방법으로 왔다 갔다 하면서 수행한다. 현대적인 명상 전통들에서는, 이런 걷기 명상에 천천히 걷기, 보폭을 짧게 하기, 그밖에 특정 방식으로 정형화된 걷기 등으로 특화된 방식이 포함되기도 한다.

붓다의 행위의 또 다른 측면은 그가 음식을 먹기 위해 앉을 때 드러난다. 『중아함』 버전은 이것을 다음과 같이 설명한다.[7]

사문 고따마께서는 오른쪽으로 몸을 돌려 자리를 정돈하고 그 위에 앉습니다. 그분은 과도하게 힘을 써서 자리에 앉지 않고 자리에 앉아 있는 동안 허벅지 위의 손으로 몸을 지탱하지 않습니다. 자리에 앉은 다음에 그분은 걱정하거나 불안해하지 않으며 즐거워하지도 않습니다. …
사문 고따마께서는 질서정연하게 음식을 덩어리로 만들어서 천천히 입에 넣습니다. 그분은 음식 덩어리가 입에 닿으면 입을 벌립니다. 음식을 입 안에 넣은 다음에는 세 번 이상 씹어서 삼킵니다. 입안에 밥이나 국이 잘게 부서지지 않았거나 남아 있을 때에는 다음 음식 덩어리를 입에 넣지 않습니다.[8]

---

7 번역 부분은 『중아함』 161 T I 687a25-687a28과 687b1-687b4에서 가져왔고, 『맛지마 니까야』 91 MN II 138,1과 T 76 T I 884a22와 같은 에피소드를 다룬 내용이다.

8 『맛지마 니까야』 91 MN II 138,22에서 세 번, 또는 두세 번 씹는다고 한 것은 붓다가 입을 세 번만 움직였다는 의미는 아닐 것이다. 왜냐하면 그것은 음식이 적절히 분쇄되고 다음 한 입의 음식을 먹을 때 입안에 아무것도 남아 있지 않도록 하기에 충분

바닥에 앉는 고대 인도의 환경에서는 '자리'가 바닥에 펼쳐진 천이나 그와 비슷한 물건이었을 것이다. 이것은 그저 자리를 정돈하고 그 위에 앉기만 하면 된다는 것으로, 제대로만 된다면 따로 힘을 쓰거나 몸을 지탱할 필요가 없다는 뜻이다. 고대 인도 환경에서 또 하나의 측면은 음식을 손으로 먹는 것이다. 그래서 음식을 굴려서 덩어리로 만들어 입안에 적절하게 넣는 것이다.

같은 에피소드를 다룬 빠알리 버전과 마찬가지로, 『중아함』 버전은 이어서 붓다가 건강을 유지하기 위함일 뿐, 다른 어떤 이유로 음식을 섭취하는 것이 아님을 설명한다. 위에서 언급한 옷의 경우와 마찬가지로, 음식을 먹는 문제에서 중요한 것은 몸에 자양분을 공급하고 건강을 유지하는 음식의 실제적인 기능이다. 그 중요한 측면이 『중아함』의 다음과 같은 진술로 가장 잘 요약될 수 있다.[9]

그분은 음식을 드실 때 맛을 경험하는 것에 동의하지만 그 맛에 의해 마음이 오염되는 것에는 동의하지 않으십니다.

하지 않기 때문이다. 나는 그것이 각각 몇 번의 씹는 동작을 한 번의 주기로 계산하여 그런 주기가 두세 번 반복되는 것으로 생각한다.

9 번역은 『중아함』 161 T I 687b5에 기초하고, 『맛지마 니까야』 91 MN II 138,26과 같은 에피소드를 다룬 내용이다. 한역에서는 찬다(chanda)뿐만 아니라 까마(kāma), 라가(rāga) 등으로 번역할 수 있는 용어를 사용한다. 여기서 나는 이 용어가 일부 『위나야』의 문맥에서 갖고 있는 '동의' 또는 '일치'의 의미에 따라 번역했다.

「브라흐마유 경」에도 유사한 내용이 나온다. 「브라흐마유 경」에 따르면, 붓다는 맛에 대한 탐욕을 경험하지 않고 음식의 맛을 경험했다. 사실 맛을 경험하는 것은 음식이 아직 입안에 있는 소화의 준비 단계에서 진행되는 것으로 위액의 분비를 이끌어내는, 적절한 소화의 필수적인 측면이다. 그러므로 음식의 맛을 보는 것은 실제로 의미가 있고 음식의 맛을 단지 경험하는 것에는 본질적으로 잘못된 것이 없다. 오히려 문제는 음식의 맛과 어떻게 관련되느냐에 달려 있다. 여기서 갈애와 집착을 뿌리치기는 만만치 않다.[10]

『중아함』 버전은 이런 식으로 음식을 먹은 후에 어떤 일이 일어나는지를 전한다.[11]

> 음식을 드신 후 정오에 그분은 가사와 발우를 치우고 손과 발을 닦고 어깨 위에 명상 방석을 올려놓고 좌선하기 위해 오두막으로 가십니다.

이 구절에서, 그리고 일반적으로 여러 법문들에서 붓다가 규칙적으로 정규 좌선 수행을 지속했다고 언급하는 것은 놀라운 일이다. 이러한 생활 태도는 심지어 심각하게 병을 앓는 수행승을 방문해 달라는 요청을 받았을 때에도 마찬가지였다. 붓다는 이때에도 매

---

10 냐나난다(Ñāṇananda) 2016: 15는 "붓다의 미뢰(味蕾)는 우리의 미뢰만큼 예민하다. 붓다가 깨달음을 얻었다고 해서 그 미뢰가 활동하지 않는 것이 아니다. 그러나 그는 맛에 대한 집착이 없다 … 이것은 혀끝에도 니르바나가 있다는 것을 의미한다."고 말한다.

11 번역 발췌문은 『중아함』 161 T I 687b23-687b25에서 가져왔고, 『맛지마 니까야』 91 MN II 139, 25 및 T 76 T I 884b15와 같은 에피소드를 다룬 내용이다.

일 하던 명상을 하고 나서야 아픈 이에게 갔다.[12] 분명히, 완전하게 깨달은 이도 일상의 습관과 자신의 실현에 알맞은 표현으로 정규 좌선을 유지한다. 이것은 도닦음이 덜 진보된 이들이 이런 모범을 따르지 않을 변명의 여지를 남기지 않는다.

「브라흐마유 경」 및 그것과 같은 에피소드를 다룬 경전들은 붓다의 목소리가 탁월해서 그의 말에 즐겁게 귀 기울이게 할 뿐만 아니라 그의 말을 똑똑하게 알아들을 수 있게 해준다는 사실을 공통적으로 지적한다.

『중아함』 버전은 그의 가르침 활동을 다음과 같이 설명한다.[13]

사문 고따마께서 회중에게 다르마를 가르치는 소리는 단지 그 회중 안에서만 유지되고 그 밖으로 넘어가지 않습니다. 그분은 다른 이들에게 다르마를 가르쳐서 그들을 격려하고 그들에게 영감을 주며 그들에게 기쁨을 줍니다. 그분은 무수한 능숙한 수단으로 다른 이들에게 다르마를 가르칩니다. 그분은 그들을 격려하고 그들에게 영감을 주며 그들에게 기쁨을 주고 나서, 자리에서 일어나 전에 있던 곳으로 돌아갑니다.

가사를 입고 걷고 앉고 먹고 말하는 것 외에, 주목을 받을 만한 또

---

12 아날라요 2016b: 171f 참조.

13 번역 부분은 『중아함』 161 T I 687c3-687c6에 기초하고, 『맛지마 니까야』 91 MN II 140,1 및 T 76 T I 884b23과 같은 에피소드를 다룬 내용이다.

다른 일상 활동은 잠자기이다. 비록 잠에 대해서는 「브라흐마유 경」 및 그것과 같은 에피소드를 다룬 다른 경전들에서 분명하게 다루어지지 않지만, 여기에서 비교적 관련이 있는 구절을 몇 가지 골라 살펴보고자 한다.

먼저, 토론자 삿짜까가 더운 계절에 낮잠을 자는 것에 대해 붓다에게 이의를 제기했다고 전하는 구절이 있다. 붓다는 그 대답으로, 「삿짜까 긴 경」 및 그것과 같은 에피소드를 다룬 산스크리트 단편에 따르면, 그렇게 하는 것 자체가 미혹의 표시가 아니라고 분명하게 말했다.[14] 다시 말해서, 그것이 그 시간에 몸이 필요로 하는 것이라면, 오염원들을 제거한 이도 낮 동안에 잠을 잘 수 있다는 것이다.

또 다른 비슷한 이의 제기는 마라와 관련되어 있다. 이 내용은 『상윳따 니까야』 및 그것과 같은 에피소드를 다룬 『잡아함』의 해당 내용에 있는 법문에 전한다. 붓다는 걷기 명상을 하며 밤을 보내고 누워서 쉬기 위해 그의 오두막으로 들어갔다. 마라는 해가 떠 있을 때 잠자는 것에 대해 붓다에게 따졌다. 부분적으로 보존된 『잡아함』에 따르면, 붓다는 다음과 같이 대답했다.[15]

모든 존재들에 대한 갈애의 그물,
그것은 모든 곳을 다 덮도다.

---

14 『맛지마 니까야』 36 MN I 250,1 (냐나몰리 번역 1995/2005: 342)과 단편 338v8, 리우(Liu) 2010: 238.

15 번역 게송은 『잡아함²』 26 T II 381c29-382a3 (또 다른 번역에 대해서는 빈겐하이머 2011: 132)에서 가져왔고, 『상윳따 니까야』 4.7 SN I 107,23 (보디 번역 2000: 200) 및 『잡아함』 1087 T II 285a26과 같은 에피소드를 다룬 내용이다.

나는 이제 그 그물을 파괴했도다.

모든 갈애는 영원히 버려졌고,

태어남을 가져오는 모든 것은 사라졌도다.

나는 니르바나의 기쁨으로 고요하도다.

사악한 이여, 이제 그대는 나에 대해

무엇을 더 할 수 있는가?

말할 필요 없이, 이 구절을 아무리 많이 자도 문제 없다고 부추기는 것으로 받아들여서는 안 된다. 붓다는 자정부터 새벽 4시까지만 잠을 자고 나머지는 깨어 있는 수행을 계속했다고 볼 수 있다. 그러나 이 구절은 그와 같은 잠이 문제가 되지 않는다고 분명하게 밝히고 있다.

붓다의 잠과 오염원들로부터의 해탈에 관한 또 하나의 관점은 아나타삔디까와의 첫 만남에서 나온다. 그 장자는 아침 일찍 붓다에게 와서 도착하자마자 붓다에게 잠을 잘 잤는지 공손하게 물었다. 『잡아함』 버전은 붓다의 대답을 다음과 같이 전한다.[16]

니르바나를 성취한 진정한 브라만

그런 이는 항상 편하다.

갈애와 탐욕으로 오염되지 않고

영원히 남김없이 해탈했도다.

---

16 번역은 『잡아함』 592 T II 158a27-158b1에서 가져왔고, 『상윳따 니까야』 10.8 SN I 212,15(보디 번역 2000: 313) 또는 『위나야』 II 156,25(호머 번역 1952/1975: 219) 및 『잡아함²』 186 T II 441a7과 같은 에피소드를 다룬 내용이다.

모든 바람들은 버려지고
마음속에서 활활 타는 불꽃은 가라앉았도다.
마음은 고요한 평화를 얻었고
평화로운 자는 잘 자노라.

잠을 잘 자는 것이라는 똑같은 주제를 다룬 또 하나의 대화가『앙
굿따라 니까야』및 그것과 같은 에피소드를 다룬『증일아함』의 해
당 내용에 있는 법문에 나온다. 한 방문자가 붓다에게 잠을 잘 잤냐
고 공손하게 물었더니 붓다가 잘 잤다고 대답하자 그 방문자는 어
떻게 그럴 수 있는지 의아해한다. 밤은 추웠고 붓다는 단지 지푸라
기나 잎사귀 위에 누워서 가사 하나만 이불로 사용했기 때문이다.
그 대답으로 붓다는 온갖 설비를 갖춘 호화로운 집에서 시녀들에
둘러싸여 있는 한 남자에 대해 설명했다. 붓다의 이야기를 들은 방
문객은 그런 남자는 잠을 매우 잘 잘 것임에 틀림없다고 확신했다.
『증일아함』의 설명에 따르면, 붓다는 다음과 같이 말을 이어갔다.[17]

　　세존이 말했다. "장자의 아들이여, 어떻게 생각하는가? 만
　　일 편안하게 잠을 잘 자는 그 남자가 그때 감각적 욕망이
　　라는 정신적인 상태를 일으키면, 그 감각적 욕망이라는
　　정신적인 상태로 인해 잠을 자지 못하지 않겠는가?"

17　번역은『증일아함』28.3 T II 650b5~650b9에 기초하고, 이것은『앙굿따라 니까야』
　　3.34 AN I 137,17(보디 번역 2012: 233, 법문 35라고 언급됨), SHT V 1343, 샌더와 왈드쉬
　　밋트 1985: 232와 같은 에피소드를 다룬 내용이다.

장자의 아들은 대답했다. "세존이시여, 그럴 것 같습니다. 만일 그 남자가 감각적 욕망이라는 정신적인 상태를 일으키면, 그는 잠을 자지 못할 것입니다."

세존이 말했다. "이제 여래는 감각적 욕망으로 가득 찬 그 남자와 같이 되는 것을 남김없이, 영원히 제거했기 때문에, 그것은 더 이상 뿌리가 없고 더 이상 다시 살아나지 않는다."

두 버전에서는 같은 방식으로 혐오와 미혹이 미칠 수 있는 영향에 대하여 대화가 이어지면서, 붓다는 세 가지 정신적인 독[三毒心]을 제거했기 때문에 잠을 잘 잤다고 이야기한다. 외부의 조건들이 혹독하더라도, 이것이야말로 좋은 잠을 보장하는 것이다.

이렇게 모든 오염원들에서 자유로운 고귀한 마음의 상태는 다양한 영향을 미치는데, 그것은 일상적인 행위의 여러 측면에서 발현되고 심지어 잠에도 유익한 영향을 미친다.

························ **수 행** ························

이 장에 관련된 수행으로, 나는 다양한 행위들을 하는 동안 분명하게 이해하도록 추천한다. 이것은 「마음챙김의 확립 경」 및 그것과 같은 에피소드를 다룬 경전들 가운데 하나에서 발견되는 수행이다. 해야 할 일은 걷기와 앉기로부터 먹기와 잠자기에 이르기까지 다양한 신체 활동들에 대해 분명하게 알아차리고 정중하게 행동하도록 스스로를 훈련시키는 것이다. 그런 수행의 기초로, 11장의 수행에서 다루었던 몸 전체 알아차림이 유용한 도구이다. 그런 고유 수용성 감각 자각의 연속성에 기반하여, 이제 해야 할 일은 정식 좌선에서 계발된 능력들이 어떤 상황에서도 품위 있는 행동과 행위로 나타나게 하는 것이다.

그런 수행을 점차적으로 강화해 나가기 위해서는 일상적인 경험의 특정한 측면 하나를 선택해서 얼마 동안 그것에 초점을 맞추는 것이 유용할 수 있다. 예를 들어, 며칠 동안 마음챙겨 먹는 것에 중점을 두어 수행하는 것이다. 구체적으로 말하면, 음식의 맛은 경험하지만 그 맛에 대한 탐욕은 경험하지 않으면서 먹으려고 노력하는 것, 그리고 음식을 삼키기 전에 모든 음식을 잘 분쇄하고 다음 한 입의 음식을 먹기 전에 입안에 어떤 음식도 남지 않도록 잘 씹는 것이다. 그런 단순한 활동으로도 붓다가 보여준 모범을 따를 수 있다.

시간이 좀 지나면 (이상적으로는 먹기 수행에서 이미 확립된 행위의 기본적인 측면들을 유지하면서) 다른 것으로 주의를 옮기는 것이 유용할 수 있다. 이를테면 이번에는 걷기에 주의를 기울일 수 있다. 무질서하지 않고 물건들에 부딪치지 않게 중심을 유지하고 균형을 잡으면서 걷도록 한다. 이 장에서는 다른 행위들이 분명하게 언급되지 않았지만, 언급된 것 외에 선택할 만한 다른 행위들도 자연스럽게 드러날 것이다. 어떤 활동도 마음챙김[念]과 분명한 알아차림[正知]을 위한 자양분이 될 수 있고 그렇게 함으로써 붓다를 따르는 하나의 방법이 될 것이다.

23

늙음 · 질병 · 죽음

이 장으로 붓다의 삶에 대한 탐구는 마무리 단계로 들어선다. 다음 장에서는 (그의 유모의 죽음뿐만 아니라) 그의 죽음을 다룰 것이다. 1장에서 다룬 붓다의 출가 동기에 따르면, 그는 늙음·질병·죽음을 넘어서는 것을 찾아 출가했다. 13장에서 탐구했듯이, 그는 완전한 깨달음에 도달함으로써 그의 목표를 성공적으로 성취했다. 비록 그가 늙음·질병·죽음을 넘어서 있는 니르바나를 성취했지만, 당연히 그의 몸은 여전히 늙음·질병·죽음의 대상이다. 그가 얻은 해탈은 정신적인 것이었다. 그는 늙음과 질병으로부터의 해탈과 아마도 무엇보다도 가장 중요한 죽음에 대한 두려움으로부터의 해탈을 얻었다.

'위대한 마지막 니르바나에 관한 법문'이라는 뜻인 「대반열반경(Mahāparinibbāna-sutta)」 및 그것과 같은 에피소드를 다룬 경들은 붓다가 죽음에 이르는 일련의 에피소드를 전한다. 그 에피소드 가운데 하나에서 붓다는 병이 무척 깊어져서 죽음을 눈앞에 둔 듯하였다가 회복되었다. 『장아함』 버전에서 붓다는 자신의 상태를 다음과 같이 묘사한다.[1]

나는 이미 늙어서 어느덧 여든 살이 되었다. 나의 몸은 마치 임시로 수리되고 조정되어 갈 장소로 가는 낡은 수레

---

1 번역 구절은 『장아함』 2 T I 15b2-15b5에서 가져왔으며, 같은 에피소드를 다룬 것으로는 『디가 니까야』 16 DN II 100,11 (왈쉬 번역 1987: 245) 또는 『상윳따 니까야』 47.9 SN V 153,26 (보디 번역 2000: 1637), 산스크리트 단편 버전, 왈드쉬밋트 1951: 198(§ 14.19), 그리고 개별적으로 번역된 두 법문인 T 5 T I 164c14 및 T 6 T I 180a26 등이 있다. 또한 아날라요 2017c: 206f도 참고.

와 같다. 그런 임시적인 조치의 힘에 의해 나는 조금 더 오래 살 수 있고, 나 자신의 힘과 에너지로 이 고통스러운 느낌들을 견딘다. 내가 어떤 표상에도 주의를 기울이지 않고 표상 없는 삼매에 들면,[2] 나의 몸은 편안하고 거기에는 고통이 없다.

이 글에서 붓다가 악화되는 몸 상태를 자신의 제자로서 늘 함께 했던 아난다에게 설명하는 것은 주목해 볼 만하다. 붓다가 자신의 상태를 설명한다는 사실은 붓다가 늘 매우 침착하게 행동해서 그와 가장 자주 만나는 사람조차도 악화되는 붓다의 몸의 상태를 온전히 알아차리지 못했고(또는 모르는 척 할 수 있었고) 그 결과 붓다의 얘기를 듣고서야 그의 상태를 알 수 있었다는 인상을 준다. 다시 말해서, 붓다가 그렇게 그의 몸이라는 낡은 수레를 계속 수리했고, 그 결과 심하게 상한 그의 건강 상태는 그와 가까운 사람들에게도 분명하게 인식되지 않았다.

반면에 그런 방식은 자신의 병들고 늙은 상태를 가장 잘 알리는 방법의 전형적인 사례라고 할 수 있다. 이 맥락에서처럼, 그런 방식이 실용적인 기능을 할 때, 다른 이들에게 자신의 상태를 알리는 것은 실제로 유의미하다. 하지만 그렇지 않을 경우에는, 주의와

---

2 번역은 벨러(Weller) 1939: 77 각주 292에 따라 교정본에 기초하였다. 원본은 '표상 없는' 삼매가 아니라 '무의식적인' 삼매이다. 교정본에는 서로 혼동되기 쉬운 한자 두 글자가 사용되었다. 그와 같이 혼동되기 쉬운 사례를 조사한 것은 아날라요 2011: 274f 주 54 참고.

동정을 얻기 위해 자신의 몸 상태를 드러내지 않고 참고 견디는 방법을 배운다.

질병과 죽음에 직면하는 문제를 다룬 초기 법문들의 조언에 대한 나의 연구에서, 나는 붓다가 아팠던 다른 경우, 즉 더 젊었을 때 아팠던 사례를 이미 다룬 바 있다.[3] 붓다는 발을 다쳤지만, 매우 심했을 것이 분명한 고통을 마음챙김으로 견딜 수 있었다. 나는 이것이 초기 불교에서 이미 마음챙김의 잠재력이 충분히 인식되고 있었음을 보여주는 사례라고 생각한다. 이 경우에는 붓다가 (그리고 또 다른 경우에는 아누룻다라는 그의 뛰어난 제자들 가운데 한 사람이) 멸진정이라고 알려진 명상의 증득에 들어서 단지 고통을 외면한 것이 아니라는 점을 고려하면 그렇다. 그런 증득에 드는 이는 더 이상 느끼지 않는다. 그래서 그런 증득에 드는 것이 고통스러운 느낌들을 중단시키는 하나의 방법일 수 있다. 그러나 붓다(와 아누룻다)는 고통에서 탈출하는 이런 방법을 채택하지 않고 마음챙김으로 고통에 직면하기로 했다.

질병의 고통에 직면하여 할 수 있는 마음챙김의 잠재력은 현대에도 널리 인정받아왔다. 이런 면에서 특히 잘 알려져 있는 것은 마음챙김에 근거한 스트레스 완화(MBSR: Mindfulness-Based Stress Reduction)이다. 이 접근법의 기본 원리는 초기 불교 법문들에 나오는 것과 같은 것으로 보인다. 다시 말해서, 그 기본 원리란 이런저런 방식으로 자신을 산만하게 하기보다는 좀 더 성공적인 전략으

---

3   아날라요 2016b: 59ff.

로서 마음챙김으로 단순히 고통의 알아차림을 유지하는 것이다.[4]

이 구절에서, 질병에의 직면은 가까스로 버텨가는 늙은 몸의 상태와 함께 온다. 위 구절에 따르면, 붓다의 몸은 수리해야만 계속 갈 수 있는 낡은 수레와 같다. 오늘날의 상황으로 보자면 그저 좀 더 갈 수 있도록 계속 고치고 수리할 필요가 있는 고장난 차 정도로 생각할 수 있을 것이다.

이 상황에서 붓다는 자신의 몸 상태를 편안하게 만드는 방법으로 표상 없는 명상을 선택했다. 명상 수행으로서의 표상 없음 (animitta)은 표상에 어떤 주의도 기울이지 않기를 요구한다. 여기에서 '표상(nimitta)'이란 사람이 인식하는 통로이다.[5] 보통의 경험에는 연속적인 인식 활동이 수반되며, 그 인식은 감각들이 받은 원자료를 적절한 개념과 연결하고, 그럼으로써 원자료의 의미 처리를 가능하게 한다. 표상 없음에 주의를 기울이는 사람은 더 이상 경험을 개념과 연결시키지 않는다. 어떤 면에서 겪는 일에 대한 습관적인 관여로부터 마음이 한 발자국 물러서는 것이다.

그와 같은 표상 없는 정신 상태가 반드시 어느 수준의 깨달음에 도달했음을 암시하는 것은 아니다.[6] 그러나 이 경우에 붓다의 표상 없음 계발은 그가 니르바나의 실현을 깨달음으로써 알려지게 되었다고 추정해도 무방할 것이다. 니르바나 '경험'(이렇게 부르는 것

---

4 카밧-진((Kabat-Zinn) 1990/2013: 374.

5 보다 상세한 것은 아날라요 2015a: 136-43 참조.

6 표상 없는 명상에 대한 조사를 위해서는 하비(Harvey) 1986 참조.

이 가능하다면)의 특성들 가운데 하나는 정확하게 (원함 없음 그리고 공空과 함께) 표상 없음이다. 이런 이해를 기초로 볼 때, 붓다가 깨닫던 밤에 실현했던 열반의 한 가지 특성에 기반을 둔 명상은 이와 같은 질병의 경우에 적절한 약을 공급했다.

「대반열반경」 및 그것과 같은 에피소드를 다룬 산스크리트 단편의 해당 내용은 붓다가 표상 없음을 계발했다는 위의 번역 구절과 일치한다. 같은 에피소드를 다룬 것으로서 개별적인 번역으로 보존된 것도 같은 내용을 보이는데, 그것은 많은 표상들을 알아차리지 않는 삼매를 언급한다. 개별적으로 번역된 또 다른 것은 '질병' 상태에 더 이상 정신적인 주의를 기울이지 않는 것에 대해서 말하는데, 아마도 아프다는 인식을 내려놓는 것이 아픈 상태를 완화시킨다는 의미에서, 위에 언급된 내용들과 같은 의미를 나타내는 것으로 보인다. 같은 에피소드를 다룬 여러 경전들은 붓다의 몸 상태가 개선되었다는 데에 일치를 보인다. 그러므로 붓다는 그의 몸이라는 낡은 수레를 수리하여 그것을 좀 더 오래 갈 수 있게 하였다.

붓다가 좀 더 오래 살기 위해 몸을 관리했다는 설명은 「대반열반경」 및 그것과 같은 에피소드를 다룬 경전들에 나오는 또 다른 에피소드와 함께 읽을 필요가 있는데, 이 에피소드에서는 붓다가 고의로 자신의 생명력을 놓아버린다. 이 에피소드에는 마라가 등장한다. 마라는 붓다에게 다가와서 붓다가 전에 공언했던 말을 상기시킨다. 이전에 했다는 말에 따르면, 붓다는 충분하게 성취를 이룬 남녀 수행승 및 재가자 제자들이 생길 때까지는 죽지 않을 것이라고 말했었다. 이 임무를 그는 이제 완수했다. 이 에피소드에서 붓다는 세 달 후에 실제로 죽을 것이라고 분명하게 대답을 했고, 그러자 마라는 떠났다. 『장아함』은 다음과 같이 계속된다.[7]

마라가 떠나고 얼마 안 되어, 붓다는 짜빨라 탑묘에서 마음을 모아 집중하면서, 아직도 더 살 수 있는 생명을 내려놓았다. 바로 그때 큰 지진이 일어났고 모든 나라의 사람들이 두려워하여 옷 속의 털이 곤두섰다. 큰 빛이 붓다에게서 나와서 못 비추는 곳 없이 무한히 빛나 어두운 영역에 있는 모든 이들이 그 광휘에 휩싸여 서로를 보았다. 그때 붓다는 게송으로 말했다.

'존재하는 것'과 '존재하지 않는 것' 둘 다 형성들[의 영역]
안에 있도다.
나는 이제 조건 지어진 것을 포기하노라.
안으로 집중되고 삼매에서 마음이 모아진
나는 달걀에서 나오는 병아리와 같도다.

이야기는 계속되어 붓다가 아난다에게 지진이 일어날 수 있는 다

---

7 번역은 『장아함』 2 T I 15c19-15c25에 기초하고, 이것은 『디가 니까야』 16 DN II 106,21(월쉬 번역 1987: 247)과 같은 에피소드를 다룬 내용이다. 『상윳따 니까야』 51.10 SN V 262,21(보디 번역 2000: 1725), 『앙굿따라 니까야』 8.70 AN IV 311,28(보디 번역 2012: 1215), 『우다나』 6.1 Ud 64,24(아일랜드 번역 1990: 88)에서도 같은 내용이 발견되는데, 왈드쉬밋트 1951: 212(§16.14), T 5 T I 165a23, T 6 T I 180c6, T 7 T I 191c8과 같은 에피소드를 다룬 내용들이다. 또한 『디위야와다나(Divyāvadāna)』, 코웰(Cowel)과 네일(Neil) 1886: 203,7(로트만(Rotman) 번역 2008: 340) 참조.

양한 경우들을 설명하는 것으로 이어진다. 전통적인 믿음에 따르면, 지진은 붓다의 삶에서 특별한 사건들을 표시하는데, 그가 깨달음을 얻을 때, 다르마의 바퀴[法輪]를 굴릴 때, 삶을 포기할 때, 실제로 죽을 때 등이 그것이다.

앞에서 사용된 비유의 관점으로 보면, 붓다는 낡은 수레를 더 이상 수리하지 않기로 결정했다. 때가 되었을 때 기꺼이 내려놓겠다는 그의 의지는 더 오래 살려는 그의 이전 노력들을 좀 더 넓은 관점에서 보게 한다. 분명히 그의 이전 노력들은 오래 살겠다는 개인적인 욕망에 의해 촉발된 것이 아니었다. 그랬다면, 그는 이 경우에 생명을 포기할 준비를 하지 않았을 것이다. 두 구절을 연결해서 읽으면, 붓다는 인간이 가장 소중하게 여기는 것, 즉 자신의 생명에 대한 집착으로부터 정신적으로 해탈했음을 보여준다. 살아 있는 것이 의미 있는 것으로 여겨졌다면, 그는 몸을 유지하면서 다른 이들을 계속 가르쳤을 것이다. 하지만 포기해야 할 때가 왔을 때, 그는 그냥 그 모든 것을 내려놓았다.

죽음을 대하는 붓다의 태도의 또 다른 측면은 다른 이들의 죽음과 관련지어 나타난다. 질병과 죽음에 직면하기 위해 초기 법문들이 제공하는 것에 대한 연구에서, 나는 자신과 다른 이들의 죽음에 직면하는 방법, 죽어가는 사람들과 함께하는 방법, 사랑하는 사람들이 죽음의 압도적인 힘에 굴복할 때 일어나는 슬픔에 직면하는 방법에 관해 조언하는 여러 구절들을 살펴보았다.

다음에는 두 상수 제자인 사리뿟따와 마하목갈라나가 막 숨을 거둔 상황에서 붓다의 반응을 전하는 또 다른 에피소드를 살펴보

자. 『잡아함』에서는 그 에피소드의 첫 부분을 다음과 같이 기술한다.[8]

> 그때 세존은 승가를 둘러보고 수행승들에게 말했다. "승
> 가를 둘러보니 규모는 크지만, 내게는 비어 있는 것처럼
> 보인다. 사리뿟따와 마하목갈라나가 완전한 니르바나에
> 들었기 때문이다."

분명히 붓다는 일어난 상실에 대해 충분히 알고 있고 그것을 공개적으로 언급했다. 두 버전에서 붓다는 이 두 탁월한 제자를 계속 칭찬한다. 이것은 일어난 상실을 마음챙겨 알아차리지만 슬퍼하지는 않는다는 것을 보여준다. 사실 『상윳따 니까야』 버전에서는 붓다가 어떤 슬픔도 경험하지 않았다는 사실이 분명하게 언급된다. 똑같은 내용이 『잡아함』의 서술에서도 은연중에 나타난다. 두 버전에서 붓다는 두 제자를 칭찬한 뒤에 청중 속에 있는 제자들에게 슬퍼하지 말라면서 태어난 것은 무엇이든 반드시 죽는다는 것을 명심하라고 격려한다. 『잡아함』 버전은 그 충고를 다음과 같이 제시한다.[9]

> 수행승들이여, 슬픔과 고통을 일으키지 말라. 태어나는

---

8   번역 부분은 『잡아함』 639 T II 177a18-177a20에서 가져왔고, 『상윳따 니까야』 47.14 SN V 163,28(보디 번역 2000: 1644)과 같은 에피소드를 다룬 내용이다.

9   번역 부분은 『잡아함』 639 T II 177a27-177b7에 기초한다.

본성을 가진 것이, 일어나는 본성을 가진 것이, 형성되는 본성을 가진 것이, 조건 지어지는 본성을 가진 것이, 변하는 본성을 가진 것이 어떻게 없어지지 않을 수 있겠는가? 그것이 파괴되지 않기를 바라는 것은 불가능한 것을 바라는 것이다. 전에 나는 이미 그대들에게 말했다. "내가 애정을 쏟은 모든 것은 모두 잃을 것이다." 이제 나도 곧 죽을 것이다.

이런 이유로 그대들은 '자신에 의지하여 자신을 섬으로 삼고, 다르마[法]에 의지하여 다르마를 섬으로 삼고, 다른 것을 섬으로 삼지 말고 다른 것을 의지처로 삼지 말라.'는 것을 알아야 한다.

즉, 힘찬 노력과 바른 마음챙김과 분명한 알아차림으로 세상의 욕망과 불만을 극복하면서 안으로 몸을 몸으로 관찰함으로써 마음챙김을 확립하라. 힘찬 노력과 바른 마음챙김과 분명한 알아차림으로 세상의 욕망과 불만을 극복하면서 밖에서 몸을 몸으로 관찰함으로써 마음챙김을 확립하라. 힘찬 노력과 바른 마음챙김과 분명한 알아차림으로 세상의 욕망과 불만을 극복하면서 안팎으로 몸을 몸으로 관찰함으로써 마음챙김을 확립하라.

힘찬 노력과 바른 마음챙김과 분명한 알아차림으로 세상의 욕망과 불만을 극복하면서 안으로 느낌을 느낌으로 관찰함으로써 마음챙김을 확립하라. 힘찬 노력과 바른 마음챙김과 분명한 알아차림으로 세상의 욕망과 불만을 극복하면서 밖으로 느낌을 느낌으로 관찰함으로써 마음챙김을 확립하라. 힘찬 노력과 바른 마음챙김과 분명한 알아차림으로 세상의 욕망과 불만을 극복하면서 안팎에서 느낌을 느낌으로 관찰함으로써 마음챙김을 확립하라.

힘찬 노력과 바른 마음챙김과 분명한 알아차림으로 세상의 욕망과 불만을 극복하면서 안으로 마음에서 마음을 관찰함으로써 마음챙김을 확립하라. 힘찬 노력과 바른 마음챙김과 분명한 알아차림으로 세상의 욕망과 불만을 극복하면서 밖으로 마음에서 마음을 관찰함으로써 마음챙김을 확립하라. 힘찬 노력과 바른 마음챙김과 분명한 알아차림을 가지고 세상의 욕망과 불만을 극복하면서 안팎으로 마음에서 마음을 관찰함으로써 마음챙김을 확립하라.

힘찬 노력과 바른 마음챙김과 분명한 알아차림으로 세상의 욕망과 불만을 극복하면서 안으로 다르마[法]를 다르마로 관찰함으로써 마음챙김을 확립하라. 힘찬 노력과 바른 마음챙김과 분명한 알아차림으로 세상의 욕망과 불만을 극복하면서 밖으로 다르마를 다르마로 관찰함으로써 마음챙김을 확립하라. 힘찬 노력과 바른 마음챙김과 분명한 알아차림으로 세상의 욕망과 불만을 극복하면서 안팎으로 다르마를 다르마로 관찰함으로써 마음챙김을 확립하라.

이것이 자신에 의지해서 자신을 섬으로 삼고, 다르마에 의지하여 다르마를 섬으로 삼고, 다른 것을 섬으로 삼지 않고 다른 것을 의지처로 삼지 않는 것이라고 한다.

『상윳따 니까야』 버전은 제자들이 네 가지 마음챙김 확립을 수행함으로써 자신에 의지해야 한다고 권하는 점에서는 『잡아함』과 동일하지만, 그 마음챙김 수행의 내외면 측면을 분명하게 제시하지 않는다는 점에서 사소한 차이가 있다. 그럼에도 불구하고 같은 내용을 내포하고 있다고 추정해도 무리가 없을 것이다.

이런 방식으로 고통, 슬픔, 죽음에 관한 법문은 계속해서 하나의 주제, 즉 '마음챙김을 통해 자신에게 의지할 수 있게 되어야 한다'로 돌아온다. 이것이 질병과 죽음에 직면할 수 있도록 해주는 수행이다. 이것이 자기 자신의 마지막 순간을 위해서뿐만 아니라 아프거나 죽음 직전에 있는 다른 이들과 함께 하기 위한 가장 좋은 준비이다.

수 행

실제적인 수행으로, 나는 호흡 마음챙김 수행을 다시 제시하고 싶다. 7장에서, 나는 호흡 마음챙김을 16단계로 탐구했다. 한편, 호흡 마음챙김은 조만간 불가피하게 일어날 일을 우리 스스로 준비하는 방법으로 우리의 죽음 인식과 결합될 수 있다. 위 법문이 말하고 있듯이, 태어나서 존재하는 것이 어떻게 변하지 않고 결국에는 죽지 않을 수 있는가? 이것은 다른 이들에게도 해당되고 우리 자신에게도 해당된다. 우리가 그 마지막 순간을 더 빨리 준비할수록 그만큼 더 잘 준비할 수 있을 것이다. 게다가, 지금 더 잘 살 수 있을 것이다. 더 이상 죽음을 무시하지 않음으로써, 우리는 죽음이라는 주제를 피하기 위해 흔히 사용되는 모든 억제와 위안이 점점 필요하지 않게 된다.

다른 곳에서 나는 이 수행을 상세하게 묘사한 바 있다. 그래서 여기에서는 그 요지만 설명할 것이다.[10] 기본적인 아이디어는 우리의 생존이 호흡 과정을 통한 산소의 끊임없는 공급에 달려 있으며 조만간 이 과정이 멈출 것이라는 사실을 마음챙김 하는 것이다. 호흡 과정이 언젠가 멈춘다는 확실성과 함께, 그 멈춤이 언제 일어나는지, 그 바로 다음 순간에 어느 것이 존재할 수 있는지조차 알 수 없는 불확실성이 있다. 사실 죽음은 지금에서 단지 한 호흡 떨어져 있는지도 모른다.

실제적인 수행은 우리 존재의 불안정성에 대한 이런 알아차림을 특히 들숨에 대한 알아차림과 관련시킴으로써 시작할 수 있다. 반면에 날숨은 내려놓음을 스스로 훈련하기 위한 것으로 만들 수 있다. 이렇게 하면, 마음이 활발해져야 하는지 아니면 오히려 느긋이 쉬어야 하는지에 따라 들숨이나 날숨에 더 많은 중요성을 부여함으로써 수행의 균형을 잡을 수 있다.

우리가 죽음을 마주하기 꺼리는 것은 하나의 깊이 뿌리박힌 습관이다. 이 습관에 거스르면 무명에 정면으로 마주한다. 그렇게 맞서다 보면 마음이 자연스럽게 어느 정도 둔감하게 되고 심지어 권태로 이어지기도 한다. 그런 경우에는 수행의 명료성과 활력을

---

10 아날라요 2016b: 200-7.

회복하기 위해 현재를 중시하는 것이 도움이 된다. 반대로 두렵고 긴장했을 때에는 긴장을 풀고 내려놓는 것을 중시하는 것이 잃어버린 균형을 되찾는 데 도움이 될 것이다.

이런 방식으로 하는 명상 수행은 1장에서 제안한 반조와 밀접한 관계가 있다. 1장의 반조에서 해야 할 일은 하루 종일 늙음, 질병, 죽음의 발현에 대해 알아차리는 것이었다. 그런 전반적인 알아차림을 확립한 다음에 해야 할 일은 우리 몸도 같은 성격을 가지고 있다는 것을 의심의 여지없이 가장 분명하게 받아들이는 것이다. 「마음챙김의 확립 경」에서 제안하는 것은, 다른 사람의 시체를 보고나서, 우리의 이 몸도 '그 운명에서 제외되지 않는다.'[11]고 반조하는 것이다.

죽음에 대한 마음챙김은 엄청난 변화의 잠재력을 가지고 있고 불사(不死)를 향하여, 즉 니르바나의 완전한 실현을 통해 죽음의 영향을 완전히 넘어서는 곳으로 향하여 진보하는 강력한 수행법이 될 수 있다.

11　아날라요 2013b: 257.

24

마지막 명상

이 장에서는 붓다의 마지막 명상으로 돌아간다. 그리고 이 장에서 지금까지 살펴보았던 것들을 마무리한다. 명상 속에서 맞는 그의 죽음은 「대반열반경(Mahāparinibbāna-sutta)」 및 그것과 같은 에피소드를 다룬 경전들에서 잘 묘사되어 있다. 산스크리트 단편들로 보존된 「대반열반경(Mahāparinirvāṇa-sūtra)」의 관련 구절을 번역하면 다음과 같다.[1]

> [붓다는 말했다.] "참으로, 수행승들이여, 침묵을 계발하라. 형성된 모든 것들은 쇠퇴하기 마련이다." 이것이 그때 여래의 마지막 말이었다.
>
> 이 말을 하고 세존은 첫 번째 몰입[初禪]에 들었다. 그는 첫 번째 몰입에서 출정하여 두 번째 몰입[二禪]에 들었다. 그는 두 번째 몰입에서 출정하여 세 번째 몰입[三禪]에 들었다. 그는 세 번째 몰입에서 출정하여 네 번째 몰입[四禪]에 들었다.
>
> 그는 네 번째 몰입에서 출정하여 무한한 공간의 영역[空無邊處]에 들었다. 그는 무한한 공간의 영역에서 출정하여 무한한 의식의 영역[識無邊處]에 들었다. 그는 무한한 의식의 영역에서 출정하여 아무것도 없음의 영역[無所有處]에

---

1 번역 구절은 왈드쉬밋트 1951: 394-6(§42.11-18)의 판본에 기초하고, 『디가 니까야』 16 DN II 156,1 (왈쉬 번역 1987: 270), 『장부』 2 T I 26b19 (아날라요 번역 2016b: 194f), T 6 T I 188b19, T 7 T I 205a2 등이 같은 에피소드를 다룬 내용이다. 이 에피소드에 대한 비교 연구를 위해서는 왈드쉬밋트 1948: 250-2와 아날라요 2017c: 225-47 참조.

명상가 붓다의 삶

들었다. 그는 아무것도 없음의 영역에서 출정하여 인식도 아니고 인식 아님도 아닌 영역[非想非非想處]에 들었다. 그는 인식도 인식 아님도 아닌 영역에서 출정하여 느낌과 인식의 소멸[想受滅]에 들었다.

그때 아난다 존자가 아누룻다 존자에게 말했다. "아누룻다 존자여, 세존께서는 마지막 니르바나에 드셨습니다."

[아누룻다 존자가 말했다.] "아난다 존자여, 그와 같지 않습니다. 붓다, 세존께서는 느낌과 인식의 소멸에 드셨습니다."

아난다 존자가 말했다. "아누룻다 존자여, [사실] 나는, 세존의 면전에서 그 자신의 입술에서 나오는 것을 들어서, 네 번째 몰입에 들었을 때 동요하지 않는 평화를 얻어 봄[見]을 부여받은 이들인 붓다들, 세존들은 마지막 니르바나에 들어간다고 배웠습니다."

그때 세존은 느낌과 인식의 소멸에서 출정하여 인식도 아니고 인식 아님도 아닌 영역에 들었다. 그는 인식도 아니고 인식 아님도 아닌 영역에서 출정하여 아무것도 없음의 영역에 들었다. 그는 아무것도 없음의 영역에서 출정하여 무한한 의식의 영역에 들었다. 그는 무한한 의식의 영역에서 출정하여 무한한 공간의 영역에 들었다.

그는 무한한 공간의 영역에서 출정하여 네 번째 몰입에 들었다. 그는 네 번째 몰입에서 출정하여 세 번째 몰입에 들었다. 그는 세 번째 몰입에서 출정하여 두 번째 몰입에 들었다. 그는 두 번째 몰입에서 출정하여 첫 번째 몰입에 들었다.

그는 첫 번째 몰입에서 출정하여 두 번째 몰입에 들었다.

그는 두 번째 몰입에서 출정하여 세 번째 몰입에 들었다.

그는 세 번째 몰입에서 출정하여 네 번째 몰입에 들었다.

네 번째 몰입에 들어 봄[見]을 부여받고 동요하지 않는 평
화를 얻은 붓다, 세존은 마지막 니르바나에 들어갔다.

「질병과 죽음에 마음챙겨 직면하기」라는 나의 연구에서, 나는 붓
다의 마지막 말과 명상을 서술한 한문 『장아함』 버전을 번역했다.
거기서 나는 이 에피소드의 중요한 요소들은 무상의 상기, 그리고
명상 방법 및 평정을 보여준 것이라고 하였다. 죽기 전날 밤에도 붓
다는 삼매 증득들의 전 과정을 순서대로 그리고 다시 역순으로 진
행했다. 이 관점에 볼 때, 그의 마지막 니르바나에 대한 설명은, 이
책 1장에서 다룬, 붓다가 열망했던 목표에 어느 정도나 도달했는지
생생하게 보여준다. 그의 마음은 완전한 해탈에 도달하여, 그가 어
떤 수준의 삼매의 깊이든 원하는 대로 도달할 수 있을 만큼 죽음을
눈앞에 두고도 동요되지 않았다.

비록 사소할지라도 앞으로 벌어질 일에 대한 걱정이 정규 명
상에 끼어들어 마음의 안정을 깨뜨리는 경우를 생각한다면 이 설
명의 맥락을 이해할 수 있을 것이다. 그러나 이 구절이 보여주듯이,
수행은 눈앞에 온 죽음조차도 더 이상 동요시키지 못하는 단계로
까지 마음을 진전시킬 수 있다. 그런 진전은 무상에 대한 통찰과 긴
밀한 관련이 있다. 사실 현재 순간의 무상에 대한 알아차림은 자신

명상가 붓다의 삶

의 죽음에 직면하기 위한 강력한 도구를 제공한다.[2]

문헌을 보면 죽음 직전의 그런 완벽한 명상이 붓다에게만 국한되는 것은 아니다. 『증일아함』의 한 법문, 그리고 그것과 같은 에피소드를 다룬 「비유경(Apadāna)」 모음집 및 그 밖의 몇 가지 한역 경전의 해당 내용에는 붓다의 유모인 마하빠자빠띠 고따미와 그녀의 추종자들이 [붓다와] 비교될 만한 방법으로 죽었다는 사실이 전해진다. 이후에는 붓다의 죽음에 대한 설명을 보충하는 방법으로 유모와 그녀의 추종자들에 대한 부분을 번역하고 부연한다. 이러한 접근 방법은 뛰어난 성취를 이룬 여성 성자에 대한 묘사에 주의를 기울임으로써 이 책 전반에 걸쳐 남성 주인공으로서 붓다에게 불가피하게 초점을 맞추어지는 것을 보완하는 역할을 한다.

아래 번역된 에피소드 전에 일어난 일에 대한 『증일아함』의 서술에 따르면, 마하빠자빠띠 고따미는 붓다가 곧 죽을 것이라는 이야기를 들었다. 그녀는 붓다에게 가서 그보다 먼저 마지막 열반에 들 수 있도록 허락해 달라고 요청했다. 붓다는 선뜻 허락했다. 그녀는 승원으로 돌아와서 다른 비구니 수행승들에게 마지막 니르바나에 들겠다는 뜻을 알렸다. 이것을 들은 다른 비구니 수행승들도 붓다에게 가서 그보다 먼저 마지막 니르바나에 들 수 있도록 허락해 달라고 요청했다. 붓다는 이번에도 선뜻 허락했다. 비구니 수행승들은 승원으로 돌아온 뒤, 마하빠자빠띠 고따미 및 뛰어난 성취를 이룬 비구니 수행승들인 그녀의 제자들은 다음과 같은 방법

2　아날라요 2016b: 240.

으로 마지막 니르바나에 들었다.³

그때 마하빠자빠띠는 강당의 문을 닫고 종을 치고 트인 장소에 좌선 천을 깔고 공중으로 솟아올랐다. 공중에서 앉고 눕고 서고 걷는 동안 [그녀의 몸에서] 불꽃이 나오고, 아랫몸에서 연기가 나오고, 윗몸에서 불꽃이 나오고, 아랫몸에서 물이 나오고, 윗몸에서 연기가 나오고, 몸 전체에서 불꽃이 나오고, 몸 전체에서 연기가 나오고, 윗몸 왼쪽에서 물이 나오고, 윗몸 오른쪽에서 불이 나오고, 윗몸 오른쪽에서 물이 나오고, 윗몸 왼쪽에서 불이 나오고,⁴ 몸의 앞부분에서 불이 나오고, 몸의 뒷부분에서 물이 나오고, 몸의 앞부분에서 물이 나오고, 몸의 뒷부분에서 불이 나오고, 몸 전체에서 불이 나오고, 몸 전체에서 물이 나왔다. 마하빠자빠띠가 많은 변화를 수행하고 원래 자리로 돌아와서 가부좌를 틀고 몸을 바르게 세우고 마음을 올곧게 하여 전면에 마음챙김을 모았다. 그녀는 첫 번째 몰입[初禪]에 들었다. 그녀는 첫 번째 몰입에서 출정하여 두 번째 몰입[二禪]에 들었다. 그녀는 두 번째 몰입에서 출정하여 세 번째 몰입[三禪]에 들었다. 그녀는 세 번째 몰입에서 출

---

3 번역 텍스트는 『증일아함』52.1 T II 822a3–822b3에서 가져왔다. 번역 및 좀더 자세한 사항에 대한 연구, 그리고 같은 에피소드를 다룬 다른 버전들 검토에 대해서는 아날라요 2016a: 367–80 참고. 또한 근본설일체유부(Mūlasarvāstivāda)『위나야』에 대해서는 담마딘나 2015 참조.

4 번역은 '연기' 대신에 '불'을 채택한 이문에 기초한다.

명상가 붓다의 삶

정하여 네 번째 몰입[四禪]에 들었다.

그녀는 네 번째 몰입에서 출정하여 [무한한] 공간의 영역 [空無邊處]에 들었다. 그녀는 [무한한] 공간의 영역에서 출정하여 [무한한] 의식의 영역[識無邊處]에 들었다. 그녀는 [무한한] 의식의 영역에서 출정하여 아무것도 없음의 영역[無所有處]에 들었다. 그녀는 아무것도 없음의 영역에서 출정하여 인식도 아니고 인식 아님도 아닌 영역[非想非非想處]에 들었다. 그녀는 인식도 아니고 인식 아님도 아닌 영역에서 출정하여 인식과 앎의 소멸에 들었다.

그녀는 인식과 앎의 소멸에서 출정하여 인식도 아니고 인식 아님도 아닌 영역에 들었다. 그녀는 인식도 아니고 인식 아님도 아닌 영역에서 출정하여 아무것도 없음의 영역에 들었다. 그녀는 아무것도 없음의 영역에서 출정하여 [무한한] 의식의 영역에 들었다. 그녀는 [무한한] 의식의 영역에서 출정하여 [무한한] 공간의 영역에 들었다. 그녀는 [무한한] 공간의 영역에서 출정하여 네 번째 몰입에 들었다.

그녀는 네 번째 몰입에서 출정하여 세 번째 몰입에 들었다. 그녀는 세 번째 몰입에서 출정하여 두 번째 몰입에 들었다. 그녀는 두 번째 몰입에서 출정하여 첫 번째 몰입에 들었다.

그녀는 첫 번째 몰입에서 출정하여 두 번째 몰입에 들었다. 그녀는 두 번째 몰입에서 출정하여 세 번째 몰입에 들었다. 그녀는 세 번째 몰입에서 출정하여 네 번째 몰입에

들었다. 그녀는 네 번째 몰입에 들어 이제 완전한 소멸에
들어갔다.

그때 세상에 큰 지진이 일어났다. 동쪽은 떠오르고 서쪽
은 가라앉았으며, 서쪽은 떠오르고 동쪽은 가라앉았다.
사방은 떠오르고 중앙을 가라앉았으며, 사방에서 시원한
바람이 일어났다. [몇몇] 천신들은 하늘에서 춤추고 음악
을 연주했다. 욕계의 [몇몇] 천신들은 슬프게 울고 있었다.
그들의 눈물은 봄철의 달에 하늘에서 때마침 내리는 비와
같았다. 고귀한 천신들이 다양한 연꽃향기와 다양한 [종류
의] 백단향 가루를 그녀의 [몸]에 뿌렸다.

그때 케마 비구니, 웁빨라완나 비구니, 끼사고따미 비구
니, 사꿀라 비구니, 사마 비구니, 빠따짜라 비구니, [밧다]
깟짜나 비구니, [위]자야 비구니는 500명의 비구니의 선두
에서 각자 트인 장소에서 좌선 천을 깔고 공중으로 솟아
올랐다.

공중에서 앉고 눕고 서고 걷는 동안[5] 그들의 몸에서 불꽃
이 나오고, 아랫몸에서 연기가 나오고, 윗몸에서 불이 나오
고, 아랫몸에서 물이 나오고, 윗몸에서 연기가 나오고, 몸
전체에서 불꽃이 나오고, 몸 전체에서 연기가 나오고, 윗몸
왼쪽에서 물이 나오고, 윗몸 오른쪽에서 불이 나오고, 윗몸

---

5 『증일아함』 T II 822b2는 "그들은 18가지 변화를 행했다."고 요약해서 언급한다. 본
문은 인식과 앎의 소멸의 증득을 포함하여 그들이 마지막 니르바나에 이르기까지 보
충되어야 하는 명상 진전 과정을 나타낸다.

명상가 붓다의 삶

오른쪽에서 물이 나오고, 윗몸 왼쪽에서 불이 나오고, 몸 앞부분에서 불이 나오고, 몸 뒷부분에서 물이 나오고, 몸 앞부분에서 물이 나오고, 몸 뒷부분에서 불이 나오고, 몸 전체에서 불이 나오고, 몸 전체에서 물이 나왔다.

그들이 많은 변화를 수행하고 원래 자리로 돌아와서 가부좌를 틀고 몸을 바르게 세우고 마음을 올곧게 하여 전면에 마음챙김을 모았다. 그들은 첫 번째 몰입에 들었다. 그들은 첫 번째 몰입에서 출정하여 두 번째 몰입에 들었다. 그들은 두 번째 몰입에서 출정하여 세 번째 몰입에 들었다. 그들은 세 번째 몰입에서 출정하여 네 번째 몰입에 들었다.

그들은 네 번째 몰입에서 출정하여 무한한 공간의 영역[空無邊處]에 들었다. 그들은 무한한 공간의 영역에서 출정하여 무한한 의식의 영역[識無邊處]에 들었다. 그들은 무한한 의식의 영역에서 출정하여 아무것도 없음의 영역[無所有處]에 들었다. 그들은 아무것도 없음의 영역에서 출정하여 인식도 아니고 인식 아님도 아닌 영역[非想非非想處]에 들었다. 그들은 인식도 아니고 인식 아님도 아닌 영역에서 출정하여 인식과 앎의 소멸에 들었다.

그들은 인식과 앎의 소멸에서 출정하여 인식도 아니고 인식 아님도 아닌 영역에 들었다. 그들은 인식도 아니고 인식 아님도 아닌 영역에서 출정하여 아무것도 없음의 영역에 들었다. 그들은 아무것도 없음의 영역에서 출정하여 무한한 의식의 영역에 들었다. 그들은 무한한 의식의 영역에서 출정하여 무한한 공간의 영역에 들었다. 그들은 무한한 공간의 영역에서 출정하여 네 번째 몰입에 들었다.

그들은 네 번째 몰입에서 출정하여 세 번째 몰입에 들었다.

그들은 세 번째 몰입에서 출정하여 두 번째 몰입에 들었다.

그들은 두 번째 몰입에서 출정하여 첫 번째 몰입에 들었다.

그들은 첫 번째 몰입에서 출정하여 두 번째 몰입에 들었다.

그들은 두 번째 몰입에서 출정하여 세 번째 몰입에 들었다.

그들은 세 번째 몰입에서 출정하여 네 번째 몰입에 들었다.

그들 각자는 네 번째 몰입에 들어 이제 완전한 소멸에 들어갔다.

위 『증일아함』 구절에 따르면, 마하빠자빠띠 고따미와 그녀의 제자 비구니들은 죽기 전에 쌍신변(雙神變)을 행했다. 쌍신변은 불과 물이 동시에 현현되는 신통력이다. 테라와다 전통에 따르면 이 신통력은 붓다만이 수행할 수 있다고 한다.[6] 비록 위 구절과 같은 에피소드를 다룬 「비유경」의 해당 내용에는 쌍신변을 실제로 부리는 모습이 없지만, 마하빠자빠띠 고따미가 불과 물을 발현했다고 전한다. 다만 불과 물이 동시에 발현되지는 않았다는 차이가 있다.[7] 또 다른 차이는 「비유경」이 소멸의 증득을 언급하지 않는다는 점

6 스킬링 1997: 303-15와 담마딘나 2015: 42-5 참조. 일반적인 쌍신변에 대해서는 또한 아날라요 2009 참조.

7 「비유경」 17.85+88 Ap 536.7(왈터스(Waters) 번역 1995: 127)과 『비구니게송 주석서』 146,3(프루잇트(Pruitt) 번역 1998/1999: 193).

명상가 붓다의 삶

이다. 그래서 이 부분에서 마하빠자빠띠 고따미는 죽기 전까지 인식도 아니고 인식 아닌 것도 아닌 영역[非想非非想處]까지만 명상한다.[8]

그럼에도 불구하고, 「비유경」은 그녀의 죽음이 붓다의 죽음보다 훨씬 더 놀랄 만하다고 지적한다.[9] 더욱이 「비유경」에 따르면, 붓다는 마하빠자빠띠 고따미가 비범한 신통을 행해야 한다고 요청했다. 여성이 다르마의 완전한 깨달음에 이를 수 있다는 것을 의심하는 어리석은 자들의 편견을 없애기 위해서 그 신통을 행해야 한다는 것이었다.[10]

마하빠자빠띠 고따미의 인상적인 죽음은 붓다의 마지막 명상에서 나타난 것과 같은 완전한 명상법과 평정 등 기본적인 자질을 돋보이게 한다. 죽음이 예상되는데도 그녀의 마음은 붓다의 마음처럼 동요하지 않았다. 위 번역 구절에서 언급된 그녀의 제자 500명의 비구니도 마찬가지이다. 이것은 명상 수행을 통해 죽음의 시작조차도 더 이상 마음을 동요시킬 수 없는 경지에까지 이르러 마지막 숨에 이르기까지 동요 없이 명상 능력과 평정을 유지할 수 있

8　「비유경」 17.146 Ap 540,10과 『비구니게송 주석서』 151,4.

9　「비유경」 17.173 Ap 542,13과 『비구니게송 주석서』 153,13. 쇼(Shaw) 2006/2007: 151는 다음과 같이 설명한다. "그녀의 성취는 한 영역에서 샤캬무니의 성취를 넘어선다. 왜냐하면 붓다의 어떤 제자도 붓다를 따라 반열반에 들지 않았기 때문이다. 반면에 500명의 고따미의 비구니 제자들은 … 그녀와 마지막 여정을 함께했다."

10　「비유경」 17.79 Ap 535,24와 『비구니게송 주석서』 145,13. 디라세께라(Dhirasekera) 1967: 157는 다음과 같이 언급한다. "마하빠자빠띠 고따미가 작별을 고하기 위해 붓다를 방문했을 때, 붓다는 그녀에게 믿지 않는 회의주의자들을 납득시키기 위해 비구니들의 종교적인 증득의 증거를 보여주라고 요청했다."

다는 것을 강조한다. 또한 이 여성 제자들이 붓다가 갖춘 최고의 내적 균형과 자유에 필적할 만큼 뛰어난 능력을 보여주는 것이기도 하다.

위에서 번역된 구절에서 이름을 언급한 비구니들에 대해, 『앙굿따라 니까야』 및 그것과 같은 에피소드를 다룬 『증일아함』의 해당 내용에 있는 탁월한 비구니들의 목록에 따르면, 웁빨라완나가 신통력에서 제일이고 케마는 지혜에서 제일이었다.[11] 끼사고따미는 탁월한 고행 수행자였고 사꿀라는 신성한 눈[天眼]의 발휘에서 탁월했다. 『증일아함』 버전은 사마를 마음의 흐트러짐 없이 삼매에 들 수 있는 능력에서 탁월하다고 간주한다. 두 버전에 따르면, 빠따짜라는 수행승의 규율을 잘 지키는 것으로 유명했다. 『앙굿따라 니까야』의 탁월한 비구니들의 목록에서는 밧다 깟짜나가 비범한 지혜에서 탁월했다고 간주하는 반면 『증일아함』의 해당 내용에서는 그녀가 확신 또는 믿음에 의해 해탈했다고 칭찬한다. 『증일아함』 목록에는 위자야가 분석적인 지혜(paṭisambhidā)에서 특별히 능력이 있는 것으로 나온다.

마하빠짜빠띠 고따미의 모범을 따랐던 상당히 큰 집단(문자 그대로 '500'명이나 되는) 가운데 위에서 이름이 언급된 비구니들은 여러 가지 특별한 능력들을 상징적으로 나타낸다. 그 특별한 능력은 고

---

11 여기에서, 그리고 이후 내 서술은 『앙굿따라 니까야』와 『증일아함』, 즉 『앙굿따라 니까야』 1.14.5 AN I 25,17(보디 번역 2012: 111, '다섯 번째 하위 장'이라고 언급됨)과 『증일아함』 5.1-5.5 T II 558c20(아날라요 2016a: 301-24에서 번역되고 연구됨)에 있는 탁월한 비구니들의 목록에 기초한다. 이 비구니들 가운데 몇몇에 대해 상세한 연구를 위해서는 또한 콜렛트(Collett) 2016 참조.

행, 수행승의 규율 준수 외에, 통찰지와 분석적인 지혜에서부터 신통력과 깊은 삼매에 이르기까지 다양했다. 이 비구니들 가운데 어떤 이가 이 자질들 가운에 하나에서 탁월하다고 간주되는 관점에서 볼 때, 비록 위에서 언급한 비구니들이 성취한 높은 정도의 완성에는 이르지 못했지만, 똑같은 자질들을 계발했던 많은 비구니들이 있었음에 틀림없다.

위의 번역 구절은 다양한 능력을 갖춘 여성 성자들을 인상적으로 묘사했을 뿐만 아니라, 무상의 진리를 다시 한번 이해시키기도 한다. 붓다가 죽었듯이, 이 탁월한 여성 제자들도 모두 죽었다. "형성된 모든 것은 쇠퇴하기 마련이다."

수 행

실제 수행으로 나는 위 구절에서 언급된 마하빠자빠띠 고따미 또는 탁월한 비구니들 중 어떤 이라도 본보기로 하는 승가에 대한 기억을 추천하고 싶다. 그런 기억의 목적은 그들과 같은 능력을 계발하도록 북돋우고 격려하는 방법으로서 영감을 주는 특성들에 특별히 주의를 기울이는 것이다. 초기 불교의 여성 성자들 가운데 한 사람의 도움으로 이런 유형의 기억을 하도록 나의 남성 독자들도 초대함으로써, 붓다의 생애에 대한 여러 측면들에 관련된 이 책의 남성 주인공에 불가피하게 초점을 맞추는 것을 보완할 수 있기를 희망한다.

말할 필요 없이, 이 수행의 궁극적인 목표는 성 관념을 넘어서는 것이다. 그러나 그렇게 하기 위해서는, 남성 롤모델을 우선시하는 전반적인 경향 때문에 여성들이 불교 문헌 및 전통에서 억압적인 규제를 경험하는 상황에 남성들이 한번쯤 스스로 처해보는 것이 유용할 수 있다.

그러나 남성에 의해 실현되든 여성에 의해 실현되든 정말 중요한 것은 깨달은 자의 그런 자질이다. 여기에는 성도 인종 등도 관계가 없다. 깨달을 가능성은 적절한 수행에 진지하게 매진하는 모든 사람에게 열려 있다. 어렵고 힘들 때, 이런 측면에서 우리의 잠재력을 떠올리는 것이 도움이 될 수 있다. 한편으로, 뛰어난 비구니들의 다양한 능력을 통해 충분히 보았듯이, 우리 각자는 나름대로 기댈 수 있는 특별한 장점을 갖고 있음을 기억하는 것은 도움이 될 수 있다. 모든 오염원들로부터의 완전한 해탈이라는 최종 목표까지는 아직 갈 길이 까마득히 멀다고 문득문득 느낄지라도, 깨달음을 향한 진보의 과정에서 기댈 수 있는 우리 자신의 자질이 적어도 하나쯤은 분명히 있을 것이다. 이런 자질을 기억하는 것은 우리 자신과 승가 사이를 잇는 다리 역할을 할 수 있다.

명상가 붓다의 삶

결 론

19장에서 간략하게 언급했듯이, 일련의 명호(名號)들이나 자질을 일컫는 말로 붓다를 떠올리는 것은 초기 법문들에서 이미 실행되고 있었다.[1] 그 명호들을 반조하여 암송하는 것은 붓다를 기억하는 전통적인 형태이다.[2] 붓다를 자신의 삶에 존재하도록 만드는 보다 좋은 방법으로, 전통적인 접근법에 더하여, 지금까지 거쳐온 24개 장은 붓다와 관련된 다양한 명상 수행에 참여하기를 권하는 의미로 기획되었다. 이전 장들의 몇몇 수행들은 여섯 가지 일반적인 거듭 마음챙김 가운데 나머지 다섯 가지 거듭 마음챙김과 관련이 있다. 모두 여섯 가지인 거듭 마음챙김의 대상은 다음과 같다.

- 붓다[佛]
- 붓다가 가르친 다르마[法]
- 붓다의 성스러운 제자들의 승가[僧]
- 자기 자신의 도덕의 성취[戒]
- 자기 자신의 관대함의 성취[布施]
- 신들의 자질들과 유사한 자기 자신의 자질들의 성취[天神]

붓다에 대한 거듭 마음챙김은 지금까지의 모든 장들에서 지속적으로 다루어진 주제였다. 다르마에 대한 거듭 마음챙김은 18장에, 승가에 대한 거듭 마음챙김은 24장에, 계율에 대한 거듭 마음챙김은

---

1 위 297-298쪽 참조.

2 그런 식으로 떠올리기 위해 사용된 일반적인 명호들에 대한 상세한 주해는 『청정도론』 198,1 (냐냐몰리 번역 1991 : 192ff) 참조.

2장에, 보시에 대한 거듭 마음챙김은 8장에, 신들에 대한 거듭 마음챙김은 4장에 나온다.

내 탐구의 중심 주제인 붓다에 대한 거듭 마음챙김의 기능은 붓다와 그의 제자들이 우안거를 끝낸 후에 곧 떠날 것이라는 소식을 들은 마하나마 이야기를 통해 설명할 수 있다. 『잡아함』의 설명에 따르면, 그는 붓다에게 와서 다음과 같이 말했다.[3]

> "세존이시여, 나는 더 [이상] 내 사지를 마음대로 할 수 없고, 사방 방향 [감각]을 잃었으며, 내가 배운 가르침을 잊어버리고 있습니다. 나는 세존의 가사를 만들었던 한 무리의 많은 수행승들이 식당에 모여서 세존께서 우안거가 끝나고 그의 가사가 다 만들어지면 가사를 입고 발우를 가지고 사람들 사이로 유행을 떠날 것이라는 이야기를 들었기 때문입니다. 이런 이유로 이제 '나는 언제 세존 및 친한 수행승들을 다시 볼 수 있을까?' 생각하고 있습니다."
>
> 붓다는 마하나마에게 말했다. "그대가 세존을 보든지 보지 않든지, 친한 수행승들을 보든 보지 않든지, 그대는 다섯 가지 자질들을 마음챙기고 계발하기 위해 노력해야 한다.
>
> 마하나마여, 그대는 바른 믿음을 우선시하는 것에 의지해

---

3 번역 부분은 『잡아함』 932 T II 238b15-238b24에서 가져왔고, 『앙굿따라 니까야』 11.12 AN V 328,19(보디 번역 2012: 1564) 및 『잡아함²』 157 T II 433b16과 같은 에피소드를 다룬 내용이다.

야 하고 바른 믿음이 없는 것에 의지하면 안 된다. 계를 갖추어야 하고 배움을 갖추어야 하며 관대함을 갖추어야 하고 지혜를 필수적인 것으로 갖추어야 한다. 지혜가 없어서는 안 된다. 마하나마여, 이렇게 다섯 가지 자질에 의지하여 그대는 여섯 가지 거듭 마음챙김을 계발[해야] 한다."

빠알리 버전에서는 마하나마가 조언만 요청할 뿐, 붓다의 임박한 출발에 대한 그의 걱정을 위의 번역 구절에 상당하는 방식으로 서술하지는 않는다. 그러나 부분적으로 보존된 『잡아함』에 있는 이 법문 버전에서 그의 실망이 비슷하게 표현된다. 이 두 버전의 서술은 기본적인 곤경, 즉 '붓다가 없는데 어떻게 자신의 삶에 붓다를 존재하게 하는 할 수 있는가?' 하는 문제를 강조하는 역할을 한다.

　붓다의 대답은 마하나마가 자신 안에서 계발할 수 있는 자질들에 눈길을 돌린다. 빠알리 버전에서는 그 자질들이 조금 다른데, 믿음[信], 에너지[精進], 마음챙김[念], 삼매[定], 지혜[慧] 등 다섯 가지를 열거한다. 그러므로 그 [두 버전이] 조금 차이가 있기는 하지만 여섯 가지 거듭 마음챙김을 수행하기 위한 기반으로 믿음과 지혜에 대해서는 일치를 보인다. 지혜가 이 측면에서 기반 역할을 한다는 것은 특히 주목할 만하다. 초기 불교 사상에서 거듭 마음챙김 수행은 지혜와 관련이 있는 것으로 간주된다는 사실을 보여주기 때문이다. 기능으로서의 확신 또는 믿음에 대해 『잡아함』의 또 다른

법문에서는 다음과 같이 정의한다.[4]

> 무엇이 믿음의 기능인가? 여기 성스러운 제자는 마음속
> 에 여래의 깨달은 마음에 대한 청정한 믿음을 얻었다.

비록 이 법문과 같은 에피소드를 다룬 빠알리 버전은 없는 것 같지만,[5] 다른 빠알리 법문들 다수에서 여래의 깨달음에 대한 믿음을 이야기하는 구절을 찾을 수 있다.[6]

해탈의 가르침을 실제로 수행하기 위해 필요한 결정적인 요소는 정확하게 말해서 붓다가 실제로 깨달음을 실현했다는 것에 대한 어느 정도의 믿음이다.[7] 고행 기간에 함께했던 붓다의 다섯 동료[오비구]도 처음에는 그런 믿음이 없었기 때문에 붓다로서는 그들이 기꺼이 자신의 말을 들을 만큼의 충분한 신뢰를 얻도록 하기

---

4   번역은 『잡아함』 659 T II 184a10-184a12에 기초한다. 특히 이 법문은 모든 기능들을 붓다의 깨달음과 관련시킨다.

5   『상윳따 니까야』 48.50은 『잡아함』 659와는 너무 달라서 같은 에피소드를 다룬 내용이라고 하기 어렵다.

6   빠알리 구절은 "삿다하띠 따타가땃사 보딩(saddahati tathāgatassa bodhiṃ)"이다. 여기에 네 가지 니까야에서 나온 단 하나의 예가 있다: 『디가 니까야』 33 DN III 237,6(왈쉬 번역 1987: 496), 『맛지마 니까야』 53 MN I 356,2(냐나몰리 번역 1995/2005: 462), 『상윳따 니까야』 48.9 SN V 196,26(보디 번역 2000: 1671), 『앙굿따라 니까야』 4.61 AN II 66,22(보디 번역 2012: 449).

7   게틴(Gethin) 2016: 185은 "불교 문헌에 따르면 붓다[佛], 다르마[法], 승가[僧]에 대한 신앙은 세계에 대한 어떤 명제들이 사실이라는 믿음의 문제라기보다는 붓다라는 사람, 그의 가르침과 추종자들에 의해 영감을 받은 신뢰, 믿음, 애정, 헌신이다. 즉 붓다와 그의 추종자들 가운데 적어도 일부가 걸었던, 고통의 소멸로 인도하는 길이 실재한다는 확신이다."라고 설명한다.

위해 얼마간의 설득이 필요했다.

현대에는 깨닫기 위해서 고행이 필요하다는 생각이 붓다의 다섯 동료에게 그렇게 보였던 것처럼 일반적인 설득력을 갖고 있지는 않다. 그러므로 붓다의 깨달음에 대한 기본적인 믿음을 얻음에 있어서 깨달음이 고행을 요구하지 않는다는 것을 받아들여야 한다는 문제는 그다지 중요하지 않다. 그러나 실제 수행에 헌신할 수 있는 최소한의 초기 신뢰를 갖게 하는 데 방해가 되는 다른 요소들이 모습을 드러낸다. 대표적인 하나의 예는 요즘에는 깨달음이 더 이상 가능하지 않다는 믿음, 깨달음이 고대에만 추구되던 것이라는 믿음이다. 또 다른 예는 깨달음과 니르바나의 실현을 오염원이 완전히 배제된 상태에 이르는 철저한 심적 변화로 보지 않고 그저 순간적으로 편안하게 겪는 경험을 상징한다는 추정하에, 깨달음에 대한 설명과 니르바나의 실현을 다소 세속적인 용어로 재해석하려는 경향이다. 그런 추정은 쉽게 자성예언(自成豫言)이 된다. 깨달을 가능성에 대한 바로 그 믿음의 결핍이 깨달음에 이를 수 있는 수행을 추구하지 못하게 할 것이기 때문이다.

붓다 스스로 탐구를 시작했을 때, 신뢰할 수 있는 본보기 역할을 할 수 있었던 자는 아무도 없었다. 붓다가 가질 수 있었던 것은 오르지 깨달을 가능성에 대한 믿음뿐이었다. 그 정도만으로도 그의 긴 추구 동안 그를 지탱하게 하는 데 충분했고, 그의 여정은 결국 그를 마지막 깨달음으로 인도했다.

고대부터 현대까지, 그의 제자들은 훨씬 더 운 좋은 위치에 있다. 그들은 우러러볼 수 있는 앞선 본보기를 갖고 있기 때문이다.

물론 앞선 본보기는 다른 무엇보다도 붓다 자신, 그리고 네 가지 깨달음의 경지 가운데 하나에 도달한 붓다의 제자들 가운에 누구라도 될 수 있다. 과거, 현재, 미래의 붓다의 깨달은 제자들 하나하나는 붓다의 깨달음에 자신의 믿음을 두는 것이 유의미하다는 사실을 확인시켜 준다. 그런 최초의 신뢰는 수행의 길을 진지하게 시작할 수 있도록 해주며, 그 수행의 길은 적절하게 시작하면 이것이 실제로 해로운 습관들로부터 내적인 자유를 증가시키는 길이며 자신과 다른 이들의 행복을 위한 수행법이라는 것을 자신에게 확인시켜 주는 결과를 조만간 보여줄 것이다. 이렇게 직접적으로 몸소 확인하면, 붓다의 깨달음에 대한 믿음이 증가되고, 결국에는 깨달음의 경지들 가운데 하나를 스스로 실현하게 된다. 바로 그 지점에서 자신의 믿음은 흔들리게 않게 된다. 이제는 자기 스스로 알기 때문에 흔들리지 않을 뿐이다.

마하나마에게 한 위 법문의 중심 메시지는 살아 있는 붓다를 만날 수 없는 사람은 붓다가 권했던 가장 중요한 자질들, 특히 깨달음의 가능성에 대한 믿음과 깨달음으로 이끄는 유형의 지혜를 계발함으로써 붓다의 부재를 채울 수 있다는 것이다. 이런 기반 위에서 붓다뿐 아니라 그의 가르침, 그의 가르침을 따르는 자들 등을 기억한다. 다시 말해서 여섯 가지 거듭 마음챙김을 한다.

『앙굿따라 니까야』에 있는 또 다른 법문의 한 구절은 사물을 기억하려는 인간 마음의 자연스러운 경향이라는 맥락에서 그런 명상 수행을 설정한다. 비록 이 법문과 같은 에피소드를 다룬 내용이 한문『아함』에는 보존되어 있지 않지만,『상기띠빠랴야

(Saṅgītiparyāya)』에 있는 한 법문 인용문에서는 찾아볼 수 있다. 그 내용은 다음과 같다.[8]

> 여기 어떤 유형의 사람들은 처와 자식을 거듭 마음챙김 하거나, 재산을 거듭 마음챙김 하거나, 친척을 거듭 마음 챙김 하거나, 그릇된 견해를 개발하고 그릇된 견해 또는 그릇된 가르침을 계발한 사문과 브라만을 거듭 마음챙김 한다. 비록 그들이 거듭 마음챙기지만 — 그들이 거듭 마음 챙기지 않는 것이 아니다 — 나는 그런 유형[의 거듭 마음챙김]은 열등하고 세속적이며 성스럽게 만드는 거듭 마음챙김이 아니라고 말한다.
>
> 청정한 믿음과 애정을 계발하고 확립하여 여래와 붓다의 제자들을 거듭 마음챙김 할 수 있으면, 내가 이르노니, 그런 유형의 거듭 마음챙김은 최상이어서 자신에게 이익이 되게 하고 자신을 편안하게 할 수 있으며 자신을 진정한 평화 속에 살게 하여 불운으로 생긴 걱정을 초월하고 모든 고뇌와 번민을 제거하여 본질적인 가르침의 진리를 빠르게 깨달아 얻을 수 있다. 이것은 최상의 거듭 마음챙김이라고 한다.

---

8   번역 부분은 T 1536 T XXVI 432c26-434a4(스태쉬-로젠(Stache-Rosen) 1968: 173 참조)에서 가져왔고, 『앙굿따라 니까야』 6.30 AN III 328,26(보디 번역 2012: 894)과 같은 에피소드를 다룬 내용이다.

명상가 붓다의 삶

『앙굿따라 니까야』의 해당 내용은 「마음챙김의 확립 경」에서 네 가지 마음챙김을 위해 사용된 것과 똑같은 구절을 이런 유형의 거듭 마음챙김에 적용한다. 그것에 따르면 그 네 가지는 "중생들의 청정, 슬픔과 탄식의 극복, 둑카와 불만의 소멸, 바른 방법을 얻고, 니르바나의 실현"에 기여한다.[9] 비록 이 경우에는 그러한 말을 전하는 것이 빠알리 버전뿐이지만, 『잡아함』에 있는 또 다른 법문은 거듭 마음챙김 수행을 중생들의 청정을 위한 '직접적인 길'이라고 소개한다. 그렇게 함으로써 「마음챙김의 확립 경」이 네 가지 마음챙김 확립을 소개하는 표현에 상당하는 표현을 사용한다. [10]요컨대, 이 법문들은 붓다와 그의 제자들을 거듭 마음챙기는 것을 표현함에 있어서, 마음챙김 확립 명상에 부여하는 잠재력과 유사한 용어들을 사용한다.

세속적인 유형의 거듭 마음챙김, 그리고 붓다와 그의 제자들을 목표로 하는 권장 수행 형태 등 이 구절에서 제시된 두 가지 대조는 이 명상법으로, 마음의 자연스러운 성향을 잘 활용할 수 있다는 것을 보여준다. 마음이 사물을 거듭 마음챙기는 것, 자신의 재산과 가족 구성원들 등에 대한 거듭 마음챙김을 잘 하는 것은 자연스러운

---

9 『맛지마 니까야』 10 MN I 55 (아날라요 번역 2013b: 253).

10 『잡아함』 550 T II 143b22. 이 법문에서 사용된 '직접적인 길'이라고 번역한 것에 대해서는 나티에(Nattier) 2007: 187f 참조. 같은 에피소드를 다룬 『앙굿따라 니까야』 6.26 AN III 314,22 (보디 번역 2012: 885)에는 '에까야노 막고(ekāyano maggo)'라는 구절이 없지만, 그 진술의 나머지 부분은 있으며 그것은 『앙굿따라 니까야』 6.30에서도 발견된다. 산스크리트 단편으로 잔존하는 같은 에피소드를 다룬 MS 2380/1/1+2 오른쪽 페이지1, 해리슨(Harrison) 2007: 202에는 '에까야노 마르가(ekāyano mārgaḥ)'가 보존되어 있다.

일이다. 이런 마음의 성향은, 마음을 적절한 목표로 방향을 맞추어 주는 것만으로도 해탈로 진전하는 데 크게 이바지할 수 있다. 무엇을 거듭 마음챙김 하는 이러한 마음의 성향은, 여섯 가지 거듭 마음챙김의 형태로, 마지막 목표로 나아가기 위한 수단이 될 수 있다.

또 하나 주목할 만한 점은 이 구절이 가르침의 진리를 깨닫는다는 것을 언급함으로써 거듭 마음챙김 수행의 통찰력을 암시한다는 것이다. 거듭 마음챙김 수행의 통찰력에 대해서는 위에서 이미 다룬 지혜에 대한 언급에서도 시사된 바 있다. 붓다를 거듭 마음챙김 하는 수행이 통찰을 위한 수단이 될 수 있는 방법은 마하나마에 대한 또 다른 법문에서 볼 수 있다. 그 법문은 『앙굿따라 니까야』및 그것과 같은 에피소드를 다룬 경전들에 있는데, 여기에서는 『잡아함』 버전의 법문을 소개한다.[11]

> 성스러운 제자는 여래를 대상으로 다음과 같이 거듭 마음
> 챙김 한다. "여래는 아라한[應供]이시고 완전히 깨달은 분
> [正等覺]이시며 명지와 실천을 구족한 분[明行足]이시고 잘
> 가신 분[善逝]이시며 세상을 아는 분[世間解]이시고 최상의
> 인간[無上士]이시며 사람들을 잘 이끄는 분[調御丈夫]이시
> 며 신과 인간의 스승[天人師]이시고 붓다[佛]이시며 세존
> (世尊)이시다."

---

11 번역은 『잡아함』 931 T II 237c21-237c29에 기초하고, 이것은 『앙굿따라 니까야』
6.10 AN III 285,3 (보디 번역 2012: 862), SHT IV 623 이절판 40R, 샌더와 왈드쉬밋트
1980: 256, 『잡아함²』 156 T II 432c10과 같은 에피소드를 다룬 내용이다.

이와 같이 거듭 마음챙김 할 때, 성스러운 제자는 탐욕스러운 욕망의 얽힘을 일으키지 않고 성냄 또는 미혹의 마음을 일으키지 않는다. 그 마음은 바르고 곧아서 여래의 의미를 깨닫고 여래의 바른 가르침의 [의미를] 깨닫는다. 그 마음은 여래와 여래의 가르침에 대한 기쁨을 얻는다. 마음이 기쁘게 되면 그것은 희열이 된다. 희열이 있으면, 몸은 즐겁게 고요해진다. 몸이 즐겁게 고요해지면, 행복을 경험한다. 행복을 경험하는 마음은 삼매에 든다. 마음이 삼매에 들면, 성스러운 제자는 사나운 중생들 사이에서도 방해받지 않고 다르마의 흐름에 들어 니르바나에 이른다.

어떻게 보면 이것은 장애들과 정면으로 맞서기보다는 우회하여 극복하는 방법이며, 거듭 마음챙김에서 나오는 내적인 기쁨에 의해 행복과 고요에 쉽게 이어진다. 그리고 이 행복과 고요는 해탈적 통찰에 이르는 진보에 이용할 수 있다.

· **수 행** ·

이 장뿐만 아니라 어떤 면에서는 이 책 전부를 요약하는 기본 수행은 단순히 우리의 삶에 붓다를 존재하게 하는 것이다. 이전 장들에서 살펴본 붓다의 행위와 그의 자질들 가운데 몇 가지 측면을 선택함으로써, 붓다와 어느 정도 익숙해지도록 개발할 수 있고, 그런 익숙함에 기초하여 그를 기억할 수 있고 우리 자신에게 다음과 같이 질문할 수도 있을 것이다. "이 상황에서 붓다는 무엇을 했을까?" 또는 "이런 상황에서 붓다는 나에게 무엇을 하라고 제안할까? 그는 무엇에 찬성할까?"

이런 질문에 대한 도움을 얻기 위해, 이전 장들에서 설명된 수행들을 결합할 수도 있다. 이후에 나는 몇 가지 수행들을 결합하는 방법으로 생각할 수 있는 한 가지를 제시하려고 한다. 나는 그것을 통해 수행자들이 자신의 성향과 욕구에 가장 적합한 방식으로 여기에서 소개된 수행들의 전부 또는 일부를 결합하는(또는 관련된 경전 구절들에 기초하여 그들 자신의 수행을 고안하는) 자신만의 방법을 찾도록 창의성을 자극하기를 기대한다. 중요한 것은 다양한 수행들이 붓다와 관련이 있다는 사실을 알고 단지 그 수행들을 시작하는 것이다. 이 수행들을 함으로써, 우리는 이런저런 방식으로 그의 발자국을 따르는 것이다. 그런 성찰에서 일어나는 기쁨과 영감은, 위에 번역된 마하나마에 대한 법문이 보여주듯이, 해탈에 이르는 진보를 위한 수단이 될 수 있는 잠재력을 갖고 있다.

출발점으로, 우리가 하겠다고 마음먹은 것이 무엇이든 그것에 대한 기본적인 성찰은 다음과 같은 단순한 질문이 될 수 있을 것이다. "내가 이제 하려는 것이 둑카로 인도하는가, 아니면 그것에서 멀어지게 하는가?"(16장) 다른 사람들과의 상호작용에서 어려운 일들이 일어날 때마다, 우리의 도덕[戒]을 거듭 마음챙김 하는 것은(2장) 유익하지 않은 것을 하고 싶은 유혹을 이겨내게 하는 강력한 도움이 될 수 있다. 우리에게 모범이 되는 다른 뛰어난 수행자들을 거듭 마음챙김 하는 것도 같은 효과를 낼 수 있다(24장).

우리는 특별한 난관에 직면할 수 있는데, 구체적으로 말하면 자신 앞에 있는 공간을 알아차리는 데 그리고 그렇게 하여 우리의 정신 상태를 넓히는 데(21장), 넓어진 정신 상태를 공으로 들어가는 문으로 사용하는 데(5장), 또는 의식[識]과 명색(名色) 상호간의 관계에 주의를 기울여 내적인 거리를 만드는 데(12장) 특별한 난관에 직면할 수 있다. 이 수행의 성공은, 다르마는 직접 볼 수 있는 것이고 지금 여기에서 경험될 수 있다는 것을 확인하는 데 기여한다(18장).

음식을 먹은 것이 만족을 계발하기 위한 경우가 될 수 있다.(8장) 이러한 계발이 다양한 일상의 활동들에 대한 마음챙김으로 이어질 수 있다(22장). 그런 활동은 어떤 것이라도 현재 순간에 존재하는 미묘한 정신적인 즐거움을 알아차리게 되는 기회로 작용할 수 있다(10장). 하루 종일, 아주 짧은 시간의 내성(內省)조차 가능하게 하는 순간마다 잠시 떠올리는, 유익한 생각과 해로운 생각의 분명한 구분은 우리 마음속에서 일어나는 것에 익숙하도록 만든다(3장). 만일 마음이 장애들 가운데 어떤 하나에 압도되면, 다섯 가지 방법 가운데 하나를 사용하여 집착하는 생각들로부터 나올 수 있다(6장). 마음이 더 이상 장애들에 의해 압도당하지 않으면, 그런 상황은 그 장애들로부터 자유로운 마음을 보는 기쁨을 일으킬 수 있고(4장), 그런 기쁨을 의식적으로 계발하는 것은 어떤 상황에서든지 도닦음의 필수적인 부분이 될 수 있다(9장).

이상적으로는 연민의 여지를 주는 형태로(14장) 우리의 동기를 분명하게 표현하는 것은(1장) 우리가 정규 명상 수행을 할 때마다 기억할 수 있을 것이다(10장). 그런 정규 명상은 브라흐마위하라(brahmavihāra, 梵住)를 시작하여 평정[捨]에까지 도달할 수 있다(19장). 이것 다음에는 붓다 자신이 선호했던 것으로 보이는 수행인 16단계의 호흡 마음챙김을 수행할 수 있다(7장). 호흡은 그 자체로 죽음을 기억하는 데 도움이 될 수 있다(23장). 반면에 16단계의 호흡 마음챙김은 네 가지 마음챙김 확립 모두를 만들어내는 방법이다(11장). 이 네 가지 마음챙김 확립은 떨쳐버림, 탐욕의 빛바램, 소멸, 내려놓음에 의지하여 깨달음 요소들을 일깨우고 계발하기 위한 기반으로 유익하게 쓰일 수 있는데(13장), 이는 깨달음의 요소들 상호 간의 정교한 균형이 전제가 된다(15장). 이런 방식으로 우리는 우리의 모든 집착들을 내려놓는 것을 점점 더 많이 배우고(10장) 마음은 최고의 행복이고 평화이며 해탈인 니르바나로 점점 더 기울게 된다(17장).

'178-9'와 같은 참조는 (반드시 계속 이어지는 것은 아닌) 일련의 쪽들에 나오는 한 가지 주제에 대한 논의이다. 많은 참조들을 갖고 있는 주제들의 경우가 있는 곳이면 가능한 한 어디든지 이 주제들은 하위 주제들로 나누어지거나, 그렇지 않으면 그 주제들에 대한 가장 중요한 논의들만이 열거된다.

명상가 붓다의 삶

명상가 붓다의 삶

명상가 붓다의 삶

명상가 붓다의 삶

명상가 붓다의 삶

인용구 출처

『앙굿따라 니까야(Aṅguttara-nikāya)』

AN 1.14.5 223n11

AN 3.16 201n6

AN 3.34 205n17

AN 3.38 5n1, 5n2, 6n4, 6n5, 7n6

AN 3.39 5n1, 8n8

AN 3.70 19n14, 21n19

AN 4.21 162n1, 163n2

AN 4.23 157n8, 157n9, 165n10

AN 3.36 181n3

AN 4.61 227n6

AN 4.232 182n5

AN 5.77 16n6

AN 6.10 40n19, 230n11

AN 6.26 230n10

AN 6.30 229n8, 230n10

AN 6.55 177n13

AN 6.63 117n6, 118n7

AN 7.58a 176n12

AN 7.58b 130n14

AN 7.68 178n18

AN 8.11 163n3, 164n5

AN 8.30 177n15

AN 8.64 39n17

AN 8.70 210n7

AN 9.41 26n9

AN 10.62 146n4

AN 10.71 16n5

AN 11.12 226n3

「비유경(Apadāna)」

Ap 17.79 222n10

Ap 17.85+88 222n7

Ap 17.146 222n8

Ap 17.173 222n9

『장아함(Dīrgha-āgama)』

DĀ 1 96n1, 129n10

DĀ 2 168n15, 168n17,
207n1, 210n7, 216n1

DĀ 5 177n16

DĀ 17 100n9, 171n1

명상가 붓다의 삶

『디가 니까야(Dīgha-nikāya)』

DN 14 96n1,129n10
DN 16 168n15,207n1,210n7,216n1
DN 27 177n16

DN 29 100n9,171n1
DN 33 227n6

『증일아함(Ekottarika-āgama)』

EĀ 5.1 223n11
EĀ 19.1 127n5,128n6,128 n7
EĀ 19.2 138n12
EĀ 21.6 201n6
EĀ 23.3 177n13
EĀ 24.5 126n4,135n3,n5,143n2,154n4,
159n12
EĀ 24.6 20n17
EĀ 28.3 205n17
EĀ 31.1 14n1,17n7,97n2,106n4,116n2
EĀ 31.8 60n1,61n3,61n4,62n6,69n1,70n3,
80n9,99n8
EĀ 32.5 166n11
EĀ 33.10 178n18

EĀ 37.3 87n1
EĀ 37.5 16n5
EĀ 38.3 181n3
EĀ 38.4 109n9
EĀ 39.7 121n10
EĀ 41.1 79n5,89n4
EĀ 42.6 177n15
EĀ 44.6 194n11
EĀ 45.4 72n8
EĀ 49.5 113n18
EĀ 49.7 73n11
EĀ 52.1 219n3,220n5
EĀ 52.4 99n5

「여시어경(如是語經, Itivuttaka)」

It 22 130n14

It 39 24n2

『자따까(Jātaka, 本生經)』

Jā 94 53n3

「중아함(Madhyma-āgama)」

MĀ 5 178n18
MĀ 10 119n8
MĀ 14 178n17
MĀ 32 80n8,83n20
MĀ 52 146n4
MĀ 55 147n6

MĀ 58 121n10
MĀ 72 32n1,33n4,35n9,35n10,38n14
MĀ 73 39n17
MĀ 74 177n15
MĀ 83 176n12
MĀ 100 79n5,89n4

MĀ 101 58n11
MĀ 102 28n13,29n14
MĀ 105 16n5
MĀ 111 117n6
MĀ 117 5n1,7n6,80n8
MĀ 121 166n11
MĀ 123 177n14
MĀ 133 4n3
MĀ 137 157n8,165n10
MĀ 138 130n14
MĀ 153 24n5
MĀ 154 177n16
MĀ 157 88n2,163n3,163n4
MĀ 161 199n3,200n5,201n7,202n9,
202n11,203n13

MĀ 163 171n2
MĀ 171 107n6
MĀ 184 87n1
MĀ 189 91n5
MĀ 190 48n18,189n1,190n3,190n5
MĀ 191 195n15
MĀ 192 73n9
MĀ 194 73n11
MĀ 195 74n12
MĀ 202 19n14,21n19
MĀ 204 8n10,13n27,42n2,44n4,45n7,
47n14,48,88n2,125n2,126n4,134n1,
135n5,136n9,137n11,165n7,176n10
MĀ 207 71n5
MĀ 221 180n1,181n2,185n8

「맛지마 니까야(Majjhima-nikāya)」

MN 1 194n11
MN 2 119n8,200n4
MN 4 14n1,17n7,18n11,97n2,106n4,
116n2,116n3
MN 6 16n5
MN 10 230n9
MN 12 52n1,53n3,99n8
MN 14 79n5,89n4
MN 19 28n13,29n14
MN 20 58n11
MN 26 8n10,13n27,42n1,42n2,44n3,
45n7,46n10,47n14,48n16,56n9,125n2,
125n3,126n4,134n1,135n5,165n7,176n10
MN 32 87n1
MN 36 27n12,42n1,55n6,55n7,56n8,
60n1,61n3,62n5,69n1,70n3,78n2,79n4,
91n6,173n5,203n14
MN 53 227n6
MN 56 4n3
MN 61 178n17
MN 63 180n1

MN 64 161n14
MN 65 73n11
MN 66 73n9
MN 68 200n4
MN 70 74n12
MN 72 185n9
MN 75 24n4
MN 77 71n5
MN 85 79n6
MN 91 199n3,200n4,200n5,201n7,201n8,
202n9,202n11,203n13
MN 100 173n7
MN 117 91n5
MN 121 48n18,49n20,189n1,190n4
MN 122 195n15
MN 123 83n20
MN 128 32n1,33n3,35n9,38n14
MN 136 107n6
MN 137 171n2
MN 147 158n10
MN 152 192n8

명상가 붓다의 삶

『잡아함(Saṃyukta-āgama)』

SĀ 14 109n10, 156n6
SĀ 34 109n11
SĀ 75 130n15
SĀ 101 181n3
SĀ 104 184n7
SĀ 200 158n10
SĀ 211 25n6, 26n11
SĀ 230 184n6
SĀ 250 191n6
SĀ 254 177n14
SĀ 262 140n16
SĀ 282 192n8
SĀ 285 108n7
SĀ 287 110n12
SĀ 296 167n13
SĀ 301 139n15
SĀ 312 195n13
SĀ 373 71n6
SĀ 379 152n1, 153n3
SĀ 389 149n10
SĀ 402 165n8
SĀ 475 93n8
SĀ 550 230n10
SĀ 585 193n10

SĀ 592 204n16
SĀ 639 212n8
SĀ 659 227n4, 227n5
SĀ 721 121n10
SĀ 803 63n9
SĀ 807 63n9, 67n16
SĀ 894 157n8
SĀ 931 40n19, 230n11
SĀ 932 226n3
SĀ 949 99n5
SĀ 962 185n9
SĀ 1044 19n12
SĀ 1087 204n15
SĀ 1094 83n21
SĀ 1095 72n8
SĀ 1096 131n16
SĀ 1142 38n15
SĀ 1152 175n9
SĀ 1158 173n6, 173n7, 174n8
SĀ 1188 162n1, 163n2
SĀ 1189 102n13
SĀ 1212 166n11
SĀ 1267 141n17

『잡아함(Saṃyukta-āgama)』

(T 100)
SĀ^{2}26 204n15
SĀ^{2}75 175n9
SĀ^{2}81 173n6, 173n7, 174n8
SĀ^{2}101 163n2
SĀ^{2}102 102n13
SĀ^{2}117 38n15
SĀ^{2}156 40n19, 230n11

SĀ^{2}157 226n3
SĀ^{2}169 193n10
SĀ^{2}180 141n17
SĀ^{2}186 204n16
SĀ^{2}196 185n9
SĀ^{2}228 166n11
SĀ^{2}267 181n3
SĀ^{2}342 99n5

타이쇼(Sutta-nipāta) 판본

T 3 96n1,129n11
T 5 207n1,210n7
T 6 168n15,207n1,210n6,216n1
T 7 210n7,216n1
T 10 177n16
T 36 146n4
T 38 120n9,121n10
T 46 177n15
T 47 176n12
T 54 79n5,89n4
T 55 79n5,89n4
T 57 117n6
T 61 166n11
T 63 166n11
T 75 163n3,164n5
T 76 199n3,200n5,201n7,202n11,203n13
T 87 20n18
T 88 20n18
T 89 20n17
T 94 180n1
T 154.16 87n1
T 184 80n8
T 186 80n8
T 187 80n9
T 189 80n10,139n14

T 190 80n8
T 191 139n14
T 192 80n8
T 193 80n10
T 198 11n20
T 211 135n5,178n17
T 212 62n8,88n2,112n17,135n5,163n2, 178n17
T 713 110n13
T 714 110n13
T 715 110n13
T 757 52n1,82n17,99n8
T 765 24n2
T 1421 128n8,135n2,177n13
T 1425 177n13
T 1428 45n7,78n3,128n8,159n11,177n13
T 1442 178n17
T 1448 63n9,66n15,77n16
T 1450 128n8
T 1509 180n1
T 1536 229n8
T 1558 172n4
T 1559 172n4
T 1579 35n9

『우다나(Udāna, 自說)』

Ud 13 112n17
Ud 1.10 194n12

Ud 6.1 210n7

『위나야』

Vin I 1,4 112n17
Vin I 20,36 131n16
Vin I 182,11 177n13

Vin II 156,25 204n16
Vin IV 204,22 164n6

명상가 붓다의 삶

A Meditator's Life of the Buddha :
Based on the Early Discourses

2020년 10월 19일 초판 1쇄 발행

지은이 아날라요 비구(Bhikkhu Anālayo) • 옮긴이 김종수
발행인 박상근(至弘) • 편집인 류지호 • 상무이사 양동민 • 편집이사 김선경
책임편집 이상근 • 편집 김재호, 양민호, 김소영 • 디자인 쿠담디자인
제작 김명환 • 마케팅 김대현, 정승채, 이선호 • 관리 윤정안
펴낸 곳 불광출판사 (03150) 서울시 종로구 우정국로 45-13, 3층
　　　　대표전화 02) 420-3200 편집부 02) 420-3300 팩시밀리 02) 420-3400
　　　　출판등록 제300-2009-130호(1979. 10. 10.)

ISBN 978-89-7479-846-8 (93220)

값 22,000원

이 도서의 국립중앙도서관 출판예정도서목록(CIP)은
서지정보유통지원시스템 홈페이지(http://seoji.nl.go.kr)와
국가자료종합목록 구축시스템(http://kolis-net.nl.go.kr)에서 이용하실 수 있습니다.
(CIP제어번호 : CIP2020039428)

법륜 김 종 수

학부에서는 영어영문학을, 대학원 석사과정에서는 영어언어학과 철학을, 대학원 박사과정에서는 철학을 공부했다(박사학위 논문 「禪定(jhāna)에서의 止·觀(samatha-vipassanā)의 상보적 관계 연구 - 빠알리 니까야(Pāḷi-Nikāya)를 중심으로 -」). 수십 년 동안 여러 가지 수련과 명상 수행을 했고, 미얀마 국제파욱숲속명상센터의 우레와따 반떼에게 선정(jhāna)을 지도받았다. 상좌부 불교의 필수 교과서 『아비담맛타 상가하』의 '최고' 해설서인 아누룻다 스님의 『아비담마 종합 해설』을 국내 최초 완역하였으며 미얀마의 대표적인 지성 멤 틴 몬 박사가 지은 『붓다 아비담마』를 번역했다. 아비담마, 『청정도론』, 「대념처경」, 「들숨날숨에 대한 마음챙김 경」, 「초전법륜경」, 「무아의 특징 경」, 「법구경」, 『디가 니까야』, 『맛지마 니까야』 등을 강의했다. 현재는 충남대학교 철학과에서 외국 유학생들을 대상으로 영어로 철학을 강의하고 있다.